행정법입문

鄭 南 哲 著

法　文　社

머 리 말

행정법은 참신하고 매력적(魅力的)인 학문 분야이다. 행정법에는 삶의 보편적 지혜가 스며 있다. 행정법은 행정상 법률관계의 현안(懸案)을 다루며, 또 변천하는 사회현상에 관한 법적 문제를 논한다. 행정법의 외연은 계속해서 확대되고 있으며, 이미 독립된 분야로 발전된 것도 있다. 대표적으로 조세법과 환경법, 그리고 경제법 등이 그러하다. 근래에는 디지털행정이나 인공지능(AI)의 규제 등에 관한 문제가 행정법학에서도 중요한 화두(話頭)가 되고 있다.

역설적이지만, 이러한 역동성과 다양성때문에 행정법을 어렵다고 여기는 초학자도 적지 않다. 공법의 영역에 속하는 헌법과 행정법은 서로 긴밀한 관계를 이루고 있다. 추상적인 헌법과 달리, 행정법은 구체적인 공법상의 법률관계를 다룬다. 행정법에서는 행정주체(행정청)와 사인(私人) 간의 법률관계가 중심이지만, 행정주체 사이에도 다양한 법률문제가 발생한다. 행정법이 어려운 이유는 초학자들이 행정주체(행정청)의 다양한 행정작용을 실제로 접하기가 쉽지 않기 때문이다. 행정법의 시각으로 사회현상을 바라보면, 의외로 주변에는 행정법적 쟁점이 적지 않다는 사실을 실감할 수 있다. 저자는 독자들이 행정법의 실력향상을 통해 일상의 사회현실을 날카롭게 분석할 수 있는 능력을 함양하기를 기대한다.

오래전부터 행정법을 처음 배우는 사람들을 위해 이해하기 쉽고 간편한 '입문서'를 저술하고 싶었다. 단순히 교과서의 요약본이 아니라, 법학을 전공하지 않더라도 행정법을 전체적으로 조망(眺望)할 수 있는 소책자를 출간하는 것이 애초의 목표였다. 교과서와 연구서 등의 연이은 발간으로 그러한 계획이 본의 아니게 점차 연기되었다. 본서의 목적은 분량의 경량화를 넘어 초학자들이 행정법에 흥미를 가질 수 있도록 하는 것이다. 본문에서는 복잡한 외국이론을 최대한 간략히 정리하였고, 주요 쟁점에 관한 국내 학설과 판례도 충실히 반영하려고 노력하였다. 참고가 될만한 판례는 본문에 작은 활자로 기술하여, 본문의 내용을 연계해서 이해할 수 있도록 하였다. 행정기본법, 행정절차법, 그리고 행정소송규칙 등의 개정사항이나 제정내용 등도 포함하였다.

이 책을 읽는 독자제현(讀者諸賢)은 본서를 통해 행정법의 기초이론을 충실히 익히고, 심화된 내용에 대해서는 이미 발간된 저자의 교과서(한국행정법론)와 연구서 등을 참고해 주시길 바란다. 행정법입문의 소명(召命)은 행정법에 대한 관심과 흥미를 불러일으키고, 행정법의 기초 지식을 제공하는 것에 있다. 이 입문서가 행정법을 처음 시작하는 분들께 작은 용기와 희망을 줄 수 있기를 기대해 본다.

애초에 의도한 목표보다는 한없이 미흡하고 부족한 책자지만, 작년에 갑자기 별세하신 은사 고(故) 이상규(李尙圭) 선생님의 영전(靈前)에 졸저를 바친다. 기로망양(岐路亡羊)과 같은 학문의 여정에서 한 줄기 빛이었던 선생님의 따뜻한 미소가 늘 그리울 것 같다. 빙판길 낙상(落傷)으로 저술하는 것이 쉽지 않았는데, 본서의 출간을 위해 물심양면(物心兩面)으로 묵묵히 내조해 준 아내(李善雅)와 사랑하는 아들(幸珉)에게도 고마운 마음을 전한다. 이 책의 출간을 위해 훌륭한 편집을 해 주시는 편집부의 노윤정 차장님과, 입문서의 출간을 권유해 주신 기획영업부 유진걸 과장님께도 감사드린다.

2024년 3월

저자 씀

차 례

제1장 행정법의 기초 3

Ⅰ. 행 정 ········ 3

1. 행정의 개념 / 3 2. 행정의 유형 / 5
3. 통치행위 / 5

Ⅱ. 행정법의 특징 ········ 6

1. 행정법의 형성과 발전 / 6 2. 행정법의 개념 및 특징 / 6

Ⅲ. 행정법의 법원 ········ 8

1. 법원의 의의 및 유사개념 / 8 2. 성문법원 / 8
3. 불문법원 / 9

Ⅳ. 행정법의 일반원칙 ········ 9

1. 의의 및 문제점 / 9 2. 구체적 내용 / 10

Ⅴ. 법치행정의 원리 ········ 13

제2장 행정법관계 15

Ⅰ. 행정법관계의 의의 및 종류 ········ 15

Ⅱ. 행정법관계의 특징 ········ 16

Ⅲ. 행정법관계의 당사자 ········ 17

Ⅳ. 공권과 공의무 ········ 18

1. 의의 및 특징 / 18 2. 주관적 공권 / 19
3. 특수한 공권 / 20

Ⅴ. 특별권력관계 ········ 22

제3장 행정조직 24

Ⅰ. 행정조직의 기초 ······ 24

1. 행정조직의 의의 / 24
2. 행정조직의 유형 / 25
3. 행정조직의 기본원리 / 25

Ⅱ. 행정기관(행정청) ······ 26

Ⅲ. 행정청의 권한 ······ 27

1. 권한의 의의 및 특징 / 27
2. 권한의 대리 / 28
3. 권한의 위임 / 29

제4장 행정행위 32

Ⅰ. 행정행위의 의의 및 특성 ······ 32

1. 행정행위의 의의 / 32
2. 유사행위와의 구분 / 33
3. 행정행위의 특징 및 기능 / 34

Ⅱ. 행정행위의 종류 ······ 35

1. 명령적 행정행위 / 35
2. 형성적 행정행위 / 37
3. 확인적 행정행위 / 38

Ⅲ. 행정재량과 판단여지 ······ 39

1. 행정재량(법효과재량) / 39
2. 판단여지 / 42

Ⅳ. 행정행위의 부관 ······ 42

1. 부관의 의의 및 종류 / 42
2. 부관의 허용성과 한계 / 44
3. 위법한 부관에 대한 행정쟁송 / 45

Ⅴ. 행정행위의 성립요건 및 효력발생요건 ······ 46

Ⅵ. 행정행위의 효력 ······ 47

1. 의 의 / 47
2. 존속력 / 47
3. 구성요건적 효력 / 49

Ⅶ. 행정행위의 하자 ······ 52

1. 의 의 / 52
2. 무효와 취소의 구별 / 53
3. 행정행위의 취소 / 55
4. 구체적 사례의 검토 / 56
5. 행정행위의 하자승계 / 57

Ⅷ. 행정행위의 철회 ········ 60

1. 철회의 의의 / 60
2. 철회의 근거 / 60
3. 철회의 사유 / 60
4. 철회의 한계 및 효과 / 61

Ⅸ. 인허가의제 ········ 61

1. 의의 및 특징 / 61
2. 인허가의제의 절차 / 62
3. 인허가의제의 효력 및 권리구제 / 62

제5장 행정입법 64

Ⅰ. 법규명령 ········ 64

1. 법규명령의 의의 및 종류 / 64
2. 법규명령의 제정범위와 한계 / 67
3. 법규명령의 성립요건 및 효력발생요건 / 68
4. 법규명령에 대한 통제 / 69

Ⅱ. 행정규칙 ········ 73

1. 행정규칙의 의의 및 종류 / 73
2. 행정규칙의 효력 / 74
3. 행정규칙의 성립요건 및 소멸 / 75
4. 위법한 행정규칙에 대한 권리구제 / 75

Ⅲ. 자치입법 ········ 76

제6장 기타 행정작용 77

Ⅰ. 행정계획 ········ 77

1. 행정계획의 의의 및 종류 / 77
2. 계획재량과 형량명령 / 78
3. 위법한 행정계획에 대한 권리구제 / 80

4. 계획보장청구권과 계획변경청구권 / 81

Ⅱ. 공법상 계약 ······ 83

1. 공법상 계약의 의의 및 종류 / 83
2. 공법상 계약과 사법상 계약의 구분 / 84
3. 공법상 계약과 행정처분의 구분 / 84
4. 공법상 계약의 하자와 권리구제 / 85

Ⅲ. 단순행정작용 ······ 85

1. 사실행위 / 85 2. 공법상의 경고 / 87
3. 비공식적 행정작용 / 87

Ⅳ. 행정자동결정 ······ 88

제7장 행정절차와 정보행정 89

Ⅰ. 행정절차 ······ 89

1. 행정절차의 의의 및 헌법적 근거 / 89
2. 현행 행정절차법의 특징 및 주요내용 / 90
3. 절차상 하자와 그 치유 / 96

Ⅱ. 행정조사 ······ 96

1. 행정조사의 의의 및 종류 / 96
2. 행정조사의 기본원칙 / 97
3. 행정조사의 한계 / 98 4. 권리구제 / 98

Ⅲ. 개인정보보호 ······ 100

1. 개인정보보호의 의의 및 특징 / 100
2. 개인정보보호법의 주요내용 / 101
3. 개인정보보호와 권리구제 / 104

Ⅳ. 정보공개 ······ 106

1. 정보공개의 의의 및 특징 / 106
2. 정보공개의 절차 / 107 3. 비공개대상 / 108
4. 권리구제(행정쟁송) / 111

제8장 행정의 실효성확보수단 112

Ⅰ. 행정상 강제집행 ………… 112

1. 행정상 강제집행의 의의 및 근거 / 112
2. 행정상 강제집행의 종류 / 113

Ⅱ. 행정상 즉시강제 ………… 118

1. 행정상 즉시강제의 의의 및 근거 / 118
2. 행정상 즉시강제의 수단 / 119
3. 행정상 즉시강제의 한계 / 119
4. 행정상 즉시강제에 대한 권리구제 / 120

Ⅲ. 행정벌 ………… 121

1. 행정벌의 의의 및 종류 / 121 2. 행정형벌 / 122
3. 행정질서벌 / 123

Ⅳ. 행정의 새로운 실효성 확보수단 ………… 124

1. 과징금 / 124 2. 가산금 / 125
3. 공급거부 / 125 4. 공 표 / 126
5. 관허사업의 제한 / 127

제9장 행정심판 128

Ⅰ. 행정심판의 기초 ………… 128

1. 행정심판의 의의 및 특징 / 128
2. 행정심판의 종류 / 130

Ⅱ. 행정심판의 대상 ………… 131

1. 의 의 / 131 2. 행정청 / 131
3. 공권력 행사 / 132 4. 부작위 / 132

Ⅲ. 행정심판의 당사자 및 이해관계인 ………… 133

1. 행정심판의 청구인 / 133 2. 행정심판의 피청구인 / 135
3. 행정심판의 이해관계인 / 136

Ⅳ. 행정심판위원회 ······ 137
1. 행정심판위원회의 의의 및 연혁 / 137
2. 행정심판위원회의 설치 및 구성 / 137
3. 행정심판위원회의 운영 / 138
4. 행정심판위원회의 권한 / 139

Ⅴ. 행정심판의 청구 ······ 140
1. 심판청구의 요건 / 140 2. 심판청구의 변경·취하 / 142
3. 심판청구의 효과 / 143

Ⅵ. 행정심판의 심리 ······ 145
1. 심리의 의의 및 특징 / 145 2. 심리의 내용과 범위 / 145
3. 심리의 절차 / 146

Ⅶ. 행정심판의 재결 ······ 148
1. 재결의 의의 및 종류 / 148 2. 재결의 절차와 형식 / 150
3. 재결의 효력 / 151 4. 재결에 대한 불복 / 154

Ⅷ. 행정심판의 불복고지 ······ 154
1. 고지제도의 의의 및 종류 / 154
2. 불고지(不告知) / 155 3. 오고지(誤告知) / 155

Ⅸ. 특별행정심판 ······ 155
1. 공무원의 신분상 불이익에 대한 행정심판 / 155
2. 교원의 신분상 불이익에 대한 행정심판 / 157
3. 조세부과처분에 대한 행정심판(조세불복절차) / 158

제10장 행정소송 161

Ⅰ. 행정소송의 기초 ······ 161
1. 행정소송의 의의 및 특성 / 161
2. 행정소송의 연혁 / 162 3. 행정소송의 한계 / 163

Ⅱ. 행정소송의 종류 ······ 164
1. 성질에 의한 분류 / 164 2. 내용에 의한 분류 / 164

Ⅲ. 행정소송의 대상 ········ 167

1. 항고소송의 대상 / 167
2. 당사자소송의 대상 / 174
3. 민중소송의 대상 / 174
4. 기관소송의 대상 / 175

Ⅳ. 행정소송의 재판관할 ········ 175

1. 행정소송의 관할법원 / 175
2. 사건의 이송 / 176

Ⅴ. 행정소송의 당사자 ········ 177

1. 당사자의 의의 / 177
2. 원 고 / 178
3. 피 고 / 184
4. 행정소송의 참가인 / 186
5. 행정소송의 대리인 / 186

Ⅵ. 행정소송의 제기 ········ 187

1. 행정소송의 제기요건 / 187
2. 관련청구의 병합과 이송 / 189
3. 소의 변경 / 193
4. 행정소송 제기의 효과 / 194
5. 행정소송법상의 가구제 / 195

Ⅶ. 행정소송의 심리 ········ 199

1. 심리의 의의 및 절차 / 199
2. 주장책임과 입증책임 / 201
3. 위법판단의 기준시 / 202
4. 처분사유의 추가·변경 / 203

Ⅷ. 행정소송의 판결 및 불복제도 ········ 205

1. 행정소송의 판결 / 205
2. 상소 및 제3자에 의한 재심청구 / 211
3. 행정소송의 종료 / 212
4. 소송비용 / 213

제11장 국가배상 214

Ⅰ. 국가배상의 기초 ········ 214

1. 국가배상의 의의 및 연혁 / 214
2. 국가배상의 법적 근거 / 215
3. 손실보상 및 기타 유사제도와의 구분 / 216

Ⅱ. 공무원의 직무상 불법행위로 인한 손해배상 ················ 216
1. 배상책임의 성립요건 / 216
2. 손해배상의 범위 / 223
3. 배상책임 / 224
4. 공무원의 배상책임과 구상권 행사 / 226

Ⅲ. 영조물의 설치·관리상의 하자로 인한 손해배상 ·········· 228
1. 의의 및 특징 / 228
2. 배상책임의 성립요건 / 229
3. 배상책임과 배상범위 / 232
4. 배상의 청구절차 / 233

제12장 손실보상 235

Ⅰ. 손실보상의 기초 ·· 235
1. 손실보상의 의의 및 특징 / 235
2. 논의의 출발점으로서 존속보장 / 236
3. 공용수용 개념의 공식화 / 237

Ⅱ. 공용수용의 요건과 한계 ·· 238
1. 공용수용의 요건 / 238
2. 공용수용의 한계 / 240
3. 보상부 공용수용과 무보상부 재산권의 내용한계의 구별 / 241
4. 보상부 공용제한의 해석 문제 / 245
5. 사인을 위한 공용수용 / 246

Ⅲ. 손실보상의 구체적 내용 ······································· 249
1. 손실보상의 의의 및 근거 / 249
2. 손실보상과 불가분조항 / 250
3. 손실보상의 기준 및 범위 / 252
4. 손실보상에 대한 불복과 권리구제 / 255

Ⅳ. 수용유사적 침해와 수용적 침해 ···························· 257
1. 수용유사적 침해 / 257
2. 수용적 침해 / 259

제13장 기타 공법상 권리구제수단 261

Ⅰ. 위험책임 ········ 261
1. 위험책임의 의의 / 261 2. 위험책임의 요건 / 262
3. 검 토 / 262

Ⅱ. 희생보상청구권 ········ 262
1. 의의 및 연혁 / 262 2. 적용범위와 성립요건 / 263
3. 검 토 / 264

Ⅲ. 공법상 결과제거청구권 ········ 264
1. 의의 및 근거 / 264 2. 요건 및 한계 / 265
3. 실현방식(소송형식) / 265

Ⅳ. 공법상 부당이득반환청구권 ········ 266
1. 의의 및 법적 성질 / 266 2. 선결문제 / 266
3. 관련청구의 병합 / 267

Ⅴ. 공법상의 사무관리로 인한 비용상환청구권 ········ 267
1. 의의 및 연혁 / 267 2. 유 형 / 268
3. 비용상환청구권 / 269

■ 판례색인 ········ 270

■ 사항색인 ········ 276

행정법입문

Introduction to Administrative Law

行政法入門

제 1 장 행정법의 기초
제 2 장 행정법관계
제 3 장 행정조직
제 4 장 행정행위
제 5 장 행정입법
제 6 장 기타 행정작용
제 7 장 행정절차와 정보행정
제 8 장 행정의 실효성확보수단
제 9 장 행정심판
제10장 행정소송
제11장 국가배상
제12장 손실보상
제13장 기타 공법상 권리구제수단

제1장

행정법의 기초

I 행 정

1. 행정의 개념

행정법이란 무엇인가? 행정법은 대체로 "행정의 조직과 활동, 행정절차 및 행정구제 등을 규율하는 법"이다. 이러한 행정법의 규율대상은 '행정'이다. 그러나 여기서 말하는 '행정'은 공(公)행정(public administration, Öffentliche Verwaltung)을 의미한다.

행정의 개념은 다의적이다. 이러한 행정은 조직적 의미의 행정, 형식적 의미의 행정 그리고 실질적 의미의 행정으로 구분된다. 조직적(組織的) 의미의 행정은 행정조직을 중심으로 파악하는 개념이다. 즉 "행정주체, 행정기관 그 밖의 시설 총체"를 말한다. 행정안전부장관을 정점으로 한 행정안전부의 조직, 서울특별시장을 정점으로 한 서울특별시의 조직 등이 여기에 해당한다.

형식적(形式的) 의미의 행정은 조직적 의미의 행정(행정청)이 하는 모든 활동을 의미한다. 그 본질에 있어 입법이나 사법(司法)의 성질을 가지는 행정입법이나 행정심판도 여기에 속할 수 있다. 실질적 의미의 행정은 흔히 "행정사무를 수행하는 행정의 활동"을 말하지만, 이러한 개념이 복잡다양한 행정을 적확하게 표현하고 있다고 보기는 어렵다.

실질적(實質的) 의미의 행정을 파악하기 위한 노력은 오래전부터 있었다. 이를 가장 쉽게 파악하는 방법은 국가권력 중 입법과 사법을 제외하는 방식이다. 이를 '소극설' 또는 '공제설'이라고 부른다. 대표적으로 독일 행정법학의 국부인 오토 마이어(Otto Mayer)는 행정을 "사법 외에 국가의 법질서 아래에서 자신의 목적을 실현시키기 위한 국가의 활동"이라고 이해하였다.[1] 독일에서는 이후에도 "사회적 형성", "공익실현성", "미래지향성" 등의 개념적 표지를 통해 행정의 개념을 적극적으로 파악하였다.

그러나 이러한 노력에도 불구하고, 만족스러운 결과를 도출하지는 못하였다. 에른스트 포르스트호프(Ernst Forsthoff)는 "행정은 정의(定義)될 수 없고, 묘사(描寫)될 수 있을 뿐이다"라고 지적하였다.[2] 오늘날에도 이러한 그의 지적은 여전히 유효하다. 행정 개념의 정의와 관련하여, 국내에서는 적극설과 소극설을 절충한 견해가 지배적이다. 특히 입법과 사법의 관계를 고려하면서 행정을 "국가목적 또는 공익을 실현하기 위하여 행하는 능동적이고 적극적인 활동"이라고 파악하는 양태설이 유력하다.[3] 한편, 독일에서는 '정제된 공제설'이 유력하다. 즉 "입법이나 사법을 제외한 실질적 의미의 공행정으로서 통치나 군사가 아닌 국가 활동"이라고 이해하는 입장이 그러하다.[4] 공제설을 기초로 하면서 행정의 개념적 특징을 실질적으로 파악하는 개념 정의가 유용하다. 본서에서는 행정을 "입법·사법을 제외하고, 국가의 법질서 아래에서 국가목적 또는 공익의 실현을 목적으로 하는 집행적·형성적 성격의 활동"으로 정의하도록 한다.[5]

1) Otto Mayer, Deutsches Verwaltungsrecht, Bd. I, 3. Aufl., 1924, S. 13.
2) Forsthoff, Lehrbuch des Verwaltungsrechts, Bd. I, 10. Aufl., S. 1.
3) 이상규, 신행정법론(상), 신판, 61면.
4) Battis, Allgemeines Verwaltungsrechts, 3. Aufl., S. 2 f.

2. 행정의 유형

행정의 윤곽을 파악하기 위해서는 그 구체적 형상을 보아야 한다. 행정의 유형은 각양각색이다. 그 대상에 따라 건축행정, 교육행정, 재무행정 등으로 구분된다. 또한 행정의 임무에 따라 질서행정, 급부행정, 유도(誘導)행정, 공과(公課)행정, 조달행정, 계획행정, 보장행정 등이 있다. 특히 시민에 대한 법적 효과에 따라 침해행정과 급부행정으로 구분된다. 후자에는 보조금지급이나 사회보장 등이 대표적이다.

3. 통치행위

행정은 '통치행위'와 구분된다. 통치행위는 "고도의 정치적 행위로 사법적 통제가 배제되는 것"을 의미한다. 대부분의 국가에서 통치행위 개념을 인정하고 있는데, 대부분 외교·국방 등과 관련된 사안이 적지 않다. 국내에서도 대통령의 계엄선포나 긴급조치 등에 대해 통치행위를 인정하고 있다.[6] 헌법재판소도 이라크파병결정의 위헌확인사건에 대해 외국에 파병을 결정하는 것은 통치행위라고 보고 있다.[7] 그러나 긴급재정·경제명령이나 남북정상회담과 관련된 대북송금사건 등에서 헌법재판소나 대법원은 모두 통치행위에 대해서도 사법심사의 가능성을 열어 두고 있다.[8] 특히 대법원은 유신헌법 제53조에 근거한 긴급조치가 위헌이라고 판시한 바 있다.[9]

---

5) 정남철, 한국행정법론(제3판), 5면.
6) 대법원 1979. 12. 7. 선고 79초70 판결; 대법원 1978. 5. 23. 선고 78도813 판결 등.
7) 헌재 2004. 4. 29. 2003헌마814.
8) 헌재 1996. 2. 29. 93헌마186; 대법원 2004. 3. 26. 선고 2003도7878 판결.
9) 대법원 2010. 12. 16. 선고 2010도5986 판결.

Ⅱ 행정법의 특징

1. 행정법의 형성과 발전

행정법은 근대국가의 형성과 더불어 탄생하였다. 독일·프랑스 등 대륙법계국가에서는 권력분립원리를 전제로 자유주의적 법치국가사상이 지배하였다. 특히 국민의 권리와 자유를 보호하기 위해 집행권을 의회가 제정한 법률에 기속하는 법치국가원리가 중시되었다. 대륙법계국가에서는 19세기에 들어오면서 행정법이 급속히 발전하기 시작하였다. 이에 반해 영국이나 미국에서는 복지국가의 부상과 더불어 행정법이 발전하였고, 대체로 절차법이 행정법의 중심이었다. 동아시아에서는 일본이 프로이센의 헌정(憲政)제도를 도입하였고, 근대적 의미의 행정법학이 정착하기 시작하였다. 한국에서는 구(舊)한말 개화기에 근대적 의미의 법학 교육이 시작되었다. 1905년경에는 이미 사립전문학교인 한성법학교와 보성전문학교 등에서 행정법이 교육과정의 하나로 다루어졌다.

2. 행정법의 개념 및 특징

(1) 행정법의 개념과 구조

행정법은 행정상의 법률관계에 관한 법이다. 행정법은 법전(法典) 없는 법학 분야로 인식되고 있다. 헌법, 형법, 민법 등과 달리 행정법은 통일된 법전이 없다. 행정절차법, 행정심판법 및 행정소송법이 핵심적인 법률이었고, 최근에는 행정에 관한 일반법으로 '행정기본법'이 제정되었다. 행정법은 '공법(公法)'의 하나로 다루어진다. 공법에는 헌법과 행정법이 있다. 형법도 공법의 영역으로 분류되기도 하지만, 별도의 법영역으로 다루어진다.

(2) 공법(公法)의 분과로서의 행정법

실무상 공법과 사법의 구별이 문제 된다. 양자는 그 적용법리뿐만 아니라 소송형식이 다르다. 예컨대 공법상 계약과 사법상 계약의 구별이 그러하다. 전자의 경우에는 당사자소송의 방식으로, 후자의 경우에는 민사소송의 방식으로 다투어야 한다. 양자의 구별과 관련하여 다양한 학설이 제시된다. 예컨대 이익설, 주체설(종속설, 상하관계설), 귀속설 등이 그러하다. 그러나 현실적으로 양자를 구별하는 것은 쉽지 않고, 이론과 실무의 괴리도 있다. 국가배상청구권은 그 본질상 공권의 성질을 가지나, 실무에서는 이에 대한 소송이 민사소송의 형식으로 제기된다. 환매권은 수용된 토지의 원소유권을 회복하는 권리인데, 판례는 사권으로 이해한다.[10] 손실보상청구권을 사권으로 이해하는 견해도 있지만, 그 본질은 공권이다. 실무에서도 손실보상청구소송은 행정소송으로 다투어진다. 토지수용위원회의 재결에 대한 항고소송을 제기하는 경우가 대부분이며, 공법상 당사자소송으로 다투는 경우도 있다. 후술하는 바와 같이 보상금증감청구소송을 제기하는 경우도 있다.

현행 행정소송법의 소송형식에는 항고소송, 공법상 당사자소송, 민중소송 및 기관소송이 있다(동법 제3조). 항고소송은 위법한 처분 등의 취소·변경을 다투는 소송이다. 여기에는 무효확인소송, 취소소송 및 부작위위법확인소송이 있다(동법 제4조). 당사자소송은 공법상의 법률관계를 다투는 소송이다. 예컨대 신분이나 연금 등을 다투는 소송이 여기에 속한다. 위에서 언급한 보상금증감청구소송과 같이 처분 등을 원인으로 한 법률관계에 대한 소송도 당사자소송에 포함된다. 이를 '형식적 당사자소송'이라고 부른다.

---

10) 대법원 1992. 4. 24. 선고 92다4763 판결; 헌재 1994. 2. 24. 92헌마283.

Ⅲ 행정법의 법원

1. 법원의 의의 및 유사개념

법원(法源)은 대체로 "(실정)법으로서 무엇인가를 인식하는 것"으로 이해된다(A. Ross). 행정법의 법원에는 헌법, 법률, 법규명령 및 조례 등이 대표적이다. 그 외에 조약, 관습법 등이 행정법의 법원이 되는지가 문제 된다. 성문법원은 대부분 법규범이다. 법규범은 재판규범성을 가지며, 이를 위반한 행정작용(행정행위)은 위법이 된다. 법규범은 '법규' 개념과 구별된다.

법규의 개념은 난해하다. 독일의 후기입헌주의 국법학자들은 법규를 "독자적 의사영역 내지 법주체 사이의 한계설정"이라고 이해하였다(역사적·관습적 법규개념). 이러한 이해에 의하면 행정규칙은 법규에 해당하지 아니한다. 그러나 법규를 "주관적 공권과 의무의 근거가 되는, 일정한 권리·의무와 관련된 성립요건을 정하고 있는 규정"으로 이해하는 법이론적 법규개념이 등장하였다. 이러한 개념에 의하면 행정규칙도 법규개념에 포함된다.

2. 성문법원

헌법은 법률에 비해 규범상 효력의 우위를 가지지만, 그 적용에 있어서 법률이 헌법에 우선할 때도 있다. 이를 '적용우위'라고 한다. 기본권은 헌법의 영역이지만, 주관적 공권은 대부분 개별 법률에서 도출된다. 헌법에 의하여 체결·공포된 조약과 일반적으로 승인된 국제법규는 국내법(법률)과 같은 효력을 가진다. 법규명령은 위임명령과 집행명령으로 구분된다. 예컨대 대통령령, 총리령 및 부령은 모두 법규명령에 해당한다. 그러나 대통령의 긴급재정·경제명령 및 긴급명령은 법률대위적 명령에 해당한다(헌법 제76조). 법규명령은 행정규칙과 구별된다. 전자는 법규범에 해당하며, 직접적인 대외적 구속력이 인정된다. 그러나 행정규칙 중에는 예외적으로 법규적 효력이 인정되는 경우가 있는데, 이를 '법령보충적 행정규칙'이라고 부른다. 그 법적 성질에 대해서는 견해가 대립하므로 이에 대해서는 후술하기로 한다. 그 밖에 지방자치단체의 조례도 법원(法源)에 속한다. 조례가 시원적 법원인지에 대해 다툼이 있지만, 파생적 법원으로 이해하는 것이 타당하다. 조례 제정의 범위는 "법령의 범위 안에서" 허용된다. 법률을 위반한 조례는 위법하게 된다(헌법 제117조 제1항, 지방자치법 제28조 참조).

3. 불문법원

관습법은 장기간의 관행에 의해 성립되고 법적 확신이 있어야 한다. 판례의 법원성도 주장되고 있다. 이를 "법관법" 또는 "판례법"이라 부르고 있다. 그러나 법관은 법창출을 하는 것이 아니라 법적용을 할 뿐이다. 그런 점에서 판례는 법원이 될 수 없다.

Ⅳ 행정법의 일반원칙

1. 의의 및 문제점

행정법의 일반원칙을 종전에는 '조리(條理)'라고 부르고, 이를 법원의 하나로 다루었다. 그러나 규범체계가 정비된 오늘날에는 행정법의 일반원칙을 법원으로 보기는 어렵다. 행정법의 일반원칙은 행정작용의 위법을 판단하는 중요한 척도이다. 이러한 행정법의 일반원칙에는 비례의 원칙, 신뢰보호의 원칙, 평등원칙과 행정의 자기구속, 부당결부금지의 원칙이 있다. 행정기본법 제2장에는 '행정의 법 원칙'을 규정하고 있다. 여기에 법치행정의 원칙, 평등의 원칙, 비례의 원칙, 성실의무 및 권한남용금지의 원칙, 신뢰보호의 원칙, 부당결부금지의 원칙이 규정되어 있다. 법치행정의 원칙은 행정의 법률적합성의 원칙과 궤를 같이 하는데, 이에 대해서는 후술하기로 한다. 성실의무 및 권한남용금지의 원칙은 행정의 법 원칙으로 규정하기에 부적절한 점이 있다.

2. 구체적 내용

(1) 비례의 원칙

비례의 원칙은 행정의 목적을 달성하기 위해 적합한 수단을 사용하고, 필요한 최소한도에 그쳐야 하며, 그 달성하고자 하는 목적과 수단 사이에 적절한 비례관계가 유지되어야 한다. 이처럼 비례의 원칙은 적합성의 원칙, 필요성의 원칙(최소침해의 원칙) 및 상당성의 원칙으로 구성된다. 다만, 행정기본법 제10조 제3호의 내용이 필요성의 원칙인지, 아니면 상당성의 원칙에 해당하는지가 모호하다. 비례의 원칙은 그 연원상 경찰행정법(질서행정법)에서 유래하여 행정법의 일반원칙로 발전하였고, 오늘날에는 헌법의 일반원칙으로 인정되고 있다. 헌법 제37조 제2항, 그리고 경찰관직무집행법 제1조 제2항 및 제10조의4 등에도 비례의 원칙이 투영되어 있다.

(2) 신뢰보호의 원칙

신뢰보호의 원칙은 행정기관의 일정한 견해표명에 대하여 상대방의 정당한 신뢰를 법적으로 보호해야 한다는 것을 말한다. 신뢰보호의 원칙은 법치국가원리의 파생원칙이며, 그 이론적 근거는 법적 안정성에 있다. 행정기본법 제12조에도 신뢰보호의 원칙을 규정하고 있다. 즉

"행정청은 공익 또는 제3자의 이익을 현저히 해칠 우려가 있는 경우를 제외하고는 행정에 대한 국민의 정당하고 합리적인 신뢰를 보호하여야 한다"라고 규정하고 있다. 신뢰보호의 원칙은 수익처분의 취소·철회, 확약, 행정계획 등에서 문제 된다. 신뢰보호의 원칙이 적용되기 위해서는 아래와 같은 요건을 충족해야 한다. 첫째, 신뢰의 대상인 행정기관의 선행조치(공적 견해표명)가 있어야 한다. 둘째, 선행조치에 대한 신뢰와 그 신뢰의 보호가치성이 있어야 한다. 셋째, 신뢰에 기초한 상대방의 일정한 행위가 있어야 한다. 마지막으로 선행조치에 반하는 행정조치가 있어야 한다. 이러한 요건이 충족되더라도 일정한 한계가 있다. 즉 행정의 법률적합성의 원칙 또는 공익을 위해 신뢰보호의 원칙이 후퇴할 수 있다.

> "일반적으로 행정상의 법률관계에 있어서 행정청의 행위에 대하여 신뢰보호의 원칙이 적용되기 위해서는, 첫째 행정청이 개인에 대하여 신뢰의 대상이 되는 공적인 견해표명을 하여야 하고, 둘째 행정청의 견해표명이 정당하다고 신뢰한 데에 대하여 그 개인에게 귀책사유가 없어야 하며, 셋째 그 개인이 그 견해표명을 신뢰하고 이에 상응하는 어떠한 행위를 하였어야 하고, 넷째 행정청이 위 견해표명에 반하는 처분을 함으로써 그 견해표명을 신뢰한 개인의 이익이 침해되는 결과가 초래되어야 하며, 마지막으로 위 견해표명에 따른 행정처분을 할 경우 이로 인하여 공익 또는 제3자의 정당한 이익을 현저히 해할 우려가 있는 경우가 아니어야 한다." (대법원 2006. 6. 9. 선고 2004두46 판결)

(3) 평등원칙 및 행정의 자기구속

평등원칙은 헌법원칙이지만, 행정법의 일반원칙으로도 중요한 역할을 한다. 즉 행정청이 행정작용을 하면서 특별한 합리적 이유 없이 상대방을 차별하여서는 아니 된다는 것을 말한다. 이러한 평등원칙은 '행정의 자기구속'과 밀접한 관련이 있다. 행정의 자기구속은 행정청이 일정한 기간에 재량준칙을 적용하면서 행정관행 또는 선례가 형성되고, 이에 대해 행정청이 스스로 구속당하는 것을 말한다. 독일에서는 예기된 관행만으로도 평등원칙 위반을 인정하고 있다.

종전에는 재량준칙이 되풀이되어 행정관행이 이루어지면 행정의 자기구속이 발생하고, 이러한 경우 대외적인 구속력을 가진다고 보는 것이 판례의 입장이었다.[11] 그러나 대법원은 재량준칙에 따라 되풀이되는 행정선례가 성립된 경우에 행정의 자기구속이 발생하지만, 이를 위반한 처분은 평등원칙이나 신뢰보호의 원칙을 위반하여 위법이 된다고 보고 있다.

> "상급행정기관이 하급행정기관에 대하여 업무처리지침이나 법령의 해석적용에 관한 기준을 정하여 발하는 이른바 '행정규칙이나 내부지침'은 일반적으로 행정조직 내부에서만 효력을 가질 뿐 대외적인 구속력을 갖는 것은 아니므로 행정처분이 그에 위반하였다고 하여 그러한 사정만으로 곧바로 위법하게 되는 것은 아니다. 다만, 재량권 행사의 준칙인 행정규칙이 그 정한 바에 따라 되풀이 시행되어 행정관행이 이루어지게 되면 평등의 원칙이나 신뢰보호의 원칙에 따라 행정기관은 그 상대방에 대한 관계에서 그 규칙에 따라야 할 자기구속을 받게 되므로, 이러한 경우에는 특별한 사정이 없는 한 그를 위반하는 처분은 평등의 원칙이나 신뢰보호의 원칙에 위배되어 재량권을 일탈·남용한 위법한 처분이 된다." (대법원 2009. 12. 24. 선고 2009두7967 판결)

11) "행정규칙이 법령의 규정에 의하여 행정관청에 법령의 구체적 내용을 보충할 권한을 부여한 경우, 또는 재량권행사의 준칙인 규칙이 그 정한 바에 따라 되풀이 시행되어 행정관행이 이루어지게 되면, 평등의 원칙이나 신뢰보호의 원칙에 따라 행정기관은 그 상대방에 대한 관계에서 그 규칙에 따라야 할 자기구속을 당하게 되고, 그러한 경우에는 대외적인 구속력을 가지게 된다."(헌재 1990. 9. 3. 90헌마13; 대법원 2009. 3. 26. 선고 2007다88828, 88835 판결).

이 판결에서는 재량준칙의 대외적 구속력 또는 법규적 효력을 인정하지 않고 있다. 그러므로 신뢰보호의 원칙을 행정의 자기구속과 연결하는 것은 적절하지 않다.

행정의 자기구속은 절대적으로 적용되는 것이 아니다. 행정청이 불평등한 취급할 정당한 이유(사정변경, 공익적 요청 등)가 있으면 차별적인 조치가 허용될 수 있다.

(4) 부당결부금지의 원칙

부당결부금지의 원칙은 행정기관이 고권적 조치를 하면서 그 사항적 관련성이 없는 반대급부를 결부시켜서는 아니 된다는 것을 말한다. 행정기본법 제13조는 "행정청은 행정작용을 할 때 상대방에게 해당 행정작용과 실질적인 관련이 없는 의무를 부과해서는 아니 된다"라고 규정하고 있다. 여기서 실질적인 관련성은 부당결부금지의 원칙을 위반하였는지를 판단하는 기준이다. 대법원은 주택사업계획승인을 하면서 그 주택사업과 관련이 없는 토지에 대해 기부채납을 하도록 하는 부관을 붙인 것이 부당결부금지의 원칙을 위반하였다고 판시하였다.[12)]

V 법치행정의 원리

행정법에 적용되는 헌법원리로는 법치국가원리, 민주주의원리 및 사회국가원리 등이 있다. 법치국가원리는 행정법의 전반에 걸쳐 초석이 되는 헌법원리이다. 이러한 법치국가원리가 행정법에 투영된 것이 '법치행정의 원리'이다. 독일에서는 이를 '행정의 법률적합성의 원칙'이라고 부른다. 여기에는 법률우위의 원칙과 법률유보의 원칙이 있다. 법률우위의 원칙은 행정청의 행정작용이 법률을 위반하여서는 아니 된다는 원

12) 대법원 1997. 3. 11. 선고 96다49650 판결.

칙을 말한다. 법률유보의 원칙은 일정한 행정작용을 함에 있어서 법률에 근거하여야 한다는 것을 의미한다.

법률유보의 원칙은 전통적으로 국민의 권리를 제한하거나 침해하는 행정작용에서 중요한 의미를 가지지만, 법률에 근거하여야 하는 행정작용의 범위에 대해서는 학설이 대립하고 있다. 군주제 하에서는 시민의 자유와 재산을 침해하는 행정작용에 대해 반드시 법률에 의하도록 하는 견해가 지배적이었다(침해유보설). 이처럼 침해행정에 법률의 근거가 필요하다는 견해는 시대착오적이고 진부하다는 비판이 제기되었고, 민주주의원리가 강조되면서 모든 국가작용에 법률의 근거가 있어야 한다는 전부유보설이 등장하였다. 그러나 이러한 견해는 비현실적이고 유토피아적 환상이라는 비판에 직면하게 되었다. 이후 20세기에 들어서면서 급부행정이 부상하였고, 급부행정에 법률유보의 원칙이 적용되어야 한다는 견해가 득세하였다(사회유보설). 최근에는 독일 연방헌법재판소가 발전시킨 '본질사항유보설(본질성설)'이 등장하였고, 이 견해가 통설적 입장이다. 다만, 여기서 말하는 '본질적'이라는 의미가 무엇인지가 모호하다는 점에서 이 견해에 대해 '공허한 공식'이라는 비판이 제기되었다. 이에 대해 독일 연방헌법재판소는 '본질적'이란 "기본권 실현에 있어서 본질적"이라고 설명하고 있다.[13] 한국 헌법재판소는 본질사항유보설을 따르고 있다. 즉 텔레비전 방송수신료 금액의 결정이 본질적인 사항에 해당하며, 이에 대해 국회 스스로 결정해야 한다고 결정하였다.[14]

13) BVerfGE 47, 46/79.
14) 헌재 1999. 5. 27. 98헌바70.

제2장

행정법관계

I 행정법관계의 의의 및 종류

행정상의 법률관계(행정법관계)는 행정조직법의 관계와 행정작용법의 관계로 구분된다. 후자는 사인에 대한 국가의 관계로 외부법의 영역이며, 전자는 행정주체의 내부법관계와 행정주체(국가·지방자치단체 등) 간의 관계를 말한다.

행정작용법관계는 권력관계, 관리관계, 그리고 국고(國庫)관계로 구분된다. 권력관계는 행정주체가 사인에 대해 명령·강제하는 관계를 말한다. 관리관계는 행정주체가 사업이나 재산의 관리주체로서 사인과 법률관계를 형성하는 것을 말한다(공물의 관리, 공기업 경영). 그리고 국고관계는 행정주체가 사인과 대등한 지위에서 계약을 체결하는 관계를 말한다(건물임대차계약, 물품매매계약 등). 국고관계는 사법상 법률관계로 이해하는 것이 보통이다. 판례도 일반재산의 대부행위를 사법상 계약으로 보고 있다.[1]

1) 대법원 1995. 5. 12. 선고 94누5281 판결.

Ⅱ 행정법관계의 특징

행정법관계는 사법관계과 구분되는 몇 가지 특징이 있다. 우선 행정법관계에서 공익목적의 실현을 위한 행정주체의 의사에 특수한 효력이 인정된다. 행정처분에 인정되는 존속력, 구성요건적 효력 등이 그러하다. 종래에는 행정행위의 '공정력'을 강조하였으나, 이러한 이론은 전근대적(前近代的)이고 권위주의적 사고에 기원한다는 점에서 폐지되는 것이 바람직하다. 이러한 효력은 존속력(특히 불가변력)에 의해 대체될 수 있다.

둘째, 행정법관계는 공법의 성질을 가지므로 적용법리에 있어서도 특수성이 있다. 행정법관계에서는 사적 자치가 아니라 행정의 법률적합성의 원칙이 강조된다. 또한 행정법관계에서는 신뢰보호의 원칙, 비례의 원칙, 행정의 자기구속, 부당결부금지의 원칙 등이 중요한 역할을 한다.

셋째, 행정법관계에서는 권리구제수단에 있어서도 사법관계와 차이가 있다. 위법한 행정처분에 대해서는 항고소송을, 그리고 행정상의 법률관계에 대해서는 공법상 당사자소송을 통해 권리구제를 할 수 있다.

마지막으로 행정법관계에는 행정상 강제수단에도 특수성이 인정된다. 사인이 행정주체가 부과한 행정상 의무를 이행하지 아니할 경우 행정법관계에서는 사법관계와 달리 별도의 집행명의가 필요하지 않다. 행정주체(행정청)는 법률이 정한 절차에 따라 행정상 강제수단을 사용할 수 있다. 이러한 행정상 강제수단에는 행정상 강제집행, 즉시강제, 그리고 행정벌(행정형벌·행정질서벌) 등이 있다.

Ⅲ 행정법관계의 당사자

행정법관계에도 권리와 의무의 귀속주체가 필요하다. 행정법관계의 당사자에는 행정주체와 그 상대방인 행정객체가 있다. 행정객체는 대체로 '사인(私人)'이다. 즉 사법상의 자연인 또는 법인이 행정객체인 경우가 대부분이다. 행정주체에는 국가와 공공단체, 그리고 공무수탁사인이 있다.

국가는 시원적인 행정권을 가진 행정주체로서 공법인이다. 공공단체에는 지방자치단체, 공공조합(공법상의 사단법인), 영조물법인 및 공법상 재단(공재단)이 있다. 지방자치단체는 지역공동체의 사무에 대하여 전권한성(全權限性)과 자기책임성을 가지며, 보통지방자치단체와 특별지방자치단체로 구분된다. 공공조합은 특정한 국가목적을 달성하기 위해 결합된 인적 단체를 말한다. 여기에는 상공회의소, 주택재건축정비사업조합, 변호사회 등이 속한다.

영조물법인은 특정한 공적 목적에 제공되는 인적·물적 시설의 결합체를 말한다. 여기에는 구성원이 없고 이용자만 있다. 한국방송공사, 한국은행, 서울대학교병원 등이 영조물법인에 속한다. 그러나 헌법재판소는 한국방송공사의 직원채용을 사법상 법률관계로 보고 있다.[2] 공법상 재단(공재단)은 일정한 목적을 위해 출연된 재산을 관리하기 위해 설립된 공공단체를 말한다. 여기에 속하는 것으로는 한국연구재단, 한국학중앙연구원 등이 있다.

그 밖에 사인이 행정사무에 관한 권한을 위탁받아 수행하는 경우가 있다. 그러한 사인을 '공무수탁사인'이라고 부른다. 공무수탁사인은 사법상 자연인 또는 법인이다. 공무수탁사인은 단순히 행정업무를 보조하는 행정보조인과 구별된다. 공무수탁사인은 행정주체의 지위를 가지나,

---

2) 헌재 2006. 11. 30. 2005헌마855.

일정한 경우에는 행정기관 또는 행정청의 지위를 가질 수 있다.

Ⅳ 공권과 공의무

1. 의의 및 특징

행정법관계는 공권과 공의무로 구성된다. 공권은 '주관적 공권'을 의미한다. 이를 국가적 공권에 상응하는 개념으로 개인적 공권으로 부르기도 한다. 그러나 행정법관계에서는 국가적 공권보다는 국가에 대한 사인의 공권이 중요하다. 여기서 '주관적'이라는 표현은 개인의 권리침해 및 그 권리구제와 밀접한 관련이 있다. 전통적인 행정법관계에서는 국가와 사인간의 이원적(양자적) 법률관계가 중심을 이루고 있지만, 현대행정에서는 다원적 법률관계가 강조된다. 예컨대 도시계획법이나 환경법 분야에서는 인허가를 신청한 상대방(사업자나 공장주)과 행정청, 그리고 인근주민(제3자)의 법률관계가 그러하다.

공의무는 공권에 상응하는 개념이다. 공의무에는 그 내용에 따라 작위의무, 부작위의무(금지의무), 수인의무 및 급부의무가 있다. 공의무는 법령이나 행정주체의 고권적 작용에 의해 부과된다. 상대방이 이를 이행하지 아니하면, 행정상의 강제수단이 동원된다. 공의무는 일신전속적 성질을 가지는 경우가 대부분이며, 그 이전이나 포기가 제한된다. 공의무가 승계되는지도 문제 된다. 자연인의 사망, 법인의 합병 등에 의해 당사자 지위의 승계가 이루어지는 경우도 있다(행정절차법 제10조 참조). 특히 제재처분의 승계가 허용되는지가 문제다. 대법원은 등록영업인 석유판매업의 양도가 이루어진 경우 양도인에게 발생한 제재사유가 양수인에게 승계된다고 판시하였다.[3)]

---

3) 대법원 2003. 10. 23. 선고 2003두8005 판결.

2. 주관적 공권

(1) 주관적 공권의 개념 및 기능

주관적 공권의 개념에 대한 초석은 독일의 공법학자 게오르크 옐리네크(G. Jellinek)와 오트마 뷜러(O. Bühler)가 마련하였고, 오토 바호프(O. Bachof)가 이를 발전시켰다. 주관적 공권은 "사인이 자신을 위해 국가에 대해 일정한 행위를 요구할 수 있는 법적인 힘"을 말한다. 주관적 공권의 실천적 의미는 사법적(司法的) 실현가능성에 있다. 주관적 공권이 공권력에 의해 침해될 경우에 공법상 권리구제를 받을 수 있어야 한다.

(2) 주관적 공권의 특수성

주관적 공권에는 몇 가지 특수성이 있다. 주관적 공권은 이전이나 압류가 제한된다(국가배상청구권의 양도금지, 급여채권의 압류제한 등). 또한 주관적 공권은 일신전속적 성격 때문에 그 위임 또는 대리가 허용되지 아니한다(비대체성). 이러한 주관적 공권에 대한 권리구제는 헌법소송 또는 행정소송에 의한다. 주관적 공권의 불융통성이나 비대체성은 근대국가의 특수성에서 연유한다는 점을 이유로 이를 비판하는 견해도 있다. 일본에서는 공·사법 일원론을 주장하고 있다. 그러나 우리나라에서는 공권과 사권을 구별하며, 그 적용법리나 소송형식 등에 차이가 있다. 공권의 특수성은 개별법 규정의 목적이나 근거 등에 비추어 판단되어야 한다.

(3) 주관적 공권의 성립요건

주관적 공권은 반사적 이익과 구별된다. 주관적 공권이 성립하기 위해서는 강행법규상의 작위의무, 사익보호성, 의사력(Willensmacht) 3요소가 있어야 한다. 모든 규범이 사익을 보호하는 것은 아니라는 점에서 '사익보호성'은 주관적 공권의 중요한 성립요소이다.

주관적 공권과 원고적격을 동일한 의미로 사용하는 경우도 있지만, 양자는 엄밀한 의미에서 구분된다. 독일에서는 권리(공권)가 침해된 자에 대해 원고적격을 인정하므로 양자가 일치한다. 그러나 우리나라에서는 취소나 무효 등을 구할 법률상 이익이 있는 자를 취소소송이나 무효확인소송의 원고적격으로 보고 있다. 법률상 이익은 법적으로 보호되는 이익, 즉 "법적 보호이익"으로 보는 것이 통설·판례의 입장이다. 원고적격의 척도인 '법률상 이익'의 개념은 공권보다 넓다.

대법원은 인근주민이 연탄공장 설치허가의 취소를 다툰 사건에서 원고적격을 인정하였다.[4] 연탄공장 설치허가가 강학상 허가임에도 불구하고 인근주민(제3자)의 원고적격을 인정한 점이 이례적이다. 종전에 대법원은 강학상 허가(통제허가)에 대해서는 반사적 이익만을 인정하였으나, 이 사건에서는 환경문제의 심각성으로 그 설치허가의 취소를 구하는 인근주민의 원고적격을 인정하였다.

3. 특수한 공권

(1) 무하자재량행사청구권

(a) 특수한 공권의 하나로 무하자재량행사청구권이 논의된다. 무하자재량행사청구권은 독일 행정법학의 산물로 뷜러(O. Bühler)에 의해 창안된 것이다. 행정청에 재량이 부여된 경우 수익처분을 신청하였으나 행정청이 아무런 응답을 하지 않는 경우에 재량의 하자 없는 결정을 청구하는 공권을 말한다. 예컨대 공로(公路)에 건물 주차장의 출입 편의를 위해 도로점용허가(특허)를 신청하였으나 관할 행정청의 응답이 없

---

4) 대법원 1975. 5. 13. 선고 73누96·97 판결.

는 경우, 행정청에 하자 없는 결정을 요구하는 사례가 여기에 해당한다. 이 경우 신청인은 허가발급을 청구할 수 없다. 또한 승진처분을 신청한 후 다른 지원자는 승진하면서 신청자에 대해서는 아무런 결정을 내리지 않는 경우에도 이러한 무하자재량행사청구권이 고려될 수 있다.

(b) 무하자재량행사청구권의 허용에 대해서는 학설이 대립하고 있다. 사법시험을 합격하고 소정의 과정을 이수한 A가 법무부장관을 상대로 임용거부처분에 대한 취소소송을 제기한 사건에 대해 무하자재량행사청구권이 적용된 것으로 해석하는 견해도 있다.[5] 그러나 이 사건은 법무부장관의 무응답을 임용거부로 파악하고, 그 거부에 대한 취소소송을 제기한 것이다.

한편, 하자재량행사청구권을 정식으로 인정한 판례는 없다. 다만, 검사의 임용거부가 응답신청권을 근거로 항고소송의 대상이 되는 처분으로 보고, 그러한 임용거부행위가 재량권을 일탈·남용한 것인지를 심사한 사례가 있을 뿐이다.

(c) 무하자재량행사청구권은 재량을 통제하는 특수한 공권이라는 점에서 이를 긍정할 가치가 있다. 그러나 이러한 공권을 사법적으로 실현할 수 있는 소송형식이 인정되어야 한다. 현행 행정소송법에는 의무이행소송이 인정되지 않고 있다. 독일에서는 이러한 무하자재량행사청구권을 실현할 수 있는 사법적인 권리구제수단으로 이른바 적정재량결정소송(Bescheidungsklage)을 인정하고 있다. 이를 "지령소송" 또는 "재결정명령소송" 등으로 부르기도 한다. 무하자재량행사청구권을 실현할 수 있는 소송형식이 마련되지 않는다면 이러한 특수한 공권을 인정하는 것은 실익이 적다.

---

5) 대법원 1991. 2. 12. 선고 90누5825 판결.

(2) 행정개입청구권

행정개입청구권은 행정청의 부작위로 인하여 권리나 이익을 침해당한 자가 타인(제3자)에 대해 행정청이 권한을 행사할 것을 요구하는 공권이다. C가 운영하는 공장에서 배출되는 오염물질이 인근주민 A에 환경상 피해를 주는데도 관할 행정청(B)이 장기간 방치하는 경우, A가 공장주 C에 대해 행정청(B)이 시정조치나 개선명령 등을 내릴 것을 요구하는 공권이 여기에 해당한다. 행정개입청구권은 독일의 경찰질서법에서 연원하고 있다.

행정개입청구권이 성립하기 위해서는 첫째, 행정개입의 의무가 발생하여야 한다. 특별히 높은 정도의 장해 또는 위험성이 있거나 특히 중대한 위험상황 등과 같이 시민의 생명이나 신체에 중대한 위험 또는 재산상의 손해가 현저할 경우에 행정개입의 의무가 발생한다. 둘째, 근거 법령에서 사익보호성이 인정되어야 한다.

행정개입청구권을 주장하였음에도 관할 행정청이 아무런 조치를 행하지 아니하거나 방치할 경우에는 의무이행심판이나 부작위위법확인소송을 제기할 수 있다. 그러나 행정개입청구권의 법리가 효과적으로 작동하는 것은 국가배상소송이다. 부작위에 대한 국가배상소송에서 행정개입청구권을 인정한 판례를 찾기는 어렵다.

V 특별권력관계

특별권력관계는 외부법의 영역에서 시민과 국가의 관계를 전제로 하는 일반권력관계에 상응한다. 특별권력관계는 종래 19세기 독일의 입헌주의적 국법학자에 의해 주장되었다(P. Laband). 특별권력관계에서는 법률유보의 원칙이 적용되지 않았고 사법심사의 대상도 되지 아니하였다.

민주주의원리와 법치국가원리 등에 근거하여 특별권력관계론에 대한 비판이 제기되었고, 본질적인 부분에 대해서는 법률유보의 원칙이 적용되어야 한다는 견해가 지배적이다.

특별권력관계의 종류에는 공법상의 근무관계(공무원관계), 공법상의 영조물이용관계(수형관계, 국립대학 재학관계), 공법상의 특별감독관계(공공조합에 대한 국가의 감독관계), 공법상의 사단관계(공공조합과 그 조합원의 관계)가 있다. 판례는 농지개량조합과 그 직원의 관계에 대해 공법상 특별권력관계라고 보고 있다. 판례는 여전히 특별권력관계를 인정하고 있다. 대법원은 육군3사관학교의 사관생도가 특수한 신분관계에 있다고 판시하고 있다.[6] 즉 사관생도는 그 존립 목적을 달성하기 위하여 필요한 한도 내에서 일반 국민보다 상대적으로 기본권이 더 제한될 수 있지만, 그러한 경우에도 법률유보의 원칙이나 과잉금지의 원칙 등 기본권 제한의 헌법상 원칙을 준수하여야 한다고 보고 있다.

6) 대법원 2018. 8. 30. 선고 2016두60591 판결.

제3장

행정조직

I 행정조직의 기초

1. 행정조직의 의의

행정조직이란 행정의 구조와 권한 등을 총칭하고 있다. 행정조직에 관한 법을 '행정조직법'이라 부른다. 행정조직법은 대체로 행정법각론에 다루고 있지만, 행정조직은 행정법을 이해함에 있어서 필수적이다. 행정조직은 직접국가행정조직과 간접국가행정조직(공공단체)으로 구분된다. 절대주의국가에서 행정조직은 군주(君主)의 고유한 권한으로 다루어졌고, 법치국가원리의 영역 밖에 있는 것으로 이해되었다. 이러한 영역에서는 '조직권력'이 인정되었고, 법률유보의 원칙이 적용되지 아니하였다. 조직권력이란 행정주체나 행정기관의 설립, 변경 및 폐지에 관한 권한을 말한다. 독일에서는 조직권력의 주체가 연방인지 주(란트)인지, 입법부인지 행정부인지 등이 다투어지고 있다. 헌법에 특별한 규정이 없으면, 그에 의한다.

헌법에는 권력분립원칙을 기초로 입법권, 행정권 및 사법권으로 국가권력을 분장하고 있다. 또한 행정조직의 기본원칙뿐만 아니라 행정의 조직과 권한을 명확히 규정하고 있다. 헌법 제4장 '정부'의 장에는 행정권(집행권)이 대통령을 수반으로 행정부에 있음을 규정하고 있다. 또한 국무회의, 국무총리 및 행정각부, 그리고 감사원 등 정부의 주요한 조직에 관한 규정을 두고 있다. 헌법 제96조는 행정각부의 설치·조직 및 직무범위를 법률로 정하도록 하고 있다. 이에 따라 정부조직법에 제정되어 있다. 그 밖에 감사원법, 검찰청법 등 행정조직에 관한 별도의 법률이 제정되어 있다.

2. 행정조직의 유형

행정조직의 유형은 다양하다. 이를 중앙집권형과 지방분권형, 독임형과 합의형, 권력통합형과 권력분산형, 직접민주형과 간접민주형 등으로 구분하고 있다. 행정조직은 행정목적을 효율적으로 달성하기 위해 상급기관과 하급기관 사이의 '계층제'로 구성되어 있다. 전문성이나 독립성이 필요한 영역에서는 합의제행정기관이 설치되어 있다(감사원, 국민권익위원회, 국민인권위원회, 토지수용위원회 등).

3. 행정조직의 기본원리

행정조직의 기본원리에 대해 다양한 견해가 제시되지만, 행정조직에서는 민주주의원리와 법치국가원리가 중요하다. 먼저 행정조직에도 민주주의원리가 투영되어야 한다. 독일 연방헌법재판소 재판관이었던 뵈켄훼르데(E.-W. Böckenförde)는 민주적 정당성 이론을 확립하였다. 그는 민주적 정당성을 제도적·기능적인 민주적 정당성, 조직적·인적인 민주적 정당성, 그리고 사항적·내용적인 민주적 정당성으로 구분하고 있다. 이 중에서 제도적·기능적인 민주적 정당성은 권력분립원리에 기초하여 국가권력을 분립하고, 주권자인 국민이 국가권력을 행사하는 것과 관련이 있다. 그런 점에서 행정조직은 제도적·기능적 민주적 정당성의 문제와 긴밀하게 연결되어 있다. 또한 그 인적 구성원인 공무원을 포함한 공직자나 공무담당자도 국가의 과제를 수행하는 기관 사이에 중단없는 정당성의 사슬이 있어야 한다. 이는 조직적·인적인 민주적 정당성의 문제다.[1] 그리고 내용적으로 정당성을 확보하는 것이 중요한데, 이는 사항적·내용적인 민주적 정당성의 문제다. 이와 관련하여 의회가 제정한 법률이 중요한 의미를 가진다.

행정조직은 법치국가원리에 기초하고 있다. 이를 '행정조직 법정주의'라고 부른다. 행정조직에도 법률유보의 원칙이 적용되는지가 논의되나, 오늘날 행정조직은 법률에서 규율되는 것이 내부분이다. 행정조직의 구조나 형성은 법치국가원리에 따라 명확하고 투명하여야 한다.

Ⅱ 행정기관(행정청)

행정기관이란 행정주체(국가 또는 공공단체)의 사무를 실행하는 지위를 말한다. 행정기관은 조직적 의미의 행정기관과 기능적 의미의 행정기관으로 구분된다. 조직적 의미의 행정기관은 행정조직의 계층구조상의 집행기관을 말한다. 행정사무의 분배단위를 의미하는데, 행정청을 비롯한 보조기관·의결기관 등을 의미한다. 기능적 의미의 행정기관은 행정주체의 의사를 결정·표시하는 기관을 말한다. 법령이나 자치법규에 따라 권한을 가진 행정청 외에 위임 또는 위탁받은 공공단체나 그 기관, 공무수탁사인도 '행정청'에 해당할 수 있다(행정절차법 제2조 제1호 가.목). 전통적인 독일공법학의 국가법인설에 따라 행정기관의 법인격성은 부인된다. 이에 대해 행정기관에 대해서도 법인격성 또는 권리주체성을 인정하거나 인격자에 준하는 지위라고 보는 견해도 있다. 그러나 대법원은

1) 이에 대해서는 졸저, 헌법재판과 행정소송, 594면 이하.

국가기관(예컨대 국립대학교총장)이 국토이용계획과 관련된 기관위임사무의 처리에 관하여 지방자치단체의 장을 상대로 취소소송을 제기할 수 없다고 보고 있다.[2] 그러나 대법원은 경기도 선거관리위원회 위원장의 당사자능력 및 원고적격을 예외적으로 인정한 사례도 있지만, 해당 위원장은 '자연인'으로 이해하는 것이 논리적으로 타당하다. 행정소송법에는 '기관'에 대해서도 원고적격을 인정하는 규정이 없고, 국가 내의 기관간 쟁송은 그 법률효과가 국가에 귀속되는 모순을 초래한다.

행정기관의 종류는 권한이나 기능 등에 따라 분류된다. 우선 행정기관은 그 권한에 따라 행정청, 보조기관·보좌기관, 자문기관, 의결기관 등으로 구분된다. 또한 행정기관은 그 기능이나 소관 사무에 따라 공기업기관(공공시설기관, 영조물기관), 감사기관, 부속기관, 책임운영기관으로 분류된다. 부속기관에는 시험연구기관(국립보건연구원), 교육훈련기관(국가공무원인재개발원), 문화기관(박물관), 의료기관(국립의료원) 등이 있다.

Ⅲ 행정청의 권한

1. 권한의 의의 및 특징

법령 등에는 행정청이 직무를 수행할 수 있는 범위를 규정하고 있는데, 이를 '권한' 또는 '관할'이라고 한다. 권한은 행정주체에 귀속되는 '권리(Recht)'와 구분된다. 그런 이유에서 독일에서는 "권리주체로서의 행정주체"라고 부른다. 행정청의 권한은 대체로 헌법, 법률, 법규명령 또는 조례로 정해진다. 그러나 행정청의 직무범위나 권한의 세부적 내용이 행정규칙의 형식으로 규정되는 경우도 있다. 예컨대 직제가 그러하다. 그러나 오늘날 직제는 법규명령으로 규정되는 경향이 있다.

2) 대법원 2007. 9. 20. 선고 2005두6935 판결.

행정청의 권한에도 일정한 한계가 있다. 우선 행정청의 권한에는 사항적 한계가 있다. 행정각부의 소관사무가 여기에 속한다. 이를 '사물관할'이라고도 부른다. 둘째, 행정청의 공간적 활동범위와 같은 지역적 한계가 있다. 이를 '토지관할'이라고 부른다. 예컨대 관할구역이 그 대표적 사례이다. 마지막으로 행정청의 권한은 그 소속 구성원에 대해서만 미치며, 이를 '인적 한계'라고 한다.

행정청의 권한행사는 행정청이 소속한 행정주체에 귀속된다. 행정청의 권한을 유월(踰越)한 행위는 무권한의 행위에 해당하며, 그 하자의 정도에 따라 무효 또는 취소가 된다.

2. 권한의 대리

(1) 대리의 의의 및 유사개념

권한의 대리란 다른 행정기관이 피대리관청을 위한 것임을 표시하고 권한의 전부 또는 일부를 자신의 이름으로 행사하고, 그 행위의 효과는 피대리관청에 귀속된다. 행정청의 권한은 원칙적으로 스스로 행사하고 임의적으로 이를 변경하거나 이전할 수 없다(권한불변경의 원칙). 그러나 질병이나 궐위 등의 사고로 자신의 권한을 행사할 수 없을 때에는 행정청의 대리가 인정된다.

대리는 '대표'와 구분된다. 대표는 별도의 대리기관이 필요하지 않고, 그 소속된 대표기관의 행위를 행정주체에 귀속하는 것이다. 예컨대 국가를 당사자로 하는 소송에서 법무부장관이 국가를 대표하는 사례가 그러하다. 대리는 권한이 이전되는 '위임'과 구분된다. 대리는 피대리관청이 궐위되는 '서리(署理)'와도 구분된다. 그리고 행정실무에서 행정청이 보조기관이나 하급기관에 소관사무의 처리를 위임하면서, 그 업무에 관한 대외적인 권한행사를 행정청 자신의 이름으로 '위임전결'을 하는 경우도 있다.

(2) 대리의 유형

대리에는 임의대리와 법정대리가 있다. 임의대리는 '수권대리' 또는 '위임대리'라고 부른다. 이와 달리 법정대리는 법령의 규정에 따라 일정한 사실의 발생이나 일정한 사람의 지정으로 성립한다. 예컨대 국무총리의 직무대행이 여기에 해당한다. 법정대리는 전부대리가 원칙이다. 이에 반해 임의대리는 피대리관청의 권한 일부에 대해서만 허용된다(일부대리). 복대리(復代理)의 허용도 문제다. 임의대리에서는 일부대리만 허용되므로 복대리가 허용되지 않지만, 법정대리에서는 전부대리이므로 복대리가 허용된다. 다만, 복대리는 대리권의 일부에 제한된다. 대리는 일정한 법률원인에 의하여 소멸되고, 임의대리는 대리권의 철회로 소멸된다. 법정대리는 그 대리권이 발생된 법률사실이 해소됨에 따라 종료된다.

3. 권한의 위임

(1) 위임의 의의 및 유사개념

권한의 위임이란 특정한 행정기관이 자신의 권한 일부를 다른 행정기관에 이전하고, 수임기관이 이를 자신의 명의와 책임으로 행사하는 것을 말한다. 보조기관이나 하급행정기관에 위임하는 것이 보통이지만, 대등한 행정청이나 다른 행정기관에 대해서도 권한을 위임할 수 있다(정부조직법 제6조 제3항). 이를 '위탁'이라고 한다. 또한 사인에 대해서도 권한을 위임할 수 있다. 이를 흔히 '민간위탁'이라고 부른다.

이러한 권한의 위임은 내부위임과 구별된다. 내부위임은 권한의 귀속을 변경하는 것이 아니다. 서울특별시장이 일정 규모 이하의 건축허가에 대해 구청장에게 내부위임하는 것이 여기에 해당한다. 이 경우 구청장이 허가발급의 업무를 수행하지만, 허가발급은 서울특별시장의 명의로 발급된다. 내부위임을 하였는데 수임기관이 자신의 명의로 행정처분을 하면, 그 항고소송의 피고는 수임기관이다. 예컨대 석유판매허가의 취소권한에 대해 내부위임을 받은 X군수가 위임관청인 Y도지사의 명의가 아니라 X군수 자신의 명의로 위 권한을 행사하면, 해당 행정처분은 무효가 된다.[3] 위임전결은 행정사무처리의 편의를 위해 행정청의 결재권한 중 일부를 보조기관이나 보좌기관에 위임하여 처리하는 것을 말한다(행정업무의 운영 및 혁신에 관한 규정 제10조 제2항 참조). 대결은 그 구성원의 일시 부재시에 보조기관이 대신하여 결재하는 것을 말한다.

(2) 위임의 근거

권한의 위임은 권한의 이전을 초래하므로 이에 관한 법적 근거가 필요하다. 법령의 근거가 없는 위임은 원칙적으로 무효이며, 이에 근거한 수임관청의 행위도 무권한의 행위에 해당한다. 권한의 위임에 관한 일반적 근거 규정으로는 정부조직법 제6조가 있다. 또한 이에 근거하여 대통령령으로 제정된 '행정권한의 위임 및 위탁에 관한 규정'이 있다.

(3) 위임의 종류

권한 위임의 종류에는 주체를 기준으로 보조기관·하급행정청에 대한 위임, 대등관청 기타 타행정청에 대한 위임(위탁), 지방자치단체나 그 기관에 대한 위임, 사인에 대한 위임(민간위탁) 등이 있다. 사인은 공무수탁사인에 해당한다. 단순한 대행업무는 행정보조기관의 지위에 불과하다. 행정청 그 밖의 권한을 위임받은 기관은 그 권한의 일부를 보조기관이나 다른 행정청에 재위임할 수 있다(정부조직법 제6조 제1항 제2

---

3) 대법원 1989. 9. 12. 선고 89누671 판결.

문).

(4) 위임의 효과

권한의 위임이 있으면 그 사무수행과 관련된 비용을 위임관청이 부담한다. 국가가 스스로 하여야 할 사무를 지방자치단체나 그 기관에 위임하여 수행하는 경우에는 국가가 경비의 전부를 그 지방자치단체에 교부하여야 한다(지방재정법 제21조 제2항 참조).

행정청의 권한이 이전되면 원칙적으로 수임관청이 그 권한을 스스로 행사하고 책임을 지게 된다. 다만, 수임관청이 위임관청의 보조기관이거나 그 지휘·감독하에 있는 하급행정청인 경우에는 지휘·감독권을 행사할 수 있다. 권한이 위임된 경우에도 위임관청이 수임관청의 위법한 처분을 취소하거나 변경할 수 있는지가 문제다. 행정권한의 위임 및 위탁에 관한 규정 제6조는 위임기관이 수임기관 및 수탁기관의 사무처리에 관하여 지휘·감독을 할 수 있고, 그 처리가 위법·부당하다고 인정할 때에는 이를 취소하거나 정지할 수 있다고 규정하고 있다. 권한의 위임은 그 위임의 해제, 종기의 도래, 해제조건의 성취, 근거 법령의 소멸 등에 의해 종료된다.

제4장

행정행위

I 행정행위의 의의 및 특성

1. 행정행위의 의의

행정행위는 대표적인 행위형식 또는 행정의 작용형식의 하나이다. 건축허가, 주택사업승인, 과징금부과처분 등이 행정행위에 속한다. 그러나 과태료부과처분이나 공매통지는 행정행위에 속하지 아니한다. 실정법상 행정행위에 관한 규정은 없다. 다만, 학문적인 행정행위의 개념은 대체로 "개별 사례에서 직접적 외부효가 있는 행정청의 고권적 규율"을 말한다. 국내에서는 행정행위의 개념보다 행정처분의 개념이 보편적으로 사용되고 있다. 행정기본법, 행정절차법, 행정심판법 및 행정소송법에는 '처분' 개념을 정의하고 있다. 즉 처분은 대체로 "행정청이 행하는 구체적 사실에 관한 법집행으로서의 공권력의 행사 그 거부 그 밖에 이에 준하는 행정작용"으로 정의되고 있다. 이러한 처분 개념은 학문적 의미의 행정행위 개념보다 넓다.

행정행위의 개념적 징표는 다음과 같다. 첫째, 행정행위는 행정청에 의해 발급되어야 한다. 행정청은 전술한 바와 같이 대외적으로 행정주체의 의사를 결정·표시하는 기관을 말한다. 여기에는 국가 또는 지방자치단체의 기관도 있지만, 법령 또는 자치법규에 의하여 행정권한을 가지고 있거나, 위임 또는 위탁받은 공공단체나 그 기관도 행정청에 속한다(한국도로공사, 한국토지주택공사 등). 또한 위임 또는 위탁을 받은 사인도 이러한 행정청에 속한다. 이러한 사인을 '공무수탁사인'이라고 부른다. 둘째, 행정행위는 고권적 규율행위이다. 즉 행정행위는 법적 규율의 성격을 가진다. 규율은 구속력을 가진 명령이며, 일정한 법효과의 발생을 목적으로 한다. 또한 행정행위는 고권적(高權的) 조치에 해당하므로 사법(私法) 활동은 제외된다. 셋째, 행정행위는 개별사건에 대해 규율하며, 일반적·추상적 성격의 법규범과 구별된다(법규명령, 조례). 행정행위는 개별적·구체적 규율이 보통이다. 그러나 주차금지, 집회금지 등과 같은 일반적·구체적 규율도 있다. 이를 '일반처분'이라고 부른다. 마지막으로 행정행위는 대외적으로 직접적 외부효를 가진다.

2. 유사행위와의 구분

(1) 확약

행정행위와 유사한 행위도 있다. 확약은 "일정한 행정행위의 발급 또는 불발급에 대한 행정청의 구속적 약속"을 말한다. 확약을 행정행위로 볼 수 있는지가 다투어지고 있다. 독일에서는 확약을 행정행위로 보는 견해가 지배적이며, 국내에서도 확약을 행정행위로 보려는 견해가 유력하다. 확약은 엄밀한 의미에서 행정행위 그 자체가 아니라 그 행정행위의 발급 여부를 약속하는 행위일 뿐이다.

대법원은 아직 확약의 처분성을 부정하고 있다. 즉 어업면허에 선행하는 우선순위결정이나 내인가 등에 대해 처분성을 부정하고 있다.[1] 행정절차법 제40조의2에도 확약을 규정하고 있다. 즉 "법령 등에서 당사

1) 대법원 1995. 1. 20. 선고 94누6529 판결.

자가 신청할 수 있는 처분을 규정하고 있는 경우 행정청은 당사자의 신청에 따라 장래에 어떤 처분을 하거나 하지 아니할 것을 내용으로 하는 의사표시"를 확약이라고 정의하고 있다.

(2) 정보제공과 예비결정

행정행위는 비구속적인 법률견해의 표명인 '정보제공'과 구분된다. 그리고 예비결정(사전결정)은 전체 프로젝트에서 개별적인 허가요건에 대해 미리 구속적인 결정을 하는 것을 말한다.

(3) 잠정적 행정행위와 부분허가

그 밖에 잠정적(임시적) 행정행위 또는 가(假)행정행위, 부분허가 등이 있다. 잠정적(임시적) 행정행위에는 사후심사의 유보 하에 조세를 확정하거나 임시적인 조세 확정 등이 해당된다. 또한 부분허가는 신청한 허가의 일부에 대해서만 발급되는 것이며, 부분허가도 구속적 결정에 해당한다.

3. 행정행위의 특징 및 기능

(1) 행정행위의 특징

행정행위는 다음과 같은 특징을 가진다. 행정행위는 법률에 적합하여야 한다(행정의 법률적합성의 원칙). 또한 행정행위는 존속력, 구성요건적 효력 등의 효력을 가진다. 그리고 위법 또는 부당한 행정행위에 대해서는 행정심판 또는 행정소송을 통해 구제받을 수 있다.

(2) 행정행위의 기능

행정행위는 실체법적 규율기능, 행정절차적 기능, 집행명의의 기능 그리고 소송법적 기능을 가지고 있다. 작위나 부작위의 의무를 부과할 경우 상대방은 이를 이행할 실체법적 규율을 받는다. 또한 권리나 이익을 침해하는 행정행위에 대해서는 상대방에게 사전통지, 의견제출 및 청문 등 절차적 권리가 보장된다. 그리고 행정행위를 통해 부과된 일정한 의무를 이행하지 아니하면, 행정청은 별도의 집행명의 없이 강제적으로 이를 집행할 수 있다(이행강제금, 대집행 등). 나아가 행정행위의 무효 또는 취소에 대해서는 행정소송법의 특별한 소송형식을 통해 다툴 수 있다.

Ⅱ 행정행위의 종류

행정행위는 다양하게 분류된다. 종전에는 민법의 이론을 차용하여 법률행위적 행정행위와 준법률행위적 행정행위로 구분하였다. 그러나 근래에는 명령적 행정행위, 형성적 행정행위 및 확인적 행정행위로 구분된다.

1. 명령적 행정행위

명령적 행정행위란 행정기관이 사인에 대해 일정한 의무를 부과하거나 이를 해제하는 행위를 말한다. 여기에는 하명, 허가 및 면제가 있다. 하명(下命)이란 행정청이 사인에 작위(시설개수명령), 부작위(야간영업금지), 급부(납세고지) 및 수인(강제접종결정)의 의무를 명령하는 행위이다.

(1) 하명

하명은 그 내용이나 대상, 적용분야 등에 따라 다양하게 구분되기도 한다. 하명은 부담적 행정행위에 속하며, 대체로 기속행위에 해당한다.

하명을 위반한 경우 행정상 강제집행이나 행정벌 부과 등의 대상이 된다. 그러나 하명을 위반한 사법상의 법률행위가 반드시 무효가 되는 것은 아니다. 예컨대 야간영업금지를 위반하고 영업행위를 하더라도 그 영업행위가 무효가 되는 것은 아니다.

(2) 허가

1) 허가의 의의 및 유사개념

허가는 법령에 의한 일반적 금지를 일정한 경우에 해제하여 적법하게 일정한 행위를 할 수 있게 하는 행정행위를 말한다. 흔히 "통제허가"라고도 부른다. 영업허가나 건축허가 등이 여기에 해당한다. 허가는 실정법상으로 면허, 인가, 승인 등의 용어가 사용되기도 한다.

허가는 억제적 금지를 해제하는 '예외적 승인'과 구별된다. 허가는 예방적 금지를 해제하지만, 예외적 승인은 억제적 금지를 면제시켜 주는 것이다. 판례는 예외적 승인을 '예외적 허가'라고 부른다. 예컨대 개발제한구역 내의 개발행위허가를 예외적 허가에 해당한다고 보고 있다. 예외적 승인은 사회적으로 유해한 행위를 예외적으로 면제시켜 주는 행정행위이다. 허가는 원칙적으로 기속행위이지만, 예외적 승인은 재량행위이다.

개인택시사업면허를 예시하면서 허가도 재량행위일 수 있다는 견해도 있지만, 개인택시사업면허는 설권행위로서 강학상 '특허'로 보는 것이 타당하다(여객자동차 운수사업법 제4조 참조). 이처럼 허가는 후술하는 특허와 구별된다.

2) 허가의 종류

허가의 종류는 다양하다. 그 대상에 따라 대인적 허가, 대물적 허가 및 혼합적 허가로 구분된다. 대인적 허가는 일신전속적 성질을 가지므로 그 이전이나 양도가 금지된다. 대법원은 석유판매업(주유업) 허가를 대물적 허가의 성질을 가진 것으로 보아 그 사업의 양도가 가능하며 제재처분이 양수인에게 승계된다고 보고 있다.[2] 허가는 기속행위이므로 그 요건이 법령에 상세히 규정되어야 한다. 허가에 출원이나 신청이 필요한지가 문제이지만, 이러한 신청 없이 발급된 허가가 당연무효는 아니다.[3] 허가는 예방적 금지를 해제하여 자연적 자유를 회복시켜 주는 행위이며, 권리를 설정하는 특허와 달리 반사적 이익에 해당되는 것이 보통이다(예컨대 약종상 허가).[4] 그러나 법률이 정하는 거리제한에 의해 독점적 이익을 향유할 수 있을 경우 그 허가의 취소를 다투는 행정소송에서 법률상 이익을 인정한 사례도 있다. 대법원은 거리제한이 있는 담배소매업의 기존업자가 신규업자에 대해 가지는 이익을 법률상 이익이라고 판단하였다.[5]

(3) 면제

면제는 법령에 의해 정해진 작위, 급부, 수인 등의 의무를 해제하는 행정행위이다. 사회적으로 유해한 행위를 원칙적으로 금지(억제적 금지)하지만, 예외적으로 이를 허용하여 시민의 권리영역을 확대하는 것이다. 독일에서는 예외적 승인을 면제로 보고 있다.

2. 형성적 행정행위

형성적 행정행위란 행정청이 사인에 대하여 새로운 권리나 능력 등의 법적 지위를 설정, 변경, 또는 박탈하는 행위를 말한다. 여기에는 설권행위인 특허, 보충행위인 인가, 제3자를 대신하는 대리가 있다.

---

2) 대법원 1986. 7. 22. 선고 86누203 판결.
3) 대법원 1985. 11. 26. 선고 85누382 판결.
4) 대법원 1988. 6. 14. 선고 87누873 판결.
5) 대법원 2008. 3. 27. 선고 2007두23811 판결.

(1) 특허

특허는 행정청이 특정인에게 새로운 법률상의 힘을 부여하는 행정행위이다. 실정법상 면허, 허가, 인가 등으로 부르기도 한다. 예컨대 도로점용허가, 공유수면매립면허[6] 등이 강학상 특허에 해당한다. 또한 대법원은 도시 및 주거환경정비법 등 관계 법령에 따른 조합설립인가처분에 대하여 '설권적 처분'의 성격을 갖는다고 판시하였다.[7]

(2) 인가

인가는 제3자의 법률적 행위를 보충하여 그 행위의 효력을 완성시켜 주는 행정행위이다. 사립대학의 설립에 관한 교육부장관의 인가, 학교법인 임원에 대한 감독청의 승인 등이 여기에 해당한다. 인가의 대상은 공법행위일 수도 있고, 사법(私法)행위일 수도 있다. 기본행위가 성립되지 않거나 무효이면 인가도 무효이다. 또한 기본행위에 취소사유가 있으면 인가 후에도 그 기본행위의 취소를 다툴 수 있다.

(3) 대리

대리는 행정청이 제3자를 위해 대신해서 행위를 하고, 그 행위의 효과가 제3자에게 귀속되는 것이다. 예컨대 국세의 강제징수에서 한국자산관리공사가 하는 압류재산 공매처분의 대행이 여기에 속한다. 이 경우 공매처분은 세무서장이 한 것으로 본다.

3. 확인적 행정행위

확인적 행정행위란 사인의 권리 존부나 법적으로 중요한 사실을 확

6) 대법원 1989. 9. 12. 선고 88누9206 판결.
7) 대법원 2009. 9. 24. 선고 2008다60568 판결.

정하는 것을 말한다. 확인은 일정한 사실관계나 법률관계의 존부 또는 그 타당성 등에 관한 분쟁이나 의문이 있을 때 이를 공적으로 확정하는 행위이다. 도로구역의 확인결정, 교과서의 검정합격결정, 행정심판의 확인재결 등이 여기에 해당한다. 판례는 공무원에 대한 의원면직처분을 '확인적' 행정행위로 보고 있다.[8)]

Ⅲ 행정재량과 판단여지

1. 행정재량(법효과재량)

(1) 행정의 법적용

행정이 법집행을 하기 위해서는 법적용이 선행되어야 한다. 법률의 규정은 명확하여야 하지만, 현실세계를 세부적 사항까지 구체적으로 규율하는 것은 불가능하다. 그런 이유로 법률규정은 어느 정도 추상적일 수밖에 없다. 법규범은 조건프로그램으로 규정된 경우가 적지 않다. 즉 조건적으로 규정된 명령(조건명제)이다. 구체적 사실관계가 법률에서 정한 구성요건(성립요건)을 충족하면 법률에서 예견하고 있는 법효과가 발생하는 구조이다.

법적용은 사안의 조사와 확정, 법률에서 정한 구성요건 내용의 해석과 확정, 포섭, 그리고 법효과 확정 등의 절차로 진행된다. 법률에서 특정한 법효과를 규정한 경우도 있지만, 선택적으로 규정한 경우도 있다. 후자의 경우와 같이 행정청이 선택할 수 있는 행정행위를 '재량행위'라고 부른다.

---

8) 대법원 2007. 7. 26. 선고 2005두15748 판결.

(2) 행정재량의 개념 및 종류

행정재량은 법률에서 정한 요건을 충족하면 행정에 부여된 여러 가지 행위유형 중에서 하나를 선택할 수 있는 행정행위를 말한다. 이를 '재량행위'라고도 부른다.

과거에는 이를 자유재량(공익재량, 편의재량)과 기속재량(법규재량)으로 구분하였다. 그러나 양자의 구분이 모호할 뿐만 아니라, 기속재량이 재량행위인지 기속행위인지가 불분명하다는 비판이 제기되었다. 이에 독일에서는 '결정재량'과 '선택재량'으로 구분하는 것이 일반적이다. 국내에서는 여전히 재량행위를 자유재량과 기속재량으로 구분하는 견해가 있지만, 보다 발전된 재량의 구분방식으로는 결정재량과 선택재량의 구별이 바람직하다. 결정재량은 행정에 허용된 행정행위를 하는지를 결정하는 재량이지만, 선택재량은 허용된 행정행위를 어떤 방식으로 할 것인지를 선택할 수 있는 재량을 말한다. 예컨대 위험한 상황이 발생하여 경찰에 신고한 경우 경찰은 출동할지를 결정할 재량이 있으며, 어떤 방식으로 출동해서 위험을 방지하고 제어할 것인지를 선택할 재량이 있다.

(3) 기속행위와 재량행위의 구분

기속행위와 재량행위는 아래와 같은 측면에서 구별된다.

첫째, 사법심사의 통제방식에서 차이가 있다. 과거에는 재량행위를 사법심사의 대상에서 제외하였으나, 오늘날에는 대체로 사법심사의 대상이 된다고 보는 것이 일반적이다. 현행 행정소송법 제27조에도 재량행위의 하자에 대한 사법적 통제를 규정하고 있다. 그러나 재량행위에 대한 사법적 통제에서는 기속행위와 달리 '재량하자론'이 위법 판단의 중요한 기준이 된다.

둘째, 기속행위의 경우에는 주관적 공권이 성립할 수 있지만, 재량행위의 경우에는 특수한 공권이 인정될 뿐이다. 예컨대 행정개입청구권이 그러하다.

셋째, 부관은 재량행위에만 붙일 수 있다고 보는 것이 지배적인 견해이고, 판례도 기속행위에 붙은 부관을 붙이는 것은 무효라고 본다.[9] 그러나 행정기본법 제17조 제2항에는 처분에 재량이 없는 경우에도 법률에 근거가 있으면 부관을 붙일 수 있다고 규정되어 있다.

(4) 재량의 하자

재량은 법률로부터 완전히 자유로울 수 없고, 수권 목적의 범위 내에서 행사되어야 한다. 이를 위반하면 재량행위에 하자가 발생한다. 재량의 하자는 다음과 같이 분류된다. 재량의 유월(또는 일탈)은 행정청이 재량규정에 없는 법효과를 선택하는 것을 말한다. 예컨대 법률에는 영업허가를 취소하거나 6월 이내의 영업정지를 규정하고 있는데, 행정청이 1년의 영업정지처분을 하는 것이 여기에 해당한다. 재량의 불행사(또는 해태)는 행정청이 부주의나 과실로 자신에게 부여된 재량권을 전혀 행사하지 않는 것을 말한다. 재량의 남용(또는 오용)은 행정청이 재량규정의 취지나 목적에 따르지 않은 것을 말한다. 이러한 재량의 남용에 해당하는 경우가 대부분이다. 그 밖에 재량권 행사는 법치국가원리에 기초하는 기본권이나 비례의 원칙, 또는 평등원칙을 준수하여야 한다. 판례와 학설은 재량행위가 평등원칙이나 비례의 원칙을 위반한 경우도 재량의 남용에 포함하고 있지만, 이는 헌법원칙 또는 행정법의 일반원칙에 해당하는 것이다.

9) 대법원 1998. 12. 22. 선고 98다51305 판결.

2. 판단여지

법원의 사법심사가 제한되는 행정청의 독자적 판단영역이 있다. 이를 '판단여지(判斷餘地)'라고 부르고 있다. 판단여지와 관련하여 법규정의 구성요건에 불확정법개념이 사용된다. 이에 반해 재량행위는 법효과 부분과 관련이 있다. 판단여지론은 1955년 독일의 바호프(Otto Bachof) 교수가 창안하였는데, 그는 독자적인 고유한 영역 중에는 더 이상 심사할 수 없는 가치평가나 결정이 있다고 보았다. 이를 '평가특권'으로 부르는 견해도 있나(H. J. Wolff). 판단여지의 구체적 사례로는 대학입학시험이나 국가시험 등 시험평가, 학교의 진급결정과 같은 시험유사평가결정, 공무원법상의 인사고과, 전문분야의 예측결정이나 리스크판단 등이 있다. 국내에서는 교과서 검정, 공무원임용의 면접전형, 국가고시의 논술시험 등도 이러한 판단여지와 관련이 있다. 다만, 판례에서는 여전히 재량행위로 보고 있다.

Ⅳ 행정행위의 부관

1. 부관의 의의 및 종류

(1) 부관의 의의 및 기능

행정행위의 부관(附款)은 본체인 행정행위의 효과를 제한하거나 보충하기 위한 부수적 규율을 말한다. 여기에는 조건, 기한, 철회권의 유보, 부담 및 사후부담의 유보 등이 있다. 법률효과의 일부배제를 부관의 하나로 소개하는 견해도 있지만, 이는 조건이나 부담 등으로 이해될 수 있어 독자적인 부관의 유형으로 보기 어렵다. 일정한 법적·사실적 이유로 허가신청을 거부하기보다는 일정한 제한이나 보충을 하여 허가를 부여하는 것이 효율적인 행정에 이바지하기 때문이다.

(2) 부관의 종류

부관의 종류에는 기한, 조건, 부담, 철회권의 유보 및 사후부담의 유보 등이 있다.

① 기한은 행정행위 효과의 발생 또는 소멸을 도래가 확실한 일정한 시점에 의존시키는 부관이다. 여기에는 시기와 종기가 있으며, 도래는 확실하지만, 그 시기가 확정되지 아니한 불확정기한도 가능하다. 원칙적으로 종기의 도래로 행정행위의 효력은 소멸한다. 그러나 판례는 그 기한이 행정행위의 성질상 부당하게 짧은 경우에 행정행위의 조건에 대한 존속기간을 정한 것으로 보고 있다.

② 조건은 행정행위 효과의 발생 또는 소멸을 불확실한 사실 또는 사건에 의존하는 부관을 말한다. 여기에는 정지조건과 해제조건이 있다.

③ 부담은 본체인 행정행위(수익적 행정행위)에 일정한 작위, 수인 또는 부작위의 의무를 부담하며, 다른 부관과 달리 독자적인 규율을 특징으로 한다. 도로점용허가를 부여하면서 도로점용료납부의무를 부과하는 것이 그러하다.

④ 철회권의 유보는 일정한 경우에 행정행위를 철회하여 그 효력을 소멸시키는 것이다. 해제조건의 특별한 경우에 해당한다.

⑤ 사후부담의 유보는 행정청이 사후에 부관을 붙일 수 있거나 기존의 부담을 보충·변경할 수 있는 권한을 유보하는 부관이다.

그 밖에 수정부담이 있다. 수정부담은 당사자가 신청한 본래의 허가가 아니라 새로운 행정행위의 내용을 정하는 것이다. 이는 '수정허가'이며, 오늘날 행정행위의 부관에서 제외된다.

2. 부관의 허용성과 한계

(1) 부관의 허용성

1) 준법률행위적 행정행위

부관의 허용성과 관련하여 문제가 되는 것은 준법률행위적 행정행위와 기속행위이다. 종전의 통설은 양자에 대해서는 부관이 허용되지 아니한다고 보고 있다. 이에 대해 여권의 유효기간과 같이 준법률행위적 행정행위에도 부관과 친숙한 경우가 있으며, 기속행위에 대해서도 법률요건의 충족을 확보할 필요가 있다고 판단되는 때에는 부관을 붙일 수 있다는 견해가 있다. 행정행위의 유형 구분에서 언급한 바와 같이 준법률행위적 행정행위의 분류 그 자체에 문제가 있다.

2) 기속행위

기속행위에 대해서는 전술한 바와 같이 원칙적으로 부관을 붙일 수 없다는 견해가 지배적이다. 판례도 기속에는 부관을 붙일 수 없다고 보고 있다. 그러나 행정기본법 제17조 제2항은 법률의 근거가 있으면 기속행위에도 부관을 붙일 수 있다고 규정하고 있다. 그러나 이러한 규정은 부관의 본질에 비추어 적절하지 않다.

(2) 부관의 한계

부관은 법령을 위반하여서는 아니 된다. 부관의 내용이 적법하고, 그 이행이 가능하여야 한다. 부관은 주된 규율과 관련성이 있어야 하고 행정행위의 목적에 위배되지 아니하여야 한다. 그 밖에 부관은 평등원칙, 비례의 원칙 및 행정권한의 부당결부금지 원칙 등 행정법의 일반원칙을 위반하지 않아야 한다.

행정기본법 제17조 제4항은 부관의 한계와 관련하여, 해당 처분의 목적에 위배되지 아니하고, 실질적인 관련이 있어야 하며, 해당 처분의 목적을 달성하기 위하여 필요한 최소한의 범위일 것을 규정하고 있다.

그 밖에 부관을 사후에 붙일 수 있는지에 대해 학설이 대립하고 있다. 소위 사후부관은 법률에 근거가 있거나 당사자의 동의가 있는 경우, 또는 사정변경으로 부관을 새로 붙이거나 종전의 부관을 변경해야 하는 경우에 허용된다(행정기본법 제17조 제3항 참조).

3. 위법한 부관에 대한 행정쟁송

(1) 문제의 소재

본체인 행정행위가 아니라 '부관'만 위법한 경우에 이를 어떻게 다툴 것인지가 문제다. 무효인 부관이 붙은 행정행위의 효력에 대해 견해가 대립하고 있다. 해당 부관이 본체인 행정행위에 중요한 요소를 이룰 경우에 그 본체인 행정행위도 무효라는 견해가 다수설이다. 그러나 이러한 해석은 상대방에게 예측하지 못한 불이익을 주므로 원칙적으로 해당 부관만이 무효라고 보는 것이 타당하다.

(2) 부관의 독립취소가능성

부관에 취소사유가 있는 경우 그 부관만을 본체인 행정행위에서 분리해서 그 취소를 구하는 소를 제기할 수 있는지가 문제 된다. 이와 관련하여 학설은 대립하고 있다. 판례는 부담에 대해서만 그 취소를 구하는 소를 제기할 수 있다고 본다. 이를 '진정일부취소소송'이라고 부른다. 그 밖의 부관에 대해서는 본체인 행정행위와 함께 취소소송의 대상으로 삼을 수 있다고 본다(부진정일부취소소송). 따라서 현실적으로는 본안판단에서 부관만의 일부취소 여부가 중요한 쟁점이 될 것이다.

(3) 검토의견

부담에 대해서는 독립적인 취소쟁송의 가능성이 있지만, 현실적으로 부담과 다른 부관(특히 조건)의 구별이 쉽지 않아 부관부 행정행위 전체를 대상으로 취소의 소를 제기하는 경우가 대부분일 것이다. 부관만의 일부취소가 가능한지에 대해 학설이 대립하지만, 그 분리가능성에 따라 판단하는 것이 옳다. 그러나 이론적으로는 분리가능성 여부에 따라 부관만의 일부 취소가 가능하지만, 실무에서는 대부분 부관부 행정행위 전체를 취소하는 것이 보통이다.

V 행정행위의 성립요건 및 효력발생요건

행정행위가 적법하게 성립하기 위해서는 일정한 요건을 충족해야 한다. 행정행위의 성립요건은 형식적 요건과 실질적 요건으로 구분된다. 실질적 요건은 행정행위의 내용과 관련이 있다. 형식적 요건은 대체로 관할, 절차 및 형식과 관련이 있다. 행정행위는 다음과 같은 요건을 충족해야 한다. 첫째 개별 사례에서 관할 행정청에 의해 발급되어야 한다. 둘째, 중요한 절차 및 형식 규정이 준수되어야 한다. 사전통지, 의견청취 등의 절차 규정이나 이유제시의 요건 등을 충족해야 한다. 셋째, 행정행위는 내용상 현행법을 위반하여서는 아니 되며, 법률 및 법원칙에 적합하여야 한다. 재량행위의 경우 재량을 일탈하거나 남용하여서는 아니 된다. 행정행위의 위법판단은 '행위시'를 기준으로 하는 것이 통설이다. 이러한 행정행위의 요건이 충족되더라도 행정행위의 효력은 상대방에 대한 통지에 의해 발생한다. 행정절차법은 '도달주의'를 규정하고 있다(동법 제15조 제1항). 이러한 통지를 상대방이 직접 수령해야 하는 것은 아니며, 상대방이 이를 알 수 있는 상태에 있어야 한다.

Ⅵ 행정행위의 효력

1. 의 의

행정행위의 효력은 그 성립요건이 충족되면 발생한다. 이러한 행정행위의 효력으로는 구속력, 공정력, 존속력, 강제력(자기집행력) 등이 거론된다. 그러나 근래에는 행정행위의 효력 중 존속력이 부각되고 있으며, 또한 구성요건적 효력이 인정되고 있다. 공정력(公定力)은 대체로 "당연무효가 아닌 한 권한 있는 기관에 의해 취소될 때까지 인정되는 잠정적인 통용력"을 의미한다. 공정력은 독일법을 계수(繼受)한 일본이 창안한 개념이다. 행정행위의 공정력은 제국주의시대의 일본 법학이 만든 이론적 결과물이며, 행정당국의 결정이 적법하다는 관념이 전제된 개념이다. 민주적 법치국가에서 이러한 개념을 고수할 필연적 이유는 없다. 오히려 독일에서는 법적 안정성과 관련하여 행정행위의 존속력이 강조되고 있다.

2. 존속력

(1) 의의 및 기능

행정행위의 존속력은 대체로 불가쟁력(형식적 존속력)과 불가변력(실질적 존속력)으로 구분된다. 전자는 쟁송기간을 경과하면 더 이상 다툴 수 없는 효력을 말한다. 후자는 제한된 취소가능성과 구속효를 포함한다. 행정행위의 존속력은 행정행위가 구속적이고 지속적인 고권적 규율이라는 사고에 기초하고 있다. 이러한 존속력은 법적 안정성의 확보에 이바지하고 있다. 존속력을 확정력으로 표현하는 경우도 있지만, 확정력은 판결의 효력이다. 예컨대 실질적(실체적) 확정력은 기판력을 의미한다.

(2) 불가쟁력

1) 불가쟁력의 의의 및 특징

불가쟁력이란 행정행위에 대한 쟁송제기기간이 도과하거나 쟁송수단을 모두 거친 후에는 상대방 또는 이해관계인이 더 이상 그 효력을 다툴 수 없는 것을 말한다. 이를 독일에서는 '형식적 존속력'이라 한다. 이러한 불가쟁력은 상대방과 이해관계인에게 미치므로 처분청은 불가쟁력이 발생한 후에도 행정행위를 직권으로 취소하거나 변경할 수 있다.

2) 행정행위의 재심사

불가쟁력이 발생한 행정행위에 대해 '재심사'가 가능한지가 논의되어 왔는데, 근래에 행정기본법이 제정되면서 처분의 재심사 규정이 도입되었다. 즉 처분의 근거가 된 사실관계 또는 법률관계가 추후에 당사자에게 유리하게 바뀐 경우, 당사자에게 유리한 결정을 가져다주었을 새로운 증거가 있는 경우, 민사소송법의 재심사유에 준하는 사유가 발생한 경우에 재심사를 인정하고 있다(행정기본법 제37조 제1항). 당사자가 재심사를 청구하기 위해서는 중대한 과실이 없어야 한다(동조 제2항). 처분의 재심사 결과 중 처분을 유지하는 결과에 대해 행정쟁송 등을 통해 불복할 수 없다(동조 제5항).

(3) 불가변력

1) 불가변력의 의의 및 내용

불가변력은 행정행위에 하자가 있어도 그 취소나 철회가 제한되는 효력을 말한다. 종전에는 불가변력이 재결과 같은 준사법적 행정행위에 제한적으로 인정된다고 보는 견해가 일반적이었으나, 행정행위 일반에 적용되는 효력으로 보는 것이 타당하다. 불가변력의 내용에 대해 통일된 견해는 없지만, 전술한 바와 같이 상대방에 대한 구속효와 제한된 취소가능성이 핵심적 요소이다. 그런 점에서 불가변력은 종전의 공정력이 수행하는 역할을 대체할 수 있다.

2) 불가변력과 불가쟁력의 관계

불가쟁력은 행정행위의 상대방 및 이해관계인에 대한 구속력인 반면, 불가변력은 대체로 처분청 등 행정청에 대한 구속력이다. 후자는 실체법적 효력이지만, 전자는 절차법적 효력이다. 불가변력이 발생하여도 당사자나 이해관계인은 쟁송제기기간이 경과하기 전에는 해당 행정행위의 효력을 다툴 수 있다.

3) 불가변력의 한계

불가변력이 미치는 범위는 일정한 한계가 있다. 첫째, 불가변력의 물적 범위는 통지된 행정행위의 결정대상 또는 규율대상에 제한된다(사항적 한계). 둘째, 불가변력의 인적 범위는 원칙적으로 행정청과 당사자에 미친다(인적 한계). 마지막으로 불가변력은 시간적으로 행정행위의 결정 시점의 사실적·법적 상태에 제한된다(시간적 한계).

3. 구성요건적 효력

(1) 의의

행정행위의 구성요건적 효력이란 유효한 행정행위가 존속하는 한 다른 국가기관(행정기관이나 법원 등)이 그 행정행위의 존재를 존중하고 이를 주어진 사실로 결정의 기초로 삼아야 한다는 것을 말한다. 공정력과 구성요건적 효력은 그 내용과 범위, 근거 등에서 구별된다.

(2) 민사사건과 선결문제

민사사건의 심리에서 행정행위의 위법 여부가 선결문제가 될 수 있다. 이 경우 수소법원인 민사법원이 그 행정행위의 위법을 심사할 수 있는지가 문제다. 예컨대 행정청의 철거명령으로 집을 철거당한 사람이 그 철거명령의 위법을 이유로 국가배상을 청구한 경우 수소법원인 민사법원이 그 철거명령의 위법을 심사할 수 있는지가 다투어지는 사례가 여기에 해당한다.

이와 관련하여 긍정설은 행정처분의 효력 자체를 부인하는 것은 아니므로 선결문제가 된 행정행위의 위법을 심사할 수 있다고 보고 있다. 이에 반해 부정설은 행정소송의 전문성과 특수성을 근거로 민사법원이 행정행위의 위법을 심사할 수 없다고 주장한다. 긍정설이 다수설이다. 판례는 국가배상소송에서 선결문제인 행정행위의 위법을 심사할 수 있다고 보고 있다.[10] 그러나 부당이득반환소송과 같이 행정행위의 효력 유무가 문제인 경우에는 민사법원이 이를 심사할 수 없다고 보고 있다.[11]

생각건대 민사법원이 선결문제가 된 행정행위의 위법을 심사할 수 있는 것은 제한적이다. 예컨대 행정처분이 발급된 후 그 수권근거인 법규범이 헌법재판소에 의해 위헌으로 결정된 경우, 법령에 규정된 절차규정을 명백히 위반한 경우, 또는 선례에 의해 행정처분의 위법이 확정적인 경우 등에 제한되어야 한다.

(3) 형사사건과 선결문제

형사사건에서 행정행위의 위법 또는 효력이 범죄구성요건의 충족 여

10) 대법원 1972. 4. 28. 선고 72다337 판결.

11) 대법원 1999. 8. 20. 선고 99다20179 판결.

부를 판단함에 있어서 선결문제가 된 경우 수소법원인 형사법원이 그 행정행위의 위법을 판단할 수 있는지가 다투어지고 있다. 긍정설이 다수설이다. 그러나 부정설은 행정행위의 위법이 형사재판의 선결문제가 된 경우에도 당연무효가 아니면 수소법원(형사법원)이 이를 심사할 수 없다고 보고 있다.

판례는 긍정설의 입장이다. 대법원은 온천법에 따라 X구청장이 내린 시설개수명령의 위반이 형사재판에서 선결문제가 된 사건에서 그 시설개수명령의 적법을 전제로 온천법상 구성요건을 충족한다고 판단하였다.[12] 또한 대법원은 개발제한구역의 지정 및 관리에 관한 특별조치법 제30조 제1항에 따른 행정청의 시정명령을 위반하여 형사소추된 사건에서, 이러한 시정명령이 적법하여야 한다고 보면서 시정명령을 하면서 사전통지나 의견제출 등의 절차적 요건을 흠결한 것이 위법하다고 판단하였다.[13] 그러나 원심은 처분의 위법 여부를 심사하지 않고 피고인의 유죄를 인정하였다.[14]

형사사건에서 행정처분을 위반한 행위가 범죄의 구성요건을 충족할 경우에 그 처분의 위법을 심사할 수 있는지는 어려운 문제이다. 다만, 행정처분이 위법하다면 범죄구성요건을 충족하지 아니하고, 형사법원은 피고인에 대해 무죄를 선고해야 한다. 그러나 수소법원인 형사법원이 행정처분의 실체적·절차적 위법을 전문적으로 심사하는 것은 쉽지 않다. 물론 형사사건의 상고심에서 대법원이 행정처분의 위법을 심리·판단하는 것은 별개의 문제다.

하급심(형사법원)은 당연무효가 아닌 한 행정처분의 위법을 제한적으로 심리·판단할 수 있을 뿐이다. 법령의 절차 규정을 중대하게 위반한

---

12) 대법원 1986. 1. 28. 선고 85도2489 판결.
13) 대법원 2017. 9. 21. 선고 2017도7321 판결.
14) 수원지방법원 2017. 4. 26. 선고 2016노9006 판결.

경우, 행정처분의 위법이 명백히 인정되는 선례가 있는 경우가 여기에 해당된다. 근래에 행정처분의 절차상 하자에 대해서도 치유가 인정되고 있어 그 위법을 속단하는 것은 적절하지 않다. 또한 당해 행정처분이 당연무효가 아닌 한 형사법원이 그 행정처분의 실체적 위법을 심리·판단하는 것은 바람직하지 않다. 재량하자론이나 형량하자론, 행정법의 일반원칙 등의 심사는 전문법원인 행정법원의 관할에 속한다.

> "피고인 갑 주식회사의 대표이사 피고인 을이 개발제한구역 내에 무단으로 고철을 쌓아 놓은 행위 등에 대하여 관할관청으로부터 원상복구를 명하는 시정명령을 받고도 이행하지 아니하였다고 하여 개발제한구역의 지정 및 관리에 관한 특별조치법 위반으로 기소된 사안에서, 관할관청이 침해적 행정처분인 시정명령을 하면서 적법한 사전통지를 하거나 의견제출 기회를 부여하지 않았고 이를 정당화할 사유도 없어 시정명령은 절차적 하자가 있어 위법하므로, 피고인 을에 대하여 같은 법 제32조 제2호 위반죄가 성립하지 않는다." (대법원 2017. 9. 21. 선고 2017도7321 판결)

Ⅶ 행정행위의 하자

1. 의 의

행정행위의 하자(흠)란 행정행위의 효력발생을 위한 적법요건을 충족하지 못한 것을 의미한다. 하자 있는 행정행위란 흔히 위법한 행정행위를 말한다. 위법과 부당의 구별이 문제인데, 현실적으로 양자를 구별하는 것은 쉽지 않다. 위법으로 인정되지 않더라도 합리성이 상당히 결여된 행정처분은 부당할 수 있다. 이러한 부당한 행정처분은 행정심판의 대상이 된다. 위법한 행정행위는 그 정도나 효과에 따라 무효 또는 취소가 된다. 행정행위가 사실상 존재하지 않는 행정행위의 부존재는 행정행위의 무효와 구별된다.

행정행위의 하자에 따른 효과는 다음과 같다. 첫째, 행정행위의 하자가 중대·명백하면 그 행정행위는 처음부터 무효이다. 둘째, 무효에 해당하지 아니하는 위법한 행정행위는 취소될 수 있다. 셋째, 절차상 하자는 일정한 경우에 치유될 수 있다. 넷째, 적법한 행정행위는 일정한 요건 하에 행정청에 의해 철회될 수 있다. 마지막으로 무효인 행정행위는 일정한 요건 하에 적법한 행정행위로 전환될 수 있다.

2. 무효와 취소의 구별

(1) 무효와 취소의 구별필요성

행정행위가 무효이면 처음부터 행정행위의 효력이 없지만, 행정행위가 권한 있는 기관에 의해 취소되기 전까지는 그 효력이 유지된다. 행정행위의 취소에는 법원에 의한 취소와 행정청에 의한 취소(직권취소, 쟁송취소)가 있다.

무효와 취소는 다음과 같은 점에서 구별된다. 첫째, 민·형사사건에서 수소법원이 선결문제인 행정행위의 위법을 심사할 수 있는지가 다투어지고 있다. 긍정설이 통설 및 판례의 입장이다. 수소법원은 당연무효인 행정행위를 심사·판단할 수 있지만, 취소사유가 있는 행정행위에 대해서는 구성요건적 효력이 인정되므로 이를 취소할 수 없다. 둘째, 구성요건적 효력이나 공정력은 취소할 수 있는 행정행위에만 인정되고, 무효인 행정행위에는 인정되지 아니한다. 셋째, 취소할 수 있는 행정행위에는 불가쟁력이 인정된다. 그러나 무효인 행정행위는 쟁송제기기간의 제한을 받지 아니하므로 불가쟁력의 문제가 발생하지 아니한다. 넷째, 취소할 수 있는 행정행위에 대해서는 취소심판 또는 취소소송의 형식으로 다투지만, 무효인 행정행위에 대해서는 무효확인심판 또는 무효확인소송의 형식으로 다툴 수 있다. 다섯째, 무효확인심판 또는 무효확인소송에는 사정재결이나 사정판결의 규정이 준용되지 아니한다. 마지막으로 취소할 수 있는 행정행위의 하자는 사후보완을 통해 치유될 수 있지만, 무효인 행정행위는 치유될 수 없다.

(2) 무효와 취소의 구별기준

무효와 취소의 구별기준과 관련하여, 다양한 학설이 제기되었다. 현재는 중대명백설이 통설·판례의 입장이다. 어떠한 경우에 행성행위의 하자가 중대하고 명백한지를 판단하는 것은 쉽지 않다. 하자의 중대성은 법규의 중요한 부분을 위반한 것을 의미한다. 하자의 명백성은 통상적인 합리적 사고를 가진 일반인이 이를 객관적으로 판단할 수 있을 정도에 해당될 때 인정된다. 그러나 실무상 하자의 명백성은 쉽게 인정되지 않아, 행정행위의 하자가 무효가 되는 경우는 많지 않다. 대법원은 특정한 법률관계나 사실관계에 대하여 그 법률의 규정을 적용할 수 없다는 법리가 명백하지 아니하여 그 해석에 다툼의 여지가 있을 때에 행정청이 이를 잘못 해석하여 행정처분을 하여도 그 하자가 명백하지 않다고 보고 있다.[15)]

이와 관련하여 판례 중에는 소위 명백성보충요건설을 적용하여 행정행위의 무효 판단에 있어서 명백성 요건을 완화한 경우도 있다. 헌법재판소는 원칙적으로 중대명백설을 따르면서도 법적 안전성과 권익구제를 고려하여 중대명백설의 예외를 인정하였다.[16)] 대법원은 취득세부과처분 무효확인소송에서 취득세 신고행위의 무효를 인정하면서 제한적으로 명백성보충요건설을 채택하였다.[17)]

---

15) 대법원 2009. 9. 24. 선고 2009두2825 판결.
16) 헌재 1994. 6. 30. 92헌바23.
17) 대법원 2009. 2. 12. 선고 2008두11716 판결.

"하자 있는 행정처분이 당연무효가 되기 위하여는 그 하자가 법규의 중요한 부분을 위반한 중대한 것으로서 객관적으로 명백한 것이어야 하며 하자가 중대하고 명백한 것인지 여부를 판별함에 있어서는 그 법규의 목적, 의미, 기능 등을 목적론적으로 고찰함과 동시에 구체적 사안 자체의 특수성에 관하여도 합리적으로 고찰함을 요한다." (대법원 1995. 7. 11. 선고 94누4615 전원합의체 판결)

[반대의견] : "행정행위의 무효사유를 판단하는 기준으로서의 명백성은 행정처분의 법적 안정성 확보를 통하여 행정의 원활한 수행을 도모하는 한편 그 행정처분을 유효한 것으로 믿은 제3자나 공공의 신뢰를 보호하여야 할 필요가 있는 경우에 보충적으로 요구되는 것으로서, 그와 같은 필요가 없거나 하자가 워낙 중대하여 그와 같은 필요에 비하여 처분 상대방의 권익을 구제하고 위법한 결과를 시정할 필요가 훨씬 더 큰 경우라면 그 하자가 명백하지 않더라도 그와 같이 중대한 하자를 가진 행정처분은 당연무효라고 보아야 한다."

3. 행정행위의 취소

행정의 법률적합성의 원칙에 따라 행정행위에 하자가 있으면 취소될 수 있다. 그러나 근래에 신뢰보호원칙의 관점에서 수익적 행정행위의 취소에 제한이 강조되고 있다.

취소는 쟁송취소와 직권취소로 구분된다. 전자에는 법원에 의한 쟁송취소와 행정심판위원회에 의한 쟁송취소가 있다. 쟁송취소는 소급하나, 행정청의 직권취소는 원칙적으로 소급되지 아니한다. 법령에 취소권자와 취소의 근거가 있으면 그에 따른다. 그러나 감독청이 법적 근거 없이 취소권을 행사할 수 있는지가 다투어지고 있다. 행정행위의 취소는 일종의 부담적 행정행위에 해당하므로 행정절차법의 규정(사전통지, 의견청취 및 이유제시 등)이 적용된다. 나아가 직권취소에 하자가 있으면, 행정행위의 일반원칙에 따라 취소될 수 있다.

4. 구체적 사례의 검토

(1) 주체에 관한 하자

사항적 권한(사물관할)이 없는 행정청이 발급한 행정처분은 원칙적으로 무효이다. 행정기관의 대리권이 없는 자가 대리행위를 한 경우에는 원칙적으로 무효이다. 또한 권한의 위임 없이 행한 압류처분은 무효이다.

의사정족수나 의결정족수를 충족하지 아니한 합의제행정기관의 결정은 원칙적으로 무효이다. 착오에 의한 행정재산의 매각처분이나 양도소득세 부과처분은 무효이다. 그러나 판례 중에는 과세대상을 오인한 과세처분이나 착오에 의한 국유림의 불하(拂下)처분을 취소사유로 본 사례가 있다. 공무원이 아닌 자에 의한 행정처분은 원칙적으로 무효이다.

(2) 절차에 관한 하자

상대방의 동의 없는 공무원임명은 무효이다. 일정한 공고나 통지 등의 절차를 흠결한 행정행위는 원칙적으로 무효이다. 토지수용의 재결에 있어서 토지세목의 공고나 독촉 등을 하지 않은 경우에는 무효이다. 소청심사나 징계의결에 있어서 청문의 흠결을 무효로 규정한 경우도 있다. 그러나 근래에는 청문이나 공청회 등의 절차를 거치지 아니한 경우에 취소사유로 보는 경향이 있다.

(3) 형식에 관한 하자

이유제시를 흠결한 행정처분은 원칙적으로 무효지만, 취소사유로 본 경우도 있다. 다만, 판례는 처분서를 전체적으로 판단하여 행정처분의 근거와 이유를 알 수 있는 때에는 위법이 아니라고 보고 있다.[18)]

(4) 내용에 관한 하자

행정행위의 내용이 사실상 또는 법률상 실현할 수 없는 경우에 원칙적으로 무효다. 선량한 풍속이나 그 밖의 사회질서 등에 반하는 행정행위의 효력에 대해 취소사유로 보는 견해도 있지만, 무효로 보는 것이 타당하다.

5. 행정행위의 하자승계

(1) 하자승계의 의의

행정행위의 하자승계가 인정되는지가 문제 된다. 즉 선행행위와 후행행위가 연속적으로 행해지는 경우에 쟁송제기기간이 경과한 선행행위에 불가쟁력이 발생하여도 후행행위에 대한 행정쟁송에서 선행행위의 하자를 다툴 수 있는지가 쟁점이다.

(2) 구체적 사례

1) 선행행위와 후행행위가 동일한 효과를 목적으로 하는 경우

선행행위와 후행행위가 결합하여 하나의 효과를 완성하는 경우에는 하자승계가 긍정된다. 예컨대 조세체납처분의 절차에서 독촉, 압류, 매각, 충당의 각 행위 사이에는 하자승계가 긍정된다. 또한 행정대집행의 절차에서 계고, 대집행영장의 통지, 대집행실행, 대집행비용의 납부명령의 각 행위 사이에도 하자승계가 인정된다.

> "대집행의 계고, 대집행영장에 의한 통지, 대집행의 실행, 대집행에 요한 비용의 납부명령 등은 타인이 대신하여 행할 수 있는 행정의무의 이행을 의무자의 비용부담하에 확보하고자 하는, 동일한 행정목적

18) 대법원 2002. 5. 17. 선고 2000두8912 판결.

> 을 달성하기 위하여 단계적인 일련의 절차로 연속하여 행하여지는 것으로서, 서로 결합하여 하나의 법률효과를 발생시키는 것이므로, 선행처분인 계고처분이 하자가 있는 위법한 처분이라면, 비록 그 하자가 중대하고도 명백한 것이 아니어서 당연무효의 처분이라고 볼 수 없고 행정소송으로 효력이 다투어지지도 아니하여 이미 불가쟁력이 생겼으며, 후행처분인 대집행영장발부통보처분 자체에는 아무런 하자가 없다고 하더라도, 후행처분인 대집행영장발부통보처분의 취소를 청구하는 소송에서 청구원인으로 선행처분인 계고처분이 위법한 것이기 때문에 그 계고처분을 전제로 행하여진 대집행영장발부통보처분도 위법한 것이라는 주장을 할 수 있다." (대법원 1996. 2. 9. 선고 95누12507 판결)

그러나 대법원은 하자승계가 부정되는 경우에도 예외적으로 수인가능성을 이유로 하자승계를 인정한 경우도 있다. 예컨대 개별공시지가결정과 과세처분, 비교표준지공시지가결정과 수용재결[19] 사이가 그러하다.

> "두 개 이상의 행정처분이 연속적으로 행하여지는 경우 선행처분과 후행처분이 서로 결합하여 1개의 법률효과를 완성하는 때에는 선행처분에 하자가 있으면 그 하자는 후행처분에 승계되므로 선행처분에 불가쟁력이 생겨 그 효력을 다툴 수 없게 된 경우에도 선행처분의 하자를 이유로 후행처분의 효력을 다툴 수 있는 반면 선행처분과 후행처분이 서로 독립하여 별개의 법률효과를 목적으로 하는 때에는 선행처분에 불가쟁력이 생겨 그 효력을 다툴 수 없게 된 경우에는 선행처분의 하자가 중대하고 명백하여 당연무효인 경우를 제외하고는 선행처분의 하자를 이유로 후행처분의 효력을 다툴 수 없는 것이 원칙이나 선행처분과 후행처분이 서로 독립하여 별개의 효과를 목적으로 하는 경우에도 선행처분의 불가쟁력이나 구속력이 그로 인하여 불이익을 입게 되는 자에게 수인한도를 넘는 가혹함을 가져오며, 그 결과가 당

---

19) 대법원 2008. 8. 21. 선고 2007두13845 판결.

> 사자에게 예측가능한 것이 아닌 경우에는 국민의 재판받을 권리를 보장하고 있는 헌법의 이념에 비추어 선행처분의 후행처분에 대한 구속력은 인정될 수 없다." (대법원 1994. 1. 25. 선고 93누8542 판결)

2) 선행행위와 후행행위가 독립된 경우

이에 반해 선행행위와 후행행위가 서로 독립하여 별개의 효과를 목적으로 하는 경우에는 하자승계가 부정된다. 예컨대 과세처분과 조세체납처분, 공무원의 직위해제처분과 면직처분, 도시계획결정과 수용재결, 표준지공시지가결정과 개별토지가격결정, 표준지공시지가결정과 과세처분, 사업인정과 수용재결(대법원 1993. 6. 29. 선고 91누2342 판결) 사이 등이 여기에 해당한다.

> "건설부장관이 택지개발계획을 승인함에 있어서 토지수용법 제15조에 의한 이해관계자의 의견을 듣지 아니하였거나, 같은 법 제16조 제1항 소정의 토지소유자에 대한 통지를 하지 아니한 하자는 중대하고 명백한 것이 아니므로 사업인정 자체가 당연무효라고 할 수 없고, 이러한 하자는 수용재결의 선행처분인 사업인정단계에서 다투어야 할 것이므로 쟁송기간이 도과한 이후에 위와 같은 하자를 이유로 수용재결의 취소를 구할 수 없다." (대법원 1993. 6. 29. 선고 91누2342 판결)

(3) 관견

생각건대 이러한 하자승계론은 불가쟁력이 발생한 행정행위의 하자를 다시 다툴 기회를 부여한다는 점에서 권리구제의 확대를 위한 예외적 제도이며, 그 예외의 예외를 다시 인정하는 것은 문제다. 이와 관련하여 선행행위의 후행행위에 대한 구속력(규준력)을 강조하는 견해가 있다. 이는 전술한 불가변력과 관련된 것이며, 법적 안정성을 중시하는 견해이다.

Ⅷ 행정행위의 철회

1. 철회의 의의

행정행위의 철회란 적법하게 성립한 행정행위가 그 효력을 존속할 수 없는 사정이 발생하여 이를 장래에 향하여 그 효력을 소멸시키는 행정행위를 말한다. 이에 반해 행정행위의 취소는 위법한 행정행위의 시정을 목적으로 하는 것이며, 그 성립 당시에 하자가 있다는 점에서 철회와 차이가 있다. 철회는 처분청만이 할 수 있으며, 장래에 대해서만 효과가 발생한다. 감독청의 철회는 법령의 근거가 있어야 한다.

2. 철회의 근거

행정행위의 철회 사유가 없는 경우에도 처분청이 수익적 행정행위를 철회할 수 있는지가 문제다. 소극설(철회자유설)은, 행정행위의 철회가 적법하게 성립한 후에 새로운 사실상태나 법상태의 변화로 요청되므로 원행정행위에 수권규정이 있으면 별도의 근거가 필요하지 않다고 본다. 이에 반해 적극설(철회제한설)은 수익적 행정행위의 철회에도 법령의 근거가 필요하다고 본다. 즉 중대한 공익상의 필요가 있는 경우, 상대방의 귀책사유에 기인하는 경우, 또는 처음부터 철회권이 유보된 경우를 제외하고는 법적 근거가 필요하다고 본다. 판례는 소극설의 입장이다.

3. 철회의 사유

판례에서 철회의 사유로 거론되는 것에는 사실관계의 변화 또는 사정변경, 철회권이 유보된 사실의 발생, 부담의 불이행, 중대한 공익상의 요청, 법령에 명시된 철회사유의 발생, 근거법령의 개폐로 인해 행정행위를 더 이상 존속시킬 수 없는 경우 등이 있다. 행정기본법에도 행정행위의 철회 사유를 규정하고 있다. 즉 법률에서 정한 철회 사유에 해당하게 된 경우, 법령 등의 변경이나 사정변경으로 처분을 더 이상 존속시킬 필요가 없게 된 경우, 중대한 공익을 위하여 필요한 경우를 철회사유로 규정하고 있다(동법 제19조 제1항).

4. 철회의 한계 및 효과

철회권의 행사가 자유로운 것은 아니며, 일정한 제한이 있다. 철회권의 제한이 문제되는 것은 주로 수익적 행정행위이다. 수익적 행정행위를 철회하는 경우에는 철회가 필요한 공익적 요청, 상대방의 신뢰나 기득권, 법적 안정성 등의 이익을 모두 형량하여야 한다. 부담적 행정행위의 철회도 일정한 경우에 제한될 수 있다. 예컨대 제3자의 신뢰보호나 법령의 취지 등에 비추어 허용되지 않는 경우 등이 그러하다. 행정행위가 철회되면 그 효력은 장래에 향하여 소멸된다. 또한 행정행위의 철회에 하자가 있으면 마찬가지로 행정행위의 하자에 관한 일반원칙에 따라 무효가 되거나 취소될 수 있다.

Ⅸ 인허가의제

1. 의의 및 특징

행정행위의 인허가의제는 특정한 법률의 인허가 등을 받으면 다른 법률의 인허가 등을 받은 것으로 간주하는 것이다. 행정기본법 제24조 이하에도 인허가의제에 관한 규정을 두고 있다. 주된 인허가를 받으면 관련 인허가를 받은 것으로 의제하는 것을 말하는데, 의제는 물리적으로 실체가 없지만 법률적 기술로 규범적 현실을 창출하는 것이다.

인허가의제에 관한 법적 문제는 이러한 실체가 없음에도 법률적으로 이에 대해 어떤 효과를 부여할 것인지에 관한 것이 대부분이다. 독일에서도 '의제적 행정행위(fiktiver Verwaltungsakt)'를 인정하고 있으며, 독일 행정절차법 제42a조는 '허가의제(Genehmigungsfiktion)'를 규정하고 있다. 그러나 인허가의제와 허가의제는 구별되어야 한다. 허가의제는 특정한 행정행위를 신청한 후 소정의 기간이 지나도 행정청의 응답이 없으면 법률의 규정에 따라 행정행위가 발급된 것으로 보는 것이다. 인허가의제는 허가의제에 비해 포괄적이다.

2. 인허가의제의 절차

인허가의제의 절차는 실무상 다음과 같은 특징이 있다. 인허가의제를 위해서는 주된 인허가를 신청할 때 관련 인허가에 필요한 서류를 함께 제출해야 한다. 또한 주된 인허가 행정청은 주된 인허가를 하기 전에 관련 인허가에 관하여 미리 관련 인허가의 관할 행정청과 '협의'를 하여야 한다. 여기서 '협의'의 의미가 문제인데, 그 협의성립은 '동의'를 의미한다고 보아야 한다.

3. 인허가의제의 효력 및 권리구제

특정한 법률에서 주된 인허가를 얻으면 의제되는 관련 인허가의 근거 법률 규정이 모두 적용되는지가 문제 되나, 판례는 부정적인 입장이다. 대법원은 구 건축법 제8조 제4항에 따른 건축허가를 받아 공공시설을 설치하였다고 하더라도 그 공공시설의 귀속에 관하여 구 도시계획법 제83조 제2항이 적용되지 않는다고 판시하였다.[20] 주된 인허가에 하자가 있으면 행정행위의 하자에 관한 일반원칙이 그대로 적용된다.

---

20) 대법원 2004. 7. 22. 선고 2004다19715 판결.

또한 의제된 인허가의 하자에 대해서도 비록 실체는 없지만, 이에 대해 실체적 위법 심사를 할 수 있다는 견해가 유력하다. 나아가 의제된 인허가의 하자에 대해 무효, 취소 또는 철회가 인정될 수 있다고 보고 있다. 주된 인허가를 취소하면 의제된 인허가도 모두 취소되지만, 의제된 인허가가 취소되더라도 주된 인허가가 당연히 취소된다고 보기는 어렵다. 대법원은 주된 인허가인 사업계획의 승인은 그대로 유지하면서 의제된 인허가의 효력만을 소멸시킬 수 있다고 보고 있다.[21)]

---

21) 대법원 2018. 7. 12. 선고 2017두48734 판결.

제5장

행정입법

I 법규명령

1. 법규명령의 의의 및 종류

(1) 법규명령의 의의

행정작용 중 집행권의 법제정작용을 '행정입법'이라고 부른다. 법규명령은 흔히 "집행권이 정하는 일반적·추상적 규율"을 말한다. 입법권은 의회에 있지만, 현대국가의 복잡다양성으로 인해 행정입법이 허용된다. 그러나 바이마르헌법 제48조에 기초한 수권법(授權法)의 사례는 전체주의적 성격의 정치권력이 이러한 행정입법을 남용할 때 국가의 위기를 초래할 수 있다는 교훈을 주었다. 법규명령은 법규범으로 법원(法源)의 일종이다. 따라서 법규명령은 사인에 대해 직접적 구속력을 가지며, 이를 위반한 처분은 위법하게 된다. 법규명령은 재판규범성을 가지고 있다. 이러한 내용은 원칙적으로 행정조직의 내부에 대해 구속력을 가지는 행정규칙과 구별되는 점이다. 다만, 예외적으로 법규적 효력이 인정되는 '법령보충적 행정규칙'이 인정되고 있지만, 그 법적 성질에 대해서는 학설이 대립하고 있다. 이에 대해서는 후술하기로 한다.

(2) 법규명령의 종류

1) 수권의 범위와 효력에 의한 분류

법규명령은 수권의 범위나 효력 등을 기준으로 헌법대위명령(비상명령), 법률대위명령 및 법률종속명령으로 구분된다. 헌법대위명령에는 유신헌법(1972년 헌법) 제53조에 따라 대통령령으로 발령된 긴급조치가 해당된다.[1)] 법률대위명령에는 헌법 제76조의 긴급재정·경제명령 및 긴급명령이 속한다. 법률종속명령은 위임명령과 집행명령으로 구분된다(헌법 제75조). 위임명령은 입법사항에 관하여 법률에서 구체적으로 위임한 사항을 규정하지만, 집행명령은 법률 또는 상위명령의 범위 내에서 그 법규의 시행에 관하여 필요한 세부적인 사항을 규정한다. 그러나 양자의 구분이 실무상 명확하지는 않다. 헌법 제95조에는 총리령과 부령을 규정하면서, 위임명령 외에 '직권명령'을 규정하고 있다. 직권명령의 법적 성격에 대해서 견해가 대립하지만, 총리령과 부령은 대부분 시행규칙의 형식으로 제정되는 것이 보통이라는 점에서 '집행명령'과 유사한 것으로 해석된다.

2) 권한의 소재와 법형식에 의한 분류

헌법이 규정하는 법규명령에는 대통령령, 총리령 및 부령이 있다. 대통령령은 '시행령'의 형식으로, 그리고 총리령과 부령은 '시행규칙'의 형식으로 제정되고 있다. 또한 헌법 제76조에는 전술한 바와 같이 대통령의 긴급재정·경제명령 및 긴급명령을 규정하고 있다. 즉 대통령은 내우·외환·천재·지변 또는 중대한 재정·경제상의 위기에 있어서 국가의 안전보장 또는 공공의 안녕질서를 유지하기 위하여 긴급한 조치가 필요

---

1) 대법원은 유신헌법 제53조에 근거한 긴급조치의 위헌성을 인정하였다(대법원 2010. 12. 26. 선고 2010도5986 전원합의체 판결).

할 때 긴급재정·경제명령을 발할 수 있다(헌법 제76조 제1항). 이러한 긴급재정·경제명령은 법률의 효력을 가지는 명령이다. 또한 대통령은 국가의 안위에 관계되는 중대한 교전상태에 있어서 국가를 보위하기 위하여 긴급한 조치가 필요할 때에 법률의 효력을 가지는 긴급명령을 발할 수도 있다(동조 제2항).

3) '규칙'의 법적 성질

① 헌법에 근거가 있는 규칙

헌법에는 이러한 명령 외에 '규칙'에 관한 근거 규정을 두고 있다. 예컨대 국회규칙, 대법원규칙, 헌법재판소규칙 및 중앙선거관리위원회규칙이 그러하다. 이를 법규명령으로 보는 견해가 있지만, 독립된 헌법기관이 이러한 '규칙'을 제정하는 것이다(헌법 제64조 제1항, 제108조, 제113조 제2항, 제114조 제6항). 이러한 규칙은 헌법기관 내부의 절차나 세부사항 등 내부규율을 정하고 있지만, 대외적으로 직접적 구속력을 가지는 경우가 적지 않다. 이러한 규칙은 대부분 집행부가 제정하는 것이 아니라 독립된 헌법기관이 제정한다는 점에서 집행권의 법규명령으로 보는 것은 적절하지 않다. 그런 점에서 이러한 규칙이 대외적 구속력을 가진다면, 이를 헌법기관의 '독자적 법규범'으로 보는 것이 타당하다.

② 법률에 근거가 있는 규칙

행정부가 제정하는 법제정행위 중 법률에만 근거가 있는 '규칙'도 있다. 대표적으로 '감사원규칙'이 그러하다(감사원법 제52조 참조). 이러한 감사원규칙을 법규명령으로 보는 견해가 있다. 그러나 헌법이 아닌 법률로 입법의 형식을 창출하는 것은 허용될 수 없다는 점에서 감사원규칙을 법규명령으로 보는 것은 타당하지 않다.

한편, 행정부 내의 독립된 위원회에서도 '규칙'을 제정하는 경우가 있다. 예컨대 공정거래위원회규칙, 중앙노동위원회규칙, 방송위원회규칙 등이 여기에 해당한다. 그러나 이러한 규칙으로 국민의 권리나 의무 등 법규적 사항을 규정하는 것은 허용될 수 없다. 따라서 이러한 규칙을 법규명령으로 보는 것도 타당하지 않다.

2. 법규명령의 제정범위와 한계

(1) 긴급재정·경제명령 및 긴급명령의 범위와 한계

긴급재정·경제명령과 긴급명령의 요건은 헌법에 직접 규정되어 있다. 그러나 일반적인 법규명령의 제정범위와 한계가 문제다. 이와 관련하여 법규명령에 포괄적으로 위임하는 것은 금지된다는 견해가 지배적이다. 헌법 제75조는 "구체적으로 범위를 정하여" 대통령령을 제정할 수 있음을 규정하고 있다. 판례는 포괄위임금지의 원칙을 위반하는지에 관한 기준으로 예견가능성(또는 예측가능성)의 공식을 적용하고 있다.[2] 수범자가 해당 법률이나 상위명령으로부터 위임명령에 규정될 내용의 대강을 예측할 수 있어야 한다고 보고 있다.

> "위임명령은 법률이나 상위명령에서 구체적으로 범위를 정한 개별적인 위임이 있을 때에 가능하고, 여기에서 구체적인 위임의 범위는 규제하고자 하는 대상의 종류와 성격에 따라 달라지는 것이어서 일률적 기준을 정할 수는 없지만, 적어도 위임명령에 규정될 내용 및 범위의 기본사항이 구체적으로 규정되어 있어서 누구라도 당해 법률이나 상위명령으로부터 위임명령에 규정될 내용의 대강을 예측할 수 있어야 하나, 이 경우 그 예측가능성의 유무는 당해 위임조항 하나만을 가지고 판단할 것이 아니라 그 위임조항이 속한 법률이나 상위명령의 전반적인 체계와 취지·목적, 당해 위임조항의 규정형식과 내용 및 관련 법규를 유기적·체계적으로 종합 판단하여야 하고, 나아가 각 규제

2) 헌재 2004. 7. 15. 2002헌바47; 대법원 2002. 8. 23. 선고 2001두5651 판결.

> 대상의 성질에 따라 구체적·개별적으로 검토함을 요한다." (대법원 2002. 8. 23. 선고 2001두5651 판결)

(2) 위임명령의 범위와 한계

헌법에서 법률로 정하도록 규정한 사항이나 법률유보사항은 원칙적으로 위임명령으로 정할 수 없다. 예컨대 국적취득요건, 통신·방송의 시설기준, 지방의회의 조직·권한 등이 그러하다. 또한 헌법은 죄형법정주의(제13조 제1항)와 조세법률주의(제59조)를 규정하고 있다. 이와 관련하여 처벌규정이 위임될 수 있는지가 문제 된다. 헌법재판소는 모법에서 처벌의 대상인 행위가 무엇인지를 예측할 수 있을 정도로 범죄구성요건을 구체적으로 정하고, 형벌의 종류와 상한을 정하여 위임하는 것은 허용된다고 본다.[3)]

(3) 재위임의 허용과 한계

재위임의 허용이 문제지만, 위임받은 사항에 관한 대강의 사항을 정하고 세부적인 내용을 하위법령에 다시 위임하는 것은 허용된다고 보고 있다. 그러나 법령에서 위임받은 사항을 전혀 규정하지 않고 다시 하위명령에 위임하는 재위임은 권한 없이 수권법의 내용을 변경하는 것이므로 허용되지 아니한다. 한편, 집행명령은 상위명령의 범위 내에서 그 시행에 필요한 구체적인 절차·형식 등을 규정할 수 있을 뿐, 법규적 사항을 정할 수 없다.

3. 법규명령의 성립요건 및 효력발생요건

법규명령의 제정에도 일정한 성립요건과 효력발생요건이 필요하다.

3) 헌재 1996. 2. 29. 94헌마213.

즉 법규명령은 권한 있는 기관에 의해 제정되어야 하며, 일정한 형식을 갖추어야 한다(국무총리와 관계 국무위원의 부서와 서명날인). 또한 국무회의의 심의나 법제처의 심사, 행정상 입법예고 등의 절차를 거쳐야 한다. 그리고 법규명령은 상위법에 근거하여야 하고, 그 수권범위 내에서 제정되어야 하며, 또한 상위법령을 위반하여서도 아니 된다.

법규명령의 효력은 외부에 공포됨으로써 발생한다. 법규명령의 효력은 특별한 규정이 없으면 공포한 날부터 20일을 경과함으로써 발생한다(법령 등 공포에 관한 법률 제13조). 국민의 권리제한 또는 의무부과와 직접 관련된 법규명령은 긴급히 시행해야 할 특별한 사유가 있는 경우를 제외하고 공포일로부터 30일이 경과한 날부터 시행되도록 규정하고 있다(동법 제13조의2).

행정기본법은 법령 등을 공포한 날부터 시행하는 경우에는 공포한 날을 시행일로 하고, 법령 등을 공포한 날부터 일정 기간이 경과한 날부터 시행하는 경우에는 법령 등을 공포한 날을 첫날에 산입하지 아니한다고 규정하고 있다(동법 제7조 제1호 및 제2호).

4. 법규명령에 대한 통제

(1) 법규명령의 하자

법규명령의 성립요건에 하자가 있으면 그 법규명령은 위법하게 된다. 하자 있는 법규명령은 무효라고 보는 것이 통설·판례의 입장이다. 법규명령에 대한 사법적 통제도 문제다. 이에 대해 취소소송을 제기할 수 있다는 주장도 있지만, 현행 행정소송법상 허용될 수 없다. 다만, 판례에서 처분적 조례를 인정하여 취소소송을 허용한 사례가 있지만, 이론적으로 타당하지 않다.[4)]

---

4) 대법원 1996. 9. 20. 선고 95누8003 판결.

법규명령에 대한 통제수단에는 입법적 통제, 행정적 통제 및 사법적 통제가 있다.

(2) 법규명령에 대한 사법적 통제

1) 부수적 규범통제(항고소송)

헌법은 구체적 규범통제를 규정하고 있으므로, 위법한 법규명령에 대해서는 부수적 심사만 허용된다는 것이 지배적 견해이다(부수적 규범통제). 따라서 법규명령의 위법을 직접 다툴 수 없고, 법규명령에 근거한 행정처분에 대한 항고소송(취소소송 또는 무효확인소송)을 제기하면서 그 수권근거인 법규명령의 위법을 주장할 수 있다. 그러나 부수적 심사에서 수권근거인 법규명령의 위법이 인정된다고 하더라도 폐지될 수 없고 해당 사건에 대해서만 적용될 수 없다고 보는 견해가 지배적이다. 따라서 해당 법규명령이 폐지되거나 개정될 때까지는 여전히 유효하다.

2) 헌법소원

법규명령에 대해 헌법소원을 제기할 수 있다. 헌법소원은 규범통제와 구별된다. 규범통제는 법규명령의 상위법령 위반 여부와 관련이 있지만, 헌법소원은 청구인의 기본권침해에 초점을 두고 있다. 법무사법시행규칙(대법원규칙)에 대한 헌법소원의 허용 여부가 논란이 되었다. 헌법소원의 대상은 공권력의 행사 또는 불행사이다. 여기에는 입법작용, 행정작용 및 사법작용이 모두 포함된다. 헌법재판소는 명령·규칙 그 자체에 의해 직접 기본권이 침해되었을 경우 헌법소원심판을 청구할 수 있다고 보고 있다.[5] 헌법기관의 '규칙'을 어떻게 이해할 것인지가 중요하다. 헌법 제107조 제2항에는 명령과 규칙이 재판의 전제가 된 경우 대법원이 최종적으로 심사할 권한을 가진다고 규정하고 있다. 생각건대

---

5) 헌재 1990. 10. 15. 89헌마178.

명령과 규칙 그 자체를 다툴 수 있는 (주위적) 규범통제제도를 마련할 필요가 있다.

3) 행정입법부작위에 대한 행정소송(공법상 당사자소송)

행정입법부작위에 대한 사법적 통제에 대해서도 견해가 대립하고 있다. 판례는 행정입법부작위에 대한 항고소송을 부인하고, 헌법소원의 대상이라고 보고 있다.[6] 학설은 항고소송설과 당사자소송설이 대립하고 있다. 행정입법부작위는 처분의 부작위가 될 수 없다. 이는 헌법이나 법률로 규범을 제정할 의무가 있고, 그 규범의 제정을 요구할 권리가 있다는 것을 확인하는 소송을 제기해야 한다. 그런 점에서 행정입법부작위에 대한 항고소송을 제기하는 것은 소송요건을 결하는 것이며 이러한 소송형식에 의한 권리실현은 불가하다. 따라서 행정입법부작위에 대한 권리구제수단으로는 확인소송과 이행소송의 성격을 동시에 가지는 공법상 당사자소송의 형식이 타당하다.

> "헌법 제107조 제2항의 규정에 따르면 행정입법의 심사는 일반적인 재판절차에 의하여 구체적 규범통제의 방법에 의하도록 명시하고 있으므로, 당사자는 구체적 사건의 심판을 위한 선결문제로서 행정입법의 위법성을 주장하여 법원에 대하여 당해 사건에 대한 적용 여부의 판단을 구할 수 있을 뿐 행정입법 자체의 합법성의 심사를 목적으로 하는 독립한 신청을 제기할 수는 없다." (대법원 1994. 4. 26. 자 93부32 결정)

(3) 법규명령에 대한 입법적 통제

행정입법에 대한 의회의 통제도 가능하다. 국정감사·조사, 국무총리 또는 국무위원 해임건의 등과 같은 간접적 통제도 있다. 그러나 법규명

6) 헌재 1998. 7. 16. 96헌마246.

령의 성립·효력발생에 대한 동의나 승인 등과 같은 직접적 통제가 강조되고 있다. 국회법 제98조의2는 상임위원회가 대통령령 또는 총리령의 법률 위반 여부를 검토하여 법률의 취지나 내용에 합치되지 아니한다고 판단되는 경우에는 '본회의 의결'로 처리하여 정부에 송부하도록 하고 있다(동조 제5항). 이를 송부받은 정부는 그 처리결과를 국회에 제출하여야 한다(동조 제6항). 그러나 부령에 대해서는 종전처럼 상임위원회가 소관 중앙행정기관의 장에게 그 내용을 통보할 수 있도록 규정하고 있다(동조 제7항).

한편, 외국에서도 입법적 통제를 인정하고 있다. 예컨대 영국의 의회제출절차(laying process), 독일의 동의권 유보(Zustimmungsvorbehalt), 미국의 입법적 거부(legislative veto) 등의 제도가 그러하다.

(4) 법규명령에 대한 행정적 통제

행정입법에 대한 행정적 통제수단으로는 행정감독권의 행사나 절차적 통제가 있다. 그 밖에 부패유발요인이 있는 법령 등의 개선에 관한 국민권익위원회의 권고제도가 있다. 즉 국민권익위원회는 법률·대통령령·총리령·부령 및 그 위임에 따른 훈령·예규·고시·공고와 조례·규칙의 부패유발요인을 분석·검토하여 그 법령 등의 소관 기관의 장에게 그 개선을 위하여 필요한 사항을 권고할 수 있다(부패방지 및 국민권익위원회의 설치 및 운영에 관한 법률 제28조). 그 밖에 중앙행정심판위원회의 시정조치 요청 등이 있다. 중앙행정심판위원회는 심판청구를 심리·재결할 때 처분 또는 부작위의 근거가 되는 명령 등이 법령에 근거가 없거나 상위 법령에 위배되거나 국민에게 과도한 부담을 주는 등 크게 불합리하면 관계 행정기관에 그 명령 등의 개정·폐지 등 적절한 시정조치를 요청할 수 있다(행정심판법 제59조). 나아가 행정기본법 제39조에서도 정부가 권한 있는 기관에 의하여 위헌으로 결정되어 법령이 헌법에 위반되거나 법률에 위반되는 것이 명백한 경우 등 대통령령으로 정하는 경우 해당 법령을 개선하도록 규정하고 있다(행정기본법 제39조 제1항).

Ⅱ 행정규칙

1. 행정규칙의 의의 및 종류

(1) 행정규칙의 의의

행정규칙이란 "행정조직 내부에서 상급기관이 하급기관에 대하여 정하는 일반적·추상적 규정"을 말한다. 행정규칙에는 법률의 수권이 필요하지 않다. 행정규칙은 상위법령이나 상급행정규칙을 위반하여서는 아니 된다. 공무원이 행정규칙을 위반하여 처분하면 징계사유는 될 수 있지만, 그 처분이 곧바로 위법이 되는 것은 아니다.

(2) 행정규칙의 종류

행정규칙의 종류는 다양하다. 그 내용에 따라 조직규칙, 재량준칙, 규범해석규칙, 간소화지침 및 규범구체화 행정규칙으로 분류된다. 조직규칙으로는 '직제'가 있는데, 근래에는 법규명령의 형식으로 제정하고 있다(법제처 직제, 대통령비서실 직제 등). 재량준칙은 재량권 행사의 기준이나 방식 등을 규정한 행정규칙이다. 규범구체화행정규칙은 전문적·기술적 영역에서 법규성이 인정되는 행정규칙을 말한다.

한편, 형식에 따라 훈령, 예규, 지시 및 일일명령으로 구분된다. 그러나 이는 공문서 중 '지시문서'의 유형에 해당한다(행정업무의 운영 및 혁신에 관한 규정 제4조 제2호 참조). 훈령은 상급기관이 하급기관에 대해 장기간에 걸쳐 권한 행사를 지휘·감독하기 위하여 발하는 명령이다. 훈령은 대표적인 행정규칙이다. 예규는 법규문서 이외의 행정사무의 통일적 처리를 위해 그 기준을 제시하는 규정이다. 예컨대 '외교백서 편찬에 관한 예규'(외교부예규 제25호)가 여기에 해당한다.

2. 행정규칙의 효력

1) 내부적 효력(사실적·간접적 외부효)

행정규칙은 사인에 대해 직접적인 대외적 구속력을 미치지 아니한다. 행정규칙은 원칙적으로 행정조직의 내부에 대해서만 구속할 뿐이다(내부적 구속력). 행정규칙은 사법심사의 대상이 아니며, 법규범이 아니므로 규범통제의 대상도 아니다. 행정규칙은 이에 근거한 행정처분을 통해 사인에 간접적 효력을 미칠 수 있다. 즉 행정규칙은 대외적으로 사인에 대해 사실적·간접적 효력을 미친다. 행정규칙의 하나인 재량준칙에 근거하여 행정처분을 한 경우 그 행정처분이 비례의 원칙이나 평등원칙 등을 위반하여 위법하게 될 수 있다. 이는 행정법의 일반원칙을 위반한 것이지 행정규칙을 위반한 것이 아니다. 시원적 집행권에 근거하여 행정규칙의 법규성을 주장하는 견해가 있지만, 이러한 견해는 권력분립원칙이나 법률유보원칙 등에 비추어 타당하지 않다.

2) 예외 – 법령보충적 행정규칙

판례는 예외적으로 법규적 효력이 인정된 행정규칙을 인정하고 있다. 이를 "법령보충적 행정규칙"이라고 부른다. 법령보충적 행정규칙이 인정되기 위한 요건으로 법령이 행정기관에 그 법령내용의 구체적 사항을 정할 수 있는 권한을 위임하면서 그 권한행사의 절차나 방법 등을 보충하여야 한다고 본다. 이에 대해 법규명령설, 행정규칙설, 위헌무효설, 규범구체화행정규칙설 등이 주장된다. 판례는 법령보충적 행정규칙이 법규명령의 효력을 가진 것으로 보고 있지만, 이를 법규명령으로 판단한 것인지에 대해서는 논란이 있다. 생각건대 법령보충적 행정규칙은 예외적으로 법규적 효력이 있는 행정규칙으로 이해되어야 한다. 그러나 법령보충적 행정규칙의 성립요건으로 '위임'을 허용하는 것은 권력분립원칙과 법률유보원칙, 헌법상 기본권 규정 등의 관점에서 타당하지 않다. 이는 법규명령으로 전환되는 것이 아니라 '법규적' 효력이 인정될 뿐이다.

3. 행정규칙의 성립요건 및 소멸

행정규칙의 제정에도 일정한 형식적 요건(관할, 절차 및 형식)을 갖추어야 하며, 그 내용상 상위법령을 위반하여서는 아니 된다. 정당한 권한이 있는 행정기관에 의해 그 권한의 범위 내에서 제정되어야 하며, 법조문과 같은 문서형식으로 제정되는 것이 보통이다. 다른 기관이나 위원회의 협력 등의 절차가 필요할 때도 있다. 그러나 행정규칙에는 공포절차가 필요하지 않다.

행정규칙은 명시적·묵시적 폐지, 종기의 도래, 해제조건의 성취 등에 의해 소멸한다.

4. 위법한 행정규칙에 대한 권리구제

행정규칙은 직접적인 대외적 구속력이 없다. 위법한 행정규칙에 대해 사법심사가 가능한지가 문제다. 행정규칙을 직접 대상으로 하는 사법심사는 어렵다. 행정규칙에 근거한 행정처분의 위법을 다투면서 그 행정규칙의 위법을 부수적으로 심사할 수는 있다. 이 경우 행정규칙이 상위법령을 위반하면 위법하게 된다. 위법한 행정규칙에 대해 법원이 무효를 선언하는 것이 보통이지만, 행정규칙은 대외적 구속력이 없으므로 이에 대해 무효를 선언하는 것은 이론적으로 타당하지 않다. 다만, 예외적으로 법규적 효력이 인정되는 법령보충적 행정규칙이 위법할 경우에는 무효를 선언할 수 있다.

Ⅲ 자치입법

지방자치단체가 제정하는 자치입법에는 조례, 규칙 및 교육규칙이 있다. 조례는 지방자치단체가 법령의 범위 내에서 그 사무에 관하여 지방의회의 의결을 거쳐 제정하는 법규범이다(헌법 제117조, 지방자치법 제28조). 규칙은 지방자치단체의 장에 의해 법령 또는 조례의 범위에서 그 권한에 속하는 사무에 관하여 제정된다. 그러므로 이를 '자치규칙'이라고 부르는 것이 타당하다. 규칙의 법적 성질에 대해서는 견해가 대립하고 있지만, 법규적 효력이 인정되는 규칙도 있다. 그러나 주민의 권리 또는 의무에 관한 사항은 조례로 정하는 것이 바람직하다. 또한 교육규칙은 교육감이 법령 또는 조례의 범위 안에서 그 권한에 속하는 사무에 관하여 제정하고 있다(지방교육자치법에 관한 법률 제28조 참조).

제6장

기타 행정작용

I 행정계획

1. 행정계획의 의의 및 종류

현대행정에 있어서 행정계획은 중요한 행위형식이다. 대규모공공사업에 관련된 행정계획은 국민의 기본권(재산권)을 침해하거나 제한할 수 있다. 행정계획은 행정주체가 특정한 목표를 달성하기 위해 적절한 수단을 종합적으로 고려하여 결정하는 행정작용이다. 행정계획의 주된 기능은 미래예견적 목표를 설정하여 리스크(risk)를 방지하거나 회피하는 것이다.

행정계획의 종류는 다양하다. 행정계획의 대상에 따라 경제계획, 사회계획, 재정계획, 국토계획 등으로 분류된다. 또한 대상지역에 따라 국토종합계획, 수도권정비계획, 도종합계획, 시·군종합계획 등으로 분류된다. 그리고 구속효에 따라 지시적 계획, 유도적 계획, 명령적 계획으로 구분된다. 나아가 계획의 수준에 따라 상위계획과 하위계획으로 구분되며, 하위계획은 상위계획에 적합하여야 한다.

행정계획의 법적 성질은 획일적이지 않다. 그 법형식에 따라 법률, 조례, 행정행위, 행정규칙 또는 내부지침 등의 행정계획이 존재한다. 국내에서는 행정행위(일반처분)의 성질을 가진 행정계획이 적지 않다. 독일에서는 실무상 전문계획과 종합계획으로 구분한다. 후자는 지역 범위를 기준으로 구분하고, 전자는 주로 프로젝트와 관련이 있다.

2. 계획재량과 형량명령

(1) 계획의 형성적 자유(계획재량)

행정계획에서는 일반적인 재량행위와 구분되는 '계획재량'이 인정된다. 행정계획은 목적프로그램의 성격을 가진다. 일반적인 법률규정은 조건프로그램으로 되어 있다. 사실의 확성에 따라 근거 법률의 구성요건에 포섭되면 자동적으로 법효과가 발생한다. 법효과에 특정한 사항만을 규정할 때도 있지만, 선택사항이 규정된 경우도 있다. 전자는 기속행위를, 후자는 재량행위를 규정한 것이다. 그러나 행정계획과 같은 계획프로그램에는 구체적인 구성요건을 모두 규정하기가 어렵다. 이 경우에는 포섭의 방식이 아니라 '형량'의 방식이 적용된다. 달성해야 할 추상적인 목표를 규정하면, 행정청이 이를 효과적으로 달성하기 위한 수단을 종합·조정하는 것이다. 이 경우 행정청에 광범위한 형성의 자유가 인정된다. 이를 '계획재량'이라고 부른다. 그러나 이러한 계획재량은 전술한 바와 같이 통상의 행정재량(재량행위, 법효과재량)과 구별되어야 한다.

(2) 형량명령

이러한 계획재량에 대한 사법적 통제에는 특수한 법리가 필요하다. 행정청에 광범위한 형성의 자유가 부여되어 있어 이를 통제하기가 쉽지 않다. 이와 관련하여 형량명령과 형량하자론이 거론된다. 형량명령은 계획재량에 대한 사법적 통제에 있어서 실체적 위법을 판단하는 중요한 기준이다. 형량명령(衡量命令)은 행정계획을 수립할 때 관련된 공익과 공익, 공익과 사익을 모두 정당하게 형량하여야 한다는 것을 말한다. 형량명령은 독일에서 유래된 이론이지만, 오늘날에는 국내 판례에서도 널리 인정되고 있다.[1] 행정계획의 실체적 위법판단에는 형량명령 외에도 실체적 강행법규, 계획정당성 등 다양한 기준이 있다. 그러나 국내에서는 형량명령만을 실체적 위법의 판단기준으로 인정하고 있다.

(3) 형량하자론

형량명령을 위반한, 즉 형량에 하자가 있는 행정계획은 위법하다. 이러한 형량하자론은 3단계 또는 4단계로 구성된다. 형량의 과정과 결과를 구분하는 4단계가 이론적으로 타당하다. 즉 형량의 하자는 형량의 불행사, 형량의 흠결, 오(誤)형량, 그리고 형량불비례로 구분된다. 형량의 불행사란 형량을 전혀 하지 않는 것을 말하며, 형량의 흠결은 제반 상황에 비추어 고려해야 할 요소를 형량에서 누락한 것을 말한다. 오형량은 형량의 과정에서 관련된 공·사익을 잘못 평가한 것을 말하며, 이를 "형량상의 평가과오"라고도 부른다. 형량의 불비례란 관련된 이익조정이 개별 이익의 객관적 중요성에 비해 비례하지 않는 방식으로 행해진 것을 말한다. 대법원은 종전에 계획재량의 위법을 재량하자의 방식으로 심사하였으나, 근래에는 '형량하자'의 방식으로 접근하고 있다.

> "행정계획이라 함은 행정에 관한 전문적·기술적 판단을 기초로 하여 도시의 건설·정비·개량 등과 같은 특정한 행정목표를 달성하기 위하여 서로 관련되는 행정수단을 종합·조정함으로써 장래의 일정한 시점에 있어서 일정한 질서를 실현하기 위한 활동기준으로 설정된 것으로서, 구 도시계획법(2000. 1. 28. 법률 제6243호로 전문 개정되기 전의 것) 등 관계 법령에는 추상적인 행정목표와 절차만이 규정되어

1) 대법원 1996. 11. 29. 선고 96누8567 판결.

> 있을 뿐 행정계획의 내용에 관하여는 별다른 규정을 두고 있지 아니하므로 행정주체는 구체적인 행정계획을 입안·결정함에 있어서 비교적 광범위한 형성의 자유를 가지는 것이지만, 행정주체가 가지는 이와 같은 형성의 자유는 무제한적인 것이 아니라 그 행정계획에 관련되는 자들의 이익을 공익과 사익 사이에서는 물론이고 공익 상호간과 사익 상호간에도 정당하게 비교교량하여야 한다는 제한이 있으므로, 행정주체가 행정계획을 입안·결정함에 있어서 이익형량을 전혀 행하지 아니하거나 이익형량의 고려 대상에 마땅히 포함시켜야 할 사항을 누락한 경우 또는 이익형량을 하였으나 정당성과 객관성이 결여된 경우에는 위법하다." (대법원 2006. 9. 8. 선고 2003두5426 판결)

3. 위법한 행정계획에 대한 권리구제

위법한 행정계획으로 재산상 손해를 입은 사인은 국가를 상대로 공법상 손해배상을 청구할 수 있다. 이 경우 행정계획의 위법뿐만 아니라, 공무원의 책임(고의, 과실)과 인과관계를 모두 입증하여야 한다. 그러나 현실적으로 국가배상의 요건을 충족하기는 쉽지 않다. 또한 적법한 행정계획으로 재산상 손실을 본 사인은 손실보상을 청구할 수 있다. 행정계획의 결정 또는 변경으로 재산권이 제한되거나 침해되는 경우가 그러하다. 이 경우 보상부 공용수용이나 보상부 공용제한의 요건에 해당하는지를 판단하는 것이 핵심이다. 대법원 판례에서는 '특별한 희생'을 기준으로 손실보상을 판단하고 있지만, 그 기준이 모호하다는 비판이 제기된다. 나아가 근거 법령에 보상규정이 있는 경우에는 그에 의하지만, 이러한 보상규정이 없는 경우가 문제다. 이에 대해서는 후술하는 바와 같이 학설이 대립하고 있다. 이 경우에는 근거 법령이 위헌인지가 다투어질 수 있다.

4. 계획보장청구권과 계획변경청구권

(1) 계획보장청구권

행정계획은 본질적으로 안정성과 탄력성의 긴장관계에 서 있다. 행정계획이 수립·확정되면 정해진 기간에 안정적으로 유지되며, 사인도 이러한 행정계획의 존속에 대해 신뢰하는 것이 보통이다. 그러나 사정변경이나 공익적 목적 등으로 계획을 변경하거나 수정해야 할 때도 있다. 이 경우 계획보장이 문제다. 계획보장의 문제는 계획의 취소·변경에 대한 계획의 지속이나 유지를 내용으로 하는 '계획존속청구권'이나 계획의 존중이나 집행에 관한 '계획준수청구권'과 관련이 있다. 이러한 청구권은 현실적으로 인정되기가 쉽지 않아 손해배상청구권이나 손실보상청구권이 문제된다.

(2) 계획변경청구권의 허용여부

1) 원칙적 부정

계획변경청구권은 행정계획으로 그 사용·수익 또는 처분에 제약을 받고 있는 사인이 그 행정계획의 변경을 청구할 수 있는지에 관한 것이다. 이러한 계획변경청구권이 허용되는지에 대해 견해가 대립하고 있다. 대법원은 원칙적으로 계획변경청구권을 부정하고 있다. 즉 대법원은 도시계획과 같이 장기성·종합성이 요구되는 행정계획에 있어서 그 계획이 일단 확정되면 어떤 사정의 변동이 있다고 하여 지역주민에게 일일이 그 계획의 변경 또는 폐지를 청구할 권리를 인정해 줄 수 없다고 판시하고 있다.[2)]

---

2) 대법원 2022. 11. 26. 선고 2001두1192 판결.

2) 판례의 검토

대법원은 계획변경 신청의 반려에 대해 처분성을 인정하고 있다. 대법원은 행정계획의 변경신청이 반려될 때 그 거부의 처분성을 인정하고 있다. 즉 ① 국토이용계획 변경신청의 거부가 사실상 수익처분의 거부에 해당하는 경우, ② 도시계획입안제안권에 근거한 입안제안의 거부, ③ 도시계획결정의 지정해제 신청에 대한 거부회신 등에 대해 처분성을 인정하고 있다. 이러한 판례는 계획변경신청권을 인정한 것으로 볼 수 있지만, 이러한 신청권을 인정하는 것이 타당한지에 대해서는 의문이다. 이는 계획변경청구권이 아니라 계획변경의 신청을 반려한 것이 행정처분인지에 관한 것이며, 행정쟁송의 대상적격에 관한 문제다. 이러한 거부처분에 대해 형량명령의 법리를 적용한 것은 타당하지 않다.[3] 근래에는 이러한 거부처분이 재량권을 일탈·남용하였는지를 심사하고 있다.[4]

3) 관견

문제의 본질은 개별 사안의 본안판결에서 공권인 계획변경청구권을 인정하고, 이를 사법적으로 실현하는 것이다. 이러한 사안과 관련하여 쟁송제기기간이 지나지 않았다면 해당 행정계획결정의 위법을 다투어야 한다. 만약 해당 행정계획결정의 쟁송제기기간이 지나 불가쟁력이 발생하였다면, 이러한 행정계획결정으로 인한 재산상 피해에 대해 손해전보(손실보상, 국가배상)의 방식을 강구할 수 있다.

---

3) 대법원 2012. 1. 12. 선고 2010두5806 판결.
4) 대법원 2020. 9. 3. 선고 2020두34346 판결.

Ⅱ 공법상 계약

1. 공법상 계약의 의의 및 종류

(1) 공법상 계약의 의의 및 연혁

계약은 사법(私法)의 고유영역으로 간주되었다. 특히 독일에서는 오토 마이어(Otto Mayer)의 영향으로 "국가는 계약하지 않는다"라는 사고가 오랫동안 지배하였다. 그러나 오늘날에는 행정법학에서 공법상 계약의 필요성이 강조되고 있다. 현대국가에서는 협력적 행정이 부각되고 있으며, 공법상 계약이 행정의 탄력성이나 효율성에 이바지한다는 점이 인식되고 있다. 공법상 계약에서 문제가 되는 것은 행정의 법률적합성의 원칙이다. 행정기본법에도 공법상 계약에 관한 조항이 도입되었는데, 행정청은 법령 등을 위반하지 아니하는 범위에서 행정목적을 달성하기 위하여 필요한 경우에 공법상 계약을 체결할 수 있다고 규정하고 있다(동법 제27조). 여기서 행정행위를 통해 실현해야 할 행정목적을 법률상 수권 없이 공법상 계약으로 실현할 수 있는지가 중요한 쟁점이다. 이처럼 공법상 계약은 그 법적 근거나 불명확성으로 인해 법치국가원리의 관점에서 한계를 보인다.

(2) 공법상 계약의 종류

공법상 계약의 종류는 다양하다. 먼저 주체를 기준으로 행정주체 상호간의 공법상 계약, 행정주체와 사인간의 공법상 계약(행정사무의 위탁), 공무수탁사인과 사인 간의 공법상 계약(토지수용에 있어서 협의취득)이 있다. 그러나 이러한 행정사무의 위탁이나 토지수용에 있어서의 협의취득은 실무상 사법상 계약으로 다루어지고 있다. 둘째, 체결당사자의 관계를 기준으로 대등계약과 종속계약이 있다. 셋째, 규율대상에 따라 의무이행계약과 처분계약으로 구분하기도 한다. 그 밖에 화해계약과 교환계약, 협력계약 등이 논의되고 있다.

2. 공법상 계약과 사법상 계약의 구분

공법상 계약과 사법상 계약의 구별은 실제에서 쉽지 않다. 실무에서는 소송물의 전제가 되는 법률관계를 기준으로 양자를 구분하고 있다. 예컨대 공법적 성질을 가지는 국가배상청구권이나 손실보상청구권 등을 사권으로 이해하고 있다. 판례는 구 하천법 부칙조항에 의한 하천구역 편입에 대한 보상금소송, 주거이전비보상에 관한 소송, 부가가치세로 인한 환급세액청구 등에 대해 당사자소송을 인정하고 있다.[5] 최근 제정된 행정소송규칙(대법원규칙 제3108호)에서도 이러한 유형이 당사자소송의 대상이라는 점을 명확히 밝히고 있다(제19조).

3. 공법상 계약과 행정처분의 구분

실무상 공법상 계약과 행정처분의 구분은 어려운 문제다. 대법원은 정보화지원사업의 참여제한처분에 관한 무효확인소송에서 협약의 해지 및 그에 따른 환수통보를 행정처분에 해당하지 아니한다고 판단하였다.[6] 그러나 대법원은 종전에 지식경제부장관으로부터 국가산업단지의 관리업무를 위탁받은 한국산업단지공단이 A 주식회사와 입주체약을 체결한 후 계약해지를 통보하는 것이 행정처분이라고 판시하였다.[7] 또한 지방자치단체 사이의 건축협약 취소를 행정처분으로 판단하였다.[8] 관계 법령에 따르면 건축협약이 체결되면 건축허가로 간주하지만, 이 사안은

5) 상세는 졸저, 한국행정법론(제3판), 225면.
6) 대법원 2015. 8. 27. 선고 2015두41449 판결.
7) 대법원 2011. 6. 30. 선고 2010두23859 판결.
8) 대법원 2014. 2. 27. 선고 2012두22980 판결.

계약이 체결되기 전의 문제이므로 건축협약의 취소를 행정처분으로 보는 것은 타당하지 않다. 이는 계약체결상의 과실의 문제로 접근하여야 한다.

4. 공법상 계약의 하자와 권리구제

공법상 계약의 하자를 어떻게 판단할 것인지가 문제다. 행정절차법에는 공법상 계약에 관한 규정이 없고, 행정기본법에도 그 하자에 대해서는 침묵하고 있다. 따라서 이에 대해서는 민법의 규정이 유추적용될 수 있다. 반사회질서의 법률행위(민법 제103조), 불공정한 법률행위(민법 제104조) 등을 유추하여 이러한 하자가 있는 공법상 계약에 대해서는 무효로 보는 것이 타당하다. 참고로 독일 행정절차법 제59조 제2항에는 공법상 계약의 특별한 무효사유를 규정하고 있다. 이러한 입법례를 참고하여 공법상 계약의 하자에 관한 규정을 도입할 필요가 있다.

Ⅲ 단순행정작용

1. 사실행위

(1) 사실행위의 의의

사실행위는 사실상의 효과만을 목적으로 하는 모든 행정조치를 말한다. 독일에서는 '단순행정작용' 또는 '단순고권작용' 등의 용어도 사용되고 있다. 그러나 양자가 반드시 일치하는 것은 아니다. 사실행위는 사실상의 효과만을 가져오므로 법적 효과를 발생시키는 행정행위나 법규명령 등과 구별된다. 사실행위는 비록 법적 효과의 발생을 가져오는 것은 아니지만, 여러 가지 법적 문제를 발생시키고 있다. 단순행정작용 또는 단순고권작용에는 사실행위 외에 공법상의 경고와 비공식적 행정작용도 포함된다.

(2) 사실행위의 종류

사실행위의 종류에는 정신적 사실행위(행정지도)와 물리적 사실행위(경찰관의 순찰행위), 집행적 사실행위(대집행 실행)와 독립적 사실행위(행정조사), 권력적 사실행위(물건의 영치, 사람의 수용)와 비권력적 사실행위, 내부적 사실행위와 외부적 사실행위 등으로 구분된다. 사실행위에는 법적 효과가 발생하지 아니하므로 반드시 법적 근거가 필요한 것은 아니다. 그러나 집행행위의 성질을 가진 사실행위나 개인의 기본권을 침해할 수 있는 사실행위에는 법률의 근거가 있어야 한다는 견해도 유력하다. 행정상의 사실행위도 행정작용의 일부이므로 비례의 원칙, 평등원칙 및 신뢰보호의 원칙 등이 준수되어야 한다.

(3) 사실행위의 처분성

권력적 사실행위는 항고소송의 대상이 된다는 견해가 지배적이다. 권력적인지를 판단하는 것은 실무상 쉬운 문제는 아니다. 실제 비권력적 사실행위로 파악되었던 건축물대장의 직권말소, 불문경고, 세무조사 등이 지금은 행정처분으로 이해되고 있다. 이와 관련하여 위법한 사실행위에 대한 권리구제가 문제다. 처분성이 인정되는 권력적 사실행위에 대해서는 그 취소나 무효를 구하는 소를 제기할 수 있다. 그러나 현행 행정소송법에는 비권력적 사실행위를 다툴 소송형식이 없다. 독일에서는 사실행위에 대해 일반이행의 소(allgemeine Leistungsklage)를 제기하고 있다.

위법한 사실행위로 재산상의 손해를 입은 사인은 국가배상을 청구할 수 있다. 적법한 사실행위로 발생한 재산상 손실에 대해 손실보상을 청구할 수 있는지가 문제다. 종전에는 특별한 희생에 해당할 경우 수용유사적 침해이론이나 수용적 침해이론을 근거로 손실보상을 인정하였다. 그러나 사실행위는 공용수용의 요건이 아니라는 것이 유력하다. 즉 고권적 '법률행위'로 사인의 재산권이 박탈될 경우에 공용수용이 인정된다.

2. 공법상의 경고

공법상의 경고는 사실행위에 포함되었으나, 오늘날에는 이를 별도로 다루고 있다. 이러한 공법상의 경고는 그 대상, 사안의 긴급성, 생산품의 위험성 수위 등에 따라 다양하게 분류된다. 공법상의 경고는 기본권을 침해할 수 있다. 판례는 경고나 권고 등에 대해 처분성을 인정하였다. 즉 대법원은 법률상의 근거 없는 문책경고가 위법하다고 판단하였다.[9] 또한 국가인권위원회의 성희롱결정 및 시정조치권고에 대해 처분성을 인정하였다.[10]

3. 비공식적 행정작용

비공식적 행정작용은 행정행위, 행정입법(법규명령), 공법상 계약 등과 같은 전형적인 행정작용 외의 행정작용을 말한다. 비공식적 행정작용은 협상, 행정과 시민의 접촉 등과 같이 행정청의 결정 이전에 논의된다. 비공식적 행정작용은 행정의 탄력성과 효율성을 위해 활용되지만, 그 법적 불명확성으로 인해 한계를 드러내고 있다. 예컨대 개별 기업이나 사업자가 자발적인 조치를 약속하는 것에 상응하여 행정청이 이에 대해 법령으로 규율하는 것을 잠정적으로 고려하지 않는 규범대체적 협상이 대표적이다. 비공식적 협상은 법적으로 구속력이 없다.

9) 대법원 2005. 2. 17. 선고 2003두14765 판결.
10) 대법원 2005. 7. 8. 선고 2005두487 판결.

Ⅳ 행정자동결정

디지털 시대의 도래로 행정법학은 새로운 도전에 직면하고 있다. 정보통신기술의 비약적 발전으로 인하여 행정의 기능이 변하고 있다. 전자정부가 부상하고 있으며, 전자데이터처리는 행정법 분야에서 새로운 법적 문제를 초래하고 있다. 설정된 일정한 프로그램에 따른 행정자동결정이 행정행위의 성질을 가지는지가 문제다. 근래에는 일정한 경우 행정자동결정에 대해 처분성을 인정하고 있다. 독일에서는 인간의 개입 정도에 따라 완전자동화 행정행위와 부분자동화 행정행위로 구분하고 있다. 행정행위의 성질을 가지는 행정자동결정의 위법성은 행정행위의 하자에 관한 일반이론에 따라 결정된다. 이러한 행정자동결정에도 절차적 요건(서명, 청문, 이유제시 등)이 모두 충족되어야 하는지가 문제다. 이에 대해 예외규정을 두는 입법례도 있지만, 현행 행정절차법에는 아무런 규정이 없다.

제7장

행정절차와 정보행정

I 행정절차

1. 행정절차의 의의 및 헌법적 근거

광의의 행정절차는 행정의사의 결정과 집행에 관련된 일체의 절차를 말한다. 이에 반해 협의의 행정절차는 행정입법·행정행위·행정계획 등 행정작용의 발령절차를 말한다. 협의의 행정절차에 따른 입법례가 대부분이다. 다만, 어떤 행정작용을 중심으로 행정절차법을 규율하는지는 각국의 사정에 따라 차이가 있다. 광의의 행정절차를 채택한 대표적 입법례에는 1925년 오스트리아의 일반 행정절차법이 있다.

헌법재판소는 헌법 제12조 제1항의 적법절차조항을 행정절차의 헌법적 근거로 보고 있다.[1] 그러나 헌법 제12조는 형사절차에 관한 것이다. 미국에서는 수정헌법 제5조 및 제14조에 기초한 적법절차(due process of law)를 들고 있다. 특히 미국 수정헌법 제5조는 "누구든지 …… 적법절차에 의하지 아니하고는 개인의 생명·자유 또는 재산을 박탈당하지 아니한다"라고 규정하고 있다. 독일에서는 직접적인 명문의 규정이

1) 헌재 1992. 12. 24. 92헌마78.

없지만, 법치국가원리와 민주주의원리, 독일 기본법 제103조 제1항(법적 청문권)을 행정절차의 헌법적 근거로 보고 있다. 행정절차는 헌법상 법치국가원리와 민주주의원리에 기초하고 있다. 행정절차는 행정결정의 참여와 사전적 권리구제에 이바지하고 있다. 오늘날에는 "절차권을 통한 기본권보호"가 강조되고 있다.

2. 현행 행정절차법의 특징 및 주요내용

(1) 행정절차법의 특징 및 적용범위

1980년대 초반부터 행정절차법을 제정하기 위해 노력하였으나, 1996년 12월 31일 비로소 행정절차법이 제정·공포되었다. 행정절차법은 행정의 공정성·투명성 및 신뢰성을 확보하여 국민의 권익을 보호하는 것을 목적으로 한다. 행정절차법에는 순수한 절차규정만 있는 것은 아니며, 처분의 정의규정이나 행정지도, 행정계획 및 확약 등에 관한 실체법적 규정이 포함되어 있다.

행정절차법에는 처분, 신고, 확약, 위반사실 등의 공표, 행정계획, 행정상 입법예고, 행정예고 및 행정지도의 절차를 규율하고 있다. 이에 관하여 다른 법률에 특별한 규정이 없으면 행정절차법이 적용된다. 그러나 위 규율내용에 대해 모두 행정절차법이 적용되는 것은 아니다. 행정절차법 제3조 제2항은 적용제외사항을 열거하고 있다. 특히 "공무원 인사 관계 법령에 따른 징계와 그 밖의 처분"에는 행정절차법이 적용되지 아니한다. 예컨대 군인사법상 보직해임처분에는 처분의 근거와 이유제시 등에 관한 행정절차법이 적용되지 않는다.[2)]

---

2) 대법원 2014. 10. 15. 선고 2012두5756 판결.

(2) 행정절차법의 주요내용

(1) 처분절차

1) 처분절차의 특징

행정절차의 핵심적 요소는 의견청취, 사전통지 및 이유제시이다. 이러한 행정절차는 침익적 행정처분에서 중요하다.

행정청은 침익적 행정처분을 할 때 미리 처분의 제목, 당사자의 성명 또는 명칭과 주소, 처분하려는 원인이 되는 사실과 처분의 내용 및 법적 근거, 여기에 대하여 의견을 제출할 수 있다는 뜻과 의견을 제출하지 아니하는 경우의 처리방법, 의견제출기관의 명칭과 주소, 의견제출기한, 그 밖에 필요한 사항을 통지하여야 한다(행정절차법 제21조).

2) 의견청취

행정절차법에 규정된 의견청취제도에는 청문, 공청회 및 의견제출이 있다. 청문이란 행정청이 일정한 처분을 하기 전에 당사자 또는 이해관계인으로 하여금 자신에게 유리한 정보를 제출하고, 의견을 진술하게 함으로써 사실조사를 하는 절차를 말한다(동법 제2조 제5호).

① 청문

청문은 다른 법령 등에서 청문을 실시하도록 규정하고 있는 경우, 행정청이 필요하다고 인정하는 경우, 인허가 등의 취소, 신분·자격의 박탈, 법인·조합 등의 설립허가 취소의 처분시에 실시된다(동법 제22조 제1항). 행정청은 소속 직원 또는 대통령령으로 정하는 자격을 가진 사람 중에서 청문주재자를 공정하게 선정하여야 한다(동법 제28조 제1항). 또한 행정청은 다수 국민의 이해가 상충되는 처분, 다수 국민에게 불편이나 부담을 주는 처분을 하려는 경우에는 청문주재자를 2명 이상으로 선정할 수 있다. 다만, 이 경우 선정된 청문 주재자 중 1명이 청문 주재자를 대표한다(동조 제2항).

② 공청회

공청회는 행정청이 공개적인 토론을 통해 당사자나 이해관계인, 전문적 지식과 경험을 가진 사람, 그 밖의 일반인으로부터 의견을 널리 수렴하는 절차이다(동법 제2조 제6호). 공청회는 다른 법령등에서 공청회를 개최하도록 규정하고 있는 경우, 해당 처분의 영향이 광범위하여 널리 의견을 수렴할 필요가 있다고 행정청이 인정하는 경우, 국민생활에 큰 영향을 미치는 처분으로서 대통령령으로 정하는 처분에 대하여 대통령령으로 정하는 수(30명) 이상의 당사자 등이 공청회 개최를 요구하는 경우에 개최된다(동법 제22조 제2항).

행정절차법은 행정절차법 제38조에 따른 공청회와 '온라인공청회'를 병행할 수도 있지만, 일정한 경우에는 온라인공청회를 단독으로 개최할 수 있는 규정을 두고 있다. 즉 국민의 생명·신체·재산의 보호 등 국민의 안전 또는 권익보호 등의 이유로 행정절차법 제38조에 따른 공청회를 개최하기 어려운 경우, 행정절차법 제38조에 따른 공청회가 행정청이 책임질 수 없는 사유로 개최되지 못하거나 개최는 되었으나 정상적으로 진행되지 못하고 무산된 횟수가 3회 이상인 경우, 행정청이 널리 의견을 수렴하기 위하여 온라인공청회를 단독으로 개최할 필요가 있다고 인정하는 경우에는 온라인공청회를 단독으로 개최할 수 있다(동법 제38조의2 제2항).

③ 의견제출

의견제출은 행정청이 주로 침익적 처분을 하는 경우 당사자 등에게 의견을 제시할 기회를 주는 절차로 청문이나 공청회에 해당하지 아니하는 것을 말한다(동법 제2조 제7호). 당사자 등은 처분 전에 그 처분에 대해 관할 행정청에 서면이나 말로 또는 정보통신망을 이용하여 의견제출을 할 수 있다(동법 제27조 제1항). 이 경우 그 주장을 입증하기 위한 증거자료 등을 첨부할 수 있다(동조 제2항).

3) 처분의 이유제시

행정청이 처분을 할 때 그 처분의 '근거'와 '이유'를 제시하여야 한다. 이러한 처분의 이유제시가 흠결되면 그 처분에 하자가 있게 된다. 그러나 행정절차법은 처분의 이유제시가 생략될 수 있는 경우를 규정하고 있다. 신청 내용을 모두 그대로 인정하는 처분인 경우, 단순·반복적인 처분 또는 경미한 처분으로서 당사자가 그 이유를 명백히 알 수 있는 경우, 긴급히 처분을 할 필요가 있는 경우에는 처분의 이유제시를 생략할 수 있다.

(2) 신고절차

행정절차법에는 신고절차를 규정하고 있다. 신고는 사인의 공법행위이며, 규제완화와 절차간소화를 위해 도입된 제도이다. 신고는 원칙적으로 사인이 행정청에 일정한 사항을 통지함으로써 그 효력이 발생한다. 그러나 우리나라에서는 행정청의 수리에 의해 신고의 효력이 발생하는 유형이 인정된다.

신고의 유형은 다양하다. 그러나 신고는 대체로 정보제공적 신고, 수리를 요하지 않는 신고(자기완결적 신고) 및 수리를 요하는 신고로 구분된다. 정보제공적 신고에는 화재신고나 교통사고 신고 등이 속한다. 자기완결적 신고는 본연의 신고이며, 행정절차법에서 그 절차를 규정하고 있다. 그런데 실무에서는 수리를 요하는 신고를 인정하고 있다. 이러한 신고를 '행위요건적 신고'라고 부르기도 한다. 그러나 수리 여부에 따른 구분이 어떤 실익이 있고, 양자의 구별기준은 무엇인지가 문제다.

실제 건축법상 건축신고는 종전에 수리를 요하지 않는 신고(자기완결적 신고)로 이해되었으나, 이후에 대법원이 그 건축신고의 반려에 대해 처분성을 인정함으로써 다시 논란이 되었다.[3] 대법원은 다시 인허가의제의 효과를 수반하는 건축신고를 "다른 건축신고와 달리" 수리를 요하는 신고로 판단하였다. 이 판결의 타당성을 별론으로 하고, 일반적인 건축신고가 자기완결적 신고인지가 다시 문제가 되었다. 이후 개별법령의 신고에 통지의무를 부과하는 사례가 늘었다. 또한 행정기본법 제34조도 수리를 요하는 신고를 규정하고 있다. 그러나 이러한 통지의무를 수리를 요하는 신고의 결정적인 판단기준이라고 보기는 어렵다. 수리를 요하는 신고는 신고제도의 본질에 부합하지 않는다. 절차간소화 제도의 개편이 절실하다.

(3) 행정상 입법예고절차

행정상 입법예고란 국민의 권리·의무 또는 일상생활과 밀접한 관련이 있는 법령 등을 제정·개정 또는 폐지하고자 할 때 해당 입법안의 제안을 주관하는 행정청이 이를 예고하는 것을 말한다. 주관 행정청은 법령의 입법안의 취지, 주요내용 또는 전문(全文)을 공고하여야 한다. 법령의 입법안을 입법예고하는 경우에는 관보 및 법제처장이 구축·제공하는 '법제정보시스템'을 통한 공고를 하여야 하며, 자치법규의 입법안을 입법예고하는 경우에는 '공보'를 통해 공고하여야 한다(행정절차법 제42조 제1항). 또한 추가로 인터넷, 신문 또는 방송 등을 통하여 이를 공고할 수도 있다. 입법예고기간은 특별한 사정이 없는 한 40일 이상으로 하고, 자치법규는 20일 이상으로 하고 있다(동법 제43조). 누구든지 예고된 입법안에 대하여 의견을 제출할 수 있다. 행정청은 입법안에 대한 공청회를 개최할 수 있다(동법 제45조 제1항).

---

3) 대법원 2010. 11. 18. 선고 2008두167 전원합의체 판결.

(4) 행정예고절차

행정예고는 국민의 법적 생활에 중요한 의미가 있는 정책, 제도 및 계획을 수립·시행하거나 변경할 경우 이를 예고하는 제도이다. 행정예고의 기간은 예고 내용의 성격 등을 고려하여 정하되, 특별한 사정이 없으면 20일 이상으로 하고 있다(행정절차법 제46조 제3항). 행정예고를 할 경우 행정청은 정책 등의 안(案)의 취지, 주요내용 등을 관보·공보나 인터넷·신문·방송 등을 통하여 공고하여야 한다(동법 제47조).

(5) 행정지도

행정지도는 "행정기관이 그 소관사무의 범위에서 일정한 행정목적을 실현하기 위하여 특정인에게 일정한 행위를 하거나 하지 아니하도록 지도, 권고, 조언 등을 하는 행정작용"을 말한다(행정절차법 제2조 제3호). 행정지도는 일정한 행정질서를 수립하기 위해 일정한 방향으로 유도하는 비권력적 사실행위이다. 행정지도에 법적 근거가 필요한지가 다투어지고 있다. 행정절차법에는 행정지도의 절차에 관한 규율을 두고 있다.

행정지도는 그 목적달성에 필요한 최소한도에 그쳐야 하며, 행정지도의 상대방의 의사에 반하여 부당하게 강요되어서는 아니 된다(동법 제48조 제1항). 또한 행정기관은 행정지도의 상대방이 행정지도에 응하지 아니하였다는 것을 이유로 불이익한 조치를 하여서는 아니 된다(동조 제2항).

위법한 행정지도에 대한 권리구제도 문제다. 판례는 행정지도의 처분성을 일관되게 부정하고 있다.[4] 그러나 헌법재판소는 규제적·구속적 성격의 행정지도에 대해 헌법소원을 인정하였다. 즉 대학총장들에 대한 교육인적자원부장관의 학칙시정요구를 행정지도의 일종으로 보고, 이에

4) 대법원 1980. 10. 27. 선고 80누395 판결; 대법원 1993. 10. 26. 선고 93누6331 판결.

대해 헌법소원의 대상을 인정하였다.[5)]

3. 절차상 하자와 그 치유

절차상 하자가 있는 행정행위의 효력에 대해 학설이 대립하고 있다. 판례에서는 청문, 공람 및 공고절차, 이유제시 등 절차상 하자에 대해 그 위법을 적극적으로 인정하고 있다. 그러나 최근에는 절차상 하자의 치유가 강조되고 있다. 예컨대 이유제시가 흠결된 행정처분은 원칙적으로 무효 또는 취소의 사유가 되지만, 사후추완을 통해 그 하자가 치유될 수 있다는 논의가 그러하다. 판례는 원칙적으로 하자의 치유를 부정하면서도, 행정행위의 무용한 반복을 피하고 법적 안정성을 위해 이를 제한적으로 인정하고 있다.[6)] 절차상 하자의 치유는 쟁송제기 전까지로 보는 견해가 지배적이다.

Ⅱ 행정조사

1. 행정조사의 의의 및 종류

행정조사는 대체로 "행정기관이 행정목적의 달성을 위해 필요한 정보나 자료 등을 수집하거나 조사하는 활동"을 말한다. 현대행정에서 행정조사는 행정결정을 위한 기초작업이다. 행정청의 결정을 위해 자료나 정보 등을 수집할 필요성이 인정되며, 행정조사는 공무원의 현장검증이나 질문·검사 등을 통해 이루어진다. 행정조사는 행정의 효율성을 위해 필요한 작업이지만, 개인의 프라이버시나 재산권(영업의 자유) 등을 침해할 수도 있다. 종전에는 즉시강제의 일환으로 다루어졌으나, 근래에는

---

5) 헌재 2003. 6. 26. 2002헌마337 등.
6) 대법원 2002. 7. 9. 선고 2001두10684 판결.

독자적인 성격이 강조된다. 또한 '정보행정법'을 포함하는 경우도 있다. 행정조사의 일반법으로는 '행정조사기본법'이 제정되어 있다. 그리고 다수의 개별법에도 행정조사에 관한 근거 규정이 있다(통계법 제5조의3, 식품위생법 제22조 등).

행정조사의 종류는 그 성질이나 대상 등에 따라 다양하다. 성질에 따라 권력적 행정조사와 비권력적 행정조사로 구분된다. 또한 그 대상에 따라 대인적 조사, 대물적 조사, 그리고 대가택조사로 구분하기도 한다. 그 밖에 개별적 조사와 집단적 조사, 구두에 의한 조사와 문서에 의한 조사로 구분될 수 있다.

2. 행정조사의 기본원칙

행정편의주의에 따른 행정조사의 중복과 남용 등을 방지하기 위해 행정조사의 기본원칙을 마련하고 있다. 먼저 행정조사는 행정목적을 달성하기 위해 적합하고 필요하며, 또한 상당하여야 한다(비례의 원칙). 조사목적을 달성하는데 필요한 최소한의 범위 안에서 실시하여야 하며, 다른 목적 등을 위해 조사권을 남용하여서는 아니 된다(행정조사기본법 제4조 제1항).

둘째, 행정기관은 중복조사를 하여서는 아니 된다(중복조사금지의 원칙). 행정기관은 유사하거나 동일한 사안에 대하여는 공동조사 등을 실시함으로써 행정조사가 중복되지 아니하도록 하여야 한다(동법 제4조 제3항). 셋째, 다른 법률에 따르지 아니하고는 행정조사의 대상자 또는 행정조사의 내용을 공표하거나 직무상 알게 된 비밀을 누설하여서는 아니된다(동조 제5항). 비밀누설금지의 원칙이다. 넷째, 행정조사로 얻은 정보를 목적외에 활용하는 것을 금지하고 있다(목적외 활용금지의 원칙). 행정기관은 행정조사를 통하여 알게 된 정보를 다른 법률에 따라 내부에서 이용하거나 다른 기관에 제공하는 경우를 제외하고는 원래의 조사목적 이외의 용도로 이용하거나 타인에게 제공하여서는 아니 된다(동조 제6항).

3. 행정조사의 한계

행정조사를 할 때 조사대상자에게 지나친 부담을 주거나 권익을 중대하게 침해해서는 아니 된다. 행정조사는 행정작용의 일환이므로 법령을 준수해야 하며, 비례의 원칙이나 평등원칙 등 행정법의 일반원칙을 위반하여서는 아니 된다. 위법한 행정조사에 기초한 행정처분이 위법한지가 문제된다. 법령을 중대하게 위반하거나 법령이 요구하는 요건을 간과하여 행정조사로 볼 수 없을 정도로 위법한 경우에는 그 행정처분은 위법하다.

행정조사에 반드시 영장이 필요한지가 문제다. 헌법 제12조 제3항은 압수·수색 등을 할 때에 법관이 발부한 영장을 제시하도록 규정하고 있다. 개별 법령에 법원이 발부한 영장이 필요하다고 규정한 경우에는 이에 의한다. 그러나 통상적인 행정조사(호구조사, 위생검사 등)에는 증표의 제시만으로 충분하다(식품위생법 제22조 제3항, 국세기본법 제76조 제3항 등).

공무원의 장부검사나 위생검사 등을 거부하는 경우 관계공무원이 실력을 행사하여 이를 강행할 수 있는지가 문제 된다. 상대방의 신체나 재산 등에 대한 직접적인 실력행사는 허용되지 않는다고 보는 것이 타당하다.

4. 권리구제

비권력적 행정조사는 처분성이 인정되지 아니하므로 항고소송의 대상이 아니다. 그러나 대법원은 세무조사결정에 대해 처분성을 인정하였다.[7] 공무원의 위법한 행정조사로 상대방에게 손해가 발생할 경우 국가나 지방자치단체를 상대로 국가배상을 청구할 수 있다. 즉시강제와 관련하여 행정조사에 대해 정당방위, 긴급피난 및 청원 등의 권리구제를 고려할 수 있다.

적법한 행정조사로 인하여 재산상 손실을 본 자가 손실보상을 청구할 수 있는지가 문제다. 개별법에 손실보상을 규정한 경우도 있다(행정조사기본법 제12조, 전기사업법 제90조 등). 그러나 측량·조사 등과 관련하여 발생한 손실에 대해 보상규정이 없는 경우에 손실보상을 청구할 수 있는지가 다투어진다. 이에 대해 헌법 제23조 제3항을 직접 적용할 수 있다는 견해(직접적용설), 헌법 제23조 제3항 및 헌법 제11조 등을 근거로 유추적용을 주장하는 견해(간접적용설), 해당 법률이 위헌·무효라는 견해(위헌무효설) 등이 대립하고 있다. 그 밖에 독일에서 유래된 수용유사적 침해이론이나 수용적 침해이론을 고려할 수 있다. 그러나 사실행위에 의한 재산권의 박탈은 공용수용의 요건에 해당하지 아니하므로 손실보상을 인정할 수 없다. 공용수용은 고권적 법률행위로 인한 재산권의 박탈에 해당하여야 한다. 따라서 사실행위에 의한 재산권의 박탈은 재산권의 사회적 기속 또는 재산권의 내용한계에 해당하며, 원칙적으로 손실보상을 청구할 수 없다. 그 재산권의 제한이 가혹하거나 예외적으로 비례의 원칙이나 평등원칙을 위반하는 경우에 한하여 개별법에 보상규정이 있는 경우에만 손실보상을 청구할 수 있다.

---

7) 대법원 2011. 3. 10. 선고 2009두23617 판결.

Ⅲ 개인정보보호

1. 개인정보보호의 의의 및 특징

현대사회에서 정보통신기술의 비약적 발전은 개인정보나 사생활 등을 중대하게 침해할 수 있다. 소셜미디어(Social Network Service)가 널리 사용되면서 개인정보나 프라이버시 등이 침해되고 있다. 종전에는 개인정보보호의 문제가 국가와 사인의 관계에서 발생하였지만, 오늘날에는 사인(예컨대 금융기관)과 사인 사이의 분쟁이 증가하고 있다. 개인정보보호에 관한 선진적인 입법례는 1974년에 제정된 미국의 프라이버시법(Privacy Act)이다. 독일에서는 1977년 연방데이터보호법이 제정되었으나, 1983년 연방헌법재판소의 인구조사판결에서 위헌결정을 받았다. 우리나라에서는 1994년 '공공기관의 개인정보보호에 관한 법률'이 제정되었지만, 2011년 공공부문 외에 민간부문을 포함하여 '개인정보보호법'이 제정되었다. 2016년 유럽연합에서는 '데이터보호기본령(General Data Protection Regulation, GDPR)'이 제정되었다.

개인정보보호는 '개인정보자기결정권'에 기초하고 있다. 개인정보자기결정권은 독일 연방헌법재판소의 인구조사판결에서 유래되었다. 독일에서는 개인정보자기결정권의 헌법적 근거를 독일 기본법 제1조 제1항의 인간의 존엄권, 제2조 제1항의 일반적 인격권에서 찾고 있다. 우리나라에서는 개인정보자기결정권의 헌법적 근거를 헌법 제10조의 인간의 존엄과 가치에서 찾는 견해, 헌법 제17조에 규정된 사생활의 비밀과 자유에서 찾는 견해, 헌법 제10조와 헌법 제16조(주거의 자유) 및 헌법 제18조(통신의 자유) 등의 규정에서 보장되는 포괄적 권리라고 보는 견해가 대립하고 있다. 대법원은 대체로 헌법 제17조(사생활의 비밀과 자유)와 헌법 제10조(인간의 존엄과 가치 및 행복추구권)에서 찾고 있다.[8)] 헌법재판소의 판례는 일관적이지 않다. 헌법재판소는 서울특별시 교육감 등이 졸업생의 성명, 생년월일 및 졸업일자 정보를 교육정보시스템(NEIS)에 보유하는 것과 관련하여, 개인정보자기결정권을 헌법 제10조와 헌법 제17조에서 보장되는 권리로 결정하였다.[9] 그러나 지문날인제도의 위헌성과 관련된 주민등록법 제17조의8 등 위헌소원에서는 개인정보자기결정권을 헌법에 명시되지 아니한 기본권으로 본 사례도 있다.[10]

2. 개인정보보호법의 주요내용

(1) 개인정보의 보호원칙과 정부주체의 권리보장

개인정보보호법은 개인정보의 처리 및 보호에 관한 사항을 정하여 개인의 자유와 권리를 보호하고 개인의 존엄과 가치를 구현하는 것을 목적으로 한다. 개인정보보호법 제3조는 개인정보의 보호원칙을 규정하고 있다. 첫째, 개인정보처리자는 개인정보의 처리 목적을 명확하게 하여야 하고, 그 목적에 필요한 범위에서 최소한의 개인정보만을 적법하고 정당하게 수집하여야 한다. 둘째, 개인정보의 처리 목적에 필요한 범위에서 개인정보의 정확성, 완전성 및 최신성이 보장되도록 하여야 한다. 셋째, 개인정보처리자는 정보주체의 권리가 침해받을 가능성과 그 위험정보를 고려하여 개인정보를 안전하게 관리하여야 한다. 넷째, 개인정보처리자는 정보주체의 사생활침해를 최소화하여야 한다.

개인정보보호법에는 정보주체의 권리를 보장하고 있다. 즉 정보주체의 권리에는 ① 개인정보의 처리에 관한 정보를 제공받을 권리, ② 개인정보의 처리에 관한 동의 여부, 동의 범위 등을 선택하고 결정할 권리, ③ 개인정보의 처리 여부를 확인하고 개인정보에 대한 열람(사본의

---

8) 대법원 1998. 7. 24. 선고 96다42789 판결.
9) 헌재 2005. 7. 21. 2003헌마282 등.
10) 헌재 2005. 5. 26. 99헌마513 등.

발급을 포함한다. 이하 같다) 및 전송을 요구할 권리, ④ 개인정보의 처리 정지, 정정·삭제 및 파기를 요구할 권리, ⑤ 개인정보의 처리로 인하여 발생한 피해를 신속하고 공정한 절차에 따라 구제받을 권리, ⑥ 완전히 자동화된 개인정보 처리에 따른 결정을 거부하거나 그에 대한 설명 등을 요구할 권리가 있다(동법 제4조).

(2) 정보주체의 동의

개인정보처리자는 원칙적으로 개인정보를 수집·이용할 경우에는 정보주체의 동의를 얻어야 한다. 개인정보보호법에는 이러한 정보주체의 동의를 받은 경우 외에도 일정한 경우에 개인정보를 수집·이용할 수 있다. 즉 ① 법률에 특별한 규정이 있거나 법령상 의무를 준수하기 위하여 불가피한 경우, ② 공공기관이 법령 등에서 정하는 소관 업무의 수행을 위하여 불가피한 경우, ③ 정보주체와 체결한 계약을 이행하거나 계약을 체결하는 과정에서 정보주체의 요청에 따른 조치를 이행하기 위하여 필요한 경우, ④ 명백히 정보주체 또는 제3자의 급박한 생명·신체·재산의 이익을 위하여 필요하다고 인정되는 경우, ⑤ 개인정보처리자의 정당한 이익을 달성하기 위하여 필요한 경우로서 명백하게 정보주체의 권리보다 우선하는 경우, ⑥ 공중위생 등 공공의 안전과 안녕을 위하여 긴급히 필요한 경우가 그러하다. 또한 2020년 2월 4일 개인정보보호법의 개정으로 정보주체의 동의가 없는 경우에도 개인정보처리자가 개인정보를 이용할 수 있는 규정이 도입되었다. 즉 개인정보처리자는 당초 수집 목적과 합리적으로 관련된 범위에서 정보주체에게 불이익이 발생하는지 여부, 암호화 등 안전성 확보에 필요한 조치를 하였는지 여부 등을 고려하여 대통령령으로 정하는 바에 따라 정보주체의 동의 없이도 개인정보를 이용할 수 있다.

개인정보보호법은 개인정보의 목적 외 이용·제공을 제한하고 있다.

개인정보처리자는 개인정보를 법률에서 정한 범위를 초과하여 이용하거나 제3자에게 제공하여서는 아니 된다(동법 제18조 참조). 개인정보처리자는 개인정보의 보유기간의 경과, 개인정보의 처리 목적 달성, 가명정보의 처리 기간 경과 등 그 개인정보가 불필요하게 되었을 때에는 지체 없이 그 개인정보를 파기하여야 한다.

(3) 개인정보의 처리제한 – 민감정보, 주민등록번호, 가명정보 등

개인정보처리자는 민감정보나 고유식별정보를 처리하여서는 아니 된다(개인정보보호법 제23조 제1항 및 제24조 제1항). 민감정보란 "사상·신념, 노동조합·정당의 가입·탈퇴, 정치적 견해, 건강, 성생활 등에 관한 정보, 그 밖에 정보주체의 사생활을 현저히 침해할 우려가 있는 개인정보로서 대통령령이 정하는 정보"를 말한다.

개인정보유출에서 문제가 된 것은 '주민등록번호'의 보호이다. 개인정보처리자는 개인정보보호법 제24조의2 제1항 각호에서 정하는 경우를 제외하고 주민등록번호를 처리할 수 없다. 또한 개인정보보호법에는 주민등록번호의 보호를 위해 암호화 조치에 관한 규정을 두고 있다. 즉 개인정보처리자는 주민등록번호가 분실, 도난, 유출, 위조, 변조 또는 훼손되지 아니하도록 암호화 조치를 통하여 안전하게 보관하여야 한다(동법 제24조의2 제2항).

개인정보처리자는 통계작성, 과학적 연구, 공익적 기록보존 등을 위하여 정보주체의 동의 없이 '가명정보'를 처리할 수 있다(개인정보보호법 제28조의2). 그러나 가명정보를 제3자에게 제공하는 경우에는 특정 개인을 알아보기 위하여 사용될 수 있는 정보를 포함해서는 아니 된다. 개인정보보호법에는 가명정보의 결합제한(제28조의3), 가명정보에 대한 안전조치의무(제28조의4) 등을 규정하고 있다.

(4) 제재수단으로서 과징금제도의 도입

개인정보보호법에는 개인정보처리자에 대한 제재수단으로 과징금제도를 도입하고 있다. 최근 2023년 3월 14일 개인정보보호법의 개정에 의해 제64조의2를 신설하고, 흩어져 있던 과징금 규정을 통합적으로 규율하고 있다. 위반행위에 대한 상한액을 전체 매출액의 100분의 3을 초과하지 아니하는 범위에서 과징금을 부과할 수 있다고 규정하고 있다.

3. 개인정보보호와 권리구제

(1) 개인정보 분쟁조정제도

개인정보보호법에는 개인정보유출로 인한 권리구제수단으로 개인정보 분쟁조정제도, 개인정보 단체소송 및 손해배상 등에 관한 규정을 별도로 마련하고 있다. 개인정보 분쟁조정위원회는 개인정보보호위원회에 소속되어 있다. 분쟁조정위원회는 조정 전 합의를 권고할 수도 있다(동법 제46조). 분쟁조정위원회는 조사대상 침해행위의 중지, 원상회복, 손해배상 기타 필요한 구제조치 등을 포함한 조정안을 작성할 수 있다(동법 제47조 제1항). 조정안을 제시받은 당사자가 제시받은 날부터 15일 이내에 수락 여부를 알리지 아니하면 조정을 수락한 것으로 본다(동조 제3항). 조정의 내용은 재판상 화해와 동일한 효력을 갖는다(동조 제5항). 정보주체의 피해 또는 권리침해가 다수의 정보주체에게 같거나 비슷한 유형으로 발생하는 경우로서 대통령령으로 정하는 사건에 대하여는 집단분쟁조정을 의뢰 또는 신청할 수 있다(동법 제49조).

(2) 개인정보 단체소송

개인정보보호법에는 권리침해행위의 금지·중지를 구하는 개인정보 단체소송을 규정하고 있다. 개인정보 단체소송은 집단분쟁조정을 거부하거나 집단분쟁조정의 결과를 수락하지 아니한 경우에 허용된다. 단체소송의 원고는 일정한 요건을 갖춘 '소비자단체' 또는 '비영리민간단체'에 제한된다(동법 제51조 참조).

(3) 손해배상

개인정보보호법은 징벌적 손해배상제 및 법정손해배상제를 도입하여 개인정보 유출 등에 따른 피해구제를 강화하고 있다(동법 제39조, 제39조의2). 정보주체가 손해배상을 청구한 경우, 개인정보처리자는 고의 또는 과실이 없음을 입증하지 아니하면 책임을 면할 수 없다(동법 제39조 제1항). 또한 개인정보처리자의 고의 또는 중대한 과실로 인하여 개인정보가 분실·도난·유출·위조·변조 또는 훼손되어 정보주체에게 손해가 발생할 경우 법원은 그 손해액의 5배를 넘지 아니하는 범위에서 손해배상액을 정할 수 있다. 다만, 개인정보처리자가 고의 또는 중대한 과실이 없음을 증명한 경우에는 그러하지 아니하다(동조 제3항). 종전에는 3배였으나 5배로 상향되었다. 이러한 규정에도 불구하고 개인정보보호법에는 별도의 법정손해배상 청구에 관한 규정을 두고 있다. 즉 개인정보처리자의 고의 또는 과실로 인하여 개인정보가 분실·도난·유출·위조·변조 또는 훼손된 경우에는 300만원 이하의 범위에서 상당한 금액을 손해액으로 하여 배상을 청구할 수 있다.

개인정보보호법 제39조의 손해배상규정이 민사상 손해배상만을 의미하는지는 명확하지 않다. 그러나 국가나 지방자치단체에 소속된 공무원의 위법한 직무행위로 손해가 발생한 경우 정보주체는 국가배상법 제2조에 근거하여 국가배상을 청구할 수도 있다. 또한 행정기관이 보유하고 있는 전산장비의 설치·관리상의 하자로 인하여 개인정보가 다량으로 유출된 경우에 국가배상법 제5조에 의한 국가배상청구도 가능하다.

(4) 행정쟁송

개인정보보호법에는 행정쟁송에 관한 규정이 없다. 구 공공기관의 개인정보보호에 관한 법률 제15조 제1항에는 이에 관한 규정이 있었으나, 지금은 삭제되었다. 그러나 해석상 공공기관의 장이 한 처분 또는 부작위로 인하여 권리 또는 이익의 침해를 받은 경우 행정심판 또는 행정소송의 가능성은 열려 있다.

Ⅳ 정보공개

1. 정보공개의 의의 및 특징

행정의 투명성과 공정성을 확보하기 위해 정보공개가 강조된다. 정보공개는 행정의 민주성을 확보하는 중요한 수단이다. 정보공개란 "공공기관 등이 보유하는 문서나 전자매체 등에 기록된 사항을 열람하게 하거나 그 사본 또는 복제물을 제공하는 것" 등을 말한다. 전자정부의 발달로 정보통신망을 통하여 이러한 정보를 제공하는 것도 포함된다. 정보공개의 문제는 정보에 대한 접근(access to information)이 요체다.

행정의 정보공개에 관한 헌법적 근거는 헌법상 '알권리'이다. 알권리의 근거에 대해 견해가 대립한다. 헌법 제10조(인간의 존엄과 가치)를 주장하거나 절충설도 있지만, 판례는 헌법 제21조 제1항(언론·출판의 자유)에서 그 근거를 찾고 있다.[11] 정보공개와 관련하여 법률 차원에서 '공공기관의 정보공개의 관한 법률'(이하 "정보공개법"이라 한다)이 제정되어 있고, 지방자치단체에서도 행정정보공개에 관한 조례를 제정하고 있다. 정보공개와 관련하여 다른 법률에 규정이 있는 경우를 제외하고는 '정

---

11) 헌재 1986. 9. 4. 88헌마22.

보공개법'이 적용된다.

2. 정보공개의 절차

정보공개법에 따르면, 정보의 보유주체는 '공공기관'이다. 공공기관에는 국가기관, 지방자치단체, 공공기관의 운영에 관한 법률 제2조에 따른 공공기관, 지방공기업법에 따른 지방공사 및 지방공단 그 밖에 대통령령으로 정하는 기관이 있다. 그 밖에 대통령령으로 정하는 기관에는 '특별법에 의하여 설립된 특수법인'도 있다. 한국방송공사(KBS)는 이러한 특수법인에 해당한다.[12] 정보공개청구권자는 이해관계가 없는 모든 사람이다. 그런 점에서 "만인(萬人)의 청구권"이라고도 부른다. 외국인도 일정한 요건 하에 정보공개청구권자가 될 수 있다(국내에 주소를 두고 거주하는 경우, 학술·연구를 위해 일시적으로 체류하는 사람 등).

정보공개는 일정한 사항을 기재한 정보공개청구서를 청구하거나 말로써 할 수 있다. 공공기관은 이러한 청구를 받은 날부터 10일 이내에 공개여부를 결정하여야 한다. 부득이한 사유가 있을 때에는 그 기간의 만료일 다음 날부터 기산하여 그 결정기간을 연장할 수 있다. 공공기관은 공개대상이 된 정보의 전부 또는 일부가 제3자와 관련이 있다고 인정되면 그 사실을 제3자에게 지체 없이 통지하여야 한다. 정보공개청구의 남용을 방지하기 위해 반복청구에 대해서는 종결처리를 할 수 있다. 공개를 청구한 정보가 비공개대상 부분과 공개부분이 혼합되어 있으면 양자를 분리하여 '부분공개'를 할 수 있다. 공공기관에는 대체로 '정보공개심의회'를 설치·운영한다. 정보공개는 원본을 열람하는 경우도 있지만, 원본의 오손·파손 등을 방지하기 위해 사본이나 복제물을 교부하는 경우가 적지 않다. 정보의 공개 및 우송 등에 소요되는 비용은 실비

12) 대법원 2010. 12. 23. 선고 2008두13392 판결.

의 범위에서 청구인이 부담한다.

3. 비공개대상

정보공개법 제9조에는 비공개대상을 규정하고 있다(동조 제1항). 다만, 공공기관은 기간의 경과 등으로 인하여 비공개의 필요성이 없어진 경우에는 그 정보를 공개대상으로 하여야 한다(동조 제2항). 비공개대상에 해당하지 않는 공공기관의 정보는 원칙적으로 공개되어야 한다. 비공개대상의 정보는 다음과 같다.

(1) 법령에 의해 비공개대상으로 규정된 정보

다른 법률 또는 법률이 위임한 명령(국회규칙·대법원규칙·헌법재판소규칙·중앙선거관리위원회규칙·대통령령 및 조례로 한정한다)에 따라 비밀이나 비공개사항으로 규정된 정보에 대해서는 공개하지 아니할 수 있다(정보공개법 제9조 제1항 제1호). 대법원은 검찰청법에 따라 법무부령으로 제정된 '검찰보존사무규칙'을 법규적 효력이 없는 사무처리준칙으로 보아 '법률이 위임한 명령'에 해당하지 않는다고 판단하였다.[13] 대법원은 국가정보원이 직원에게 지급하는 현금급여 및 월초수당에 관한 정보도 비공개대상이라고 판단하였다.[14] 또한 대법원은 학교폭력과 관련된 자치위원회의 회의록도 비공개대상에 해당한다고 보았다.[15]

(2) 국가의 중대한 이익에 관한 정보

국가안전보장·국방·통일·외교관계 등 국가의 중대한 이익에 관한 정보는 비공개대상이다(정보공개법 제9조 제1항 제2호). 보안관찰법 소정의

---

13) 대법원 2006. 5. 25. 선고 2006두3049 판결.
14) 대법원 2010. 12. 23. 선고 2010두14800 판결.
15) 대법원 2010. 6. 10. 선고 2010두2913 판결.

보안관찰 관련 통계자료가 이러한 비공개대상에 해당되는지가 문제되었으나, 대법원은 이를 긍정하였다.[16] 그러나 이 판결의 반대의견은 비공개대상에 해당하지 아니한다고 판단하였다.

(3) 국민의 생명·신체 및 재산에 관한 정보

국민의 생명·신체 및 재산에 현저한 지장을 초래할 우려가 있다고 인정되는 정보는 비공개대상에 해당한다고 보고 있다(정보공개법 제9조 제1항 제3호). 전술한 사건에서 보안관찰 관련 통계자료가 국민의 생명·신체 및 재산에 현저한 지장을 초래할 우려가 있다고 인정되는 정보에 해당하여 비공개대상이라고 판단하였다.

(4) 진행 중인 재판 또는 형사절차에 관한 정보

진행 중인 재판에 관련된 정보와 범죄의 예방, 수사, 공소의 제기 및 유지, 형의 집행, 교정(矯正), 보안처분에 관한 사항으로서 공개될 경우 그 직무수행을 현저히 곤란하게 하거나 형사피고인의 공정한 재판을 받을 권리를 침해한다고 인정할 만한 상당한 이유가 있는 정보는 비공개대상이다(정보공개법 제9조 제1항 제4호). 여기서 '재판에 관련된 정보'란 "진행 중인 재판의 심리 또는 재판결과에 구체적으로 영향을 미칠 위험이 있는 정보"에 한정된다.[17]

(5) 행정내부과정에 관한 정보

감사·감독·검사·시험·규제·입찰·계약·기술개발·인사관리에 관한 사항이나 의사결정과정 또는 내부검토과정에 있는 사항 등으로 공개될 경우 업무의 공정한 수행이나 연구·개발에 현저한 지장을 초래한다고 인정할 만한 상당한 이유가 있는 정보는 비공개대상이다(정보공개법 제9조

---

16) 대법원 2004. 3. 18. 선고 2001두8254 전원합의체 판결.
17) 대법원 2011. 11. 24. 선고 2009두19021 판결.

제1항 제5호).

대법원은 연구목적으로 정보공개가 청구된 경우에 '2002학년도부터 2005학년도까지의 대학수학능력시험 원데이터'가 비공개대상정보에 해당하지 않는다고 판시하였다.[18] 또한 사법시험 제2차 시험의 답안지 열람도 사법시험업무의 수행에 현저한 지정을 초래한다고 볼 수 없다고 판단하였다.[19]

(6) 사생활의 비밀 또는 자유에 관한 정보

개인정보보호법에 따른 '개인정보'로서 공개될 경우 사생활의 비밀 또는 자유를 침해할 우려가 있다고 인정되는 정보는 비공개대상이다(정보공개법 제9조 제1항 제6호).

(7) 경영상·영업상 비밀

경영상·영업상 비밀에 관한 사항으로서 공개될 경우 법인 등의 정당한 이익을 현저히 해칠 우려가 있다고 인정되는 정보는 비공개대상이다(정보공개법 제9조 제1항 제7호). 영업상 비밀은 "사업활동에 관한 일체의 비밀사항"을 말한다. 그러나 이러한 영업상 비밀에 해당하더라도 이를 공개하는 것이 법인 등의 정당한 이익을 현저히 해칠 우려가 있어야 한다. 여기서 말하는 정당한 이익에는 법인 등의 영업상의 정보나 신용, 고유한 생산기술 등이 포함된다. 대법원은 한국방송공사(KBS)의 '수시집행 접대성 경비'에 관한 자료가 이러한 경영·영업상 비밀에 해당하나 정당한 이익을 현저히 해할 우려는 없다고 판단하였다.[20] 그러나 법인 등이 거래하는 금융기관의 계좌번호는 영업상 비밀에 해당하며 비공개대상이라고 판단하였다.[21]

---

18) 대법원 2010. 2. 25. 선고 2007두9877 판결.
19) 대법원 2003. 3. 14. 선고 2000두6114 판결.
20) 대법원 2008. 10. 23. 선고 2007두1798 판결.

(8) 특정인에게 이익이나 불이익을 줄 우려가 있는 정보

부동산 투기·매점매석 등으로 특정인에게 이익 또는 불이익을 줄 우려가 있는 정보는 비공개대상이다(정보공개법 제9조 제1항 제8호).

4. 권리구제(행정쟁송)

공공기관의 처분(비공개결정 또는 부분공개결정)으로 권리 또는 이익의 침해를 받은 때에는 결정통지를 받은 날부터 30일 이내에 정보공개심의회에 이의신청을 할 수 있다. 아무런 결정이 없으면 정보공개 청구 후 20일이 경과한 날부터 30일 이내에 이의신청을 할 수 있다. 이러한 이의신청에서 권리구제를 받지 못할 경우 청구인은 행정심판을 청구하거나 행정소송을 제기할 수 있다. 청구인은 이의신청 절차를 거치지 아니하고 행정심판을 곧바로 청구하거나 또는 행정소송을 제기할 수도 있다.

21) 대법원 2003. 4. 22. 선고 2002두9391 판결.

제8장

행정의 실효성확보수단

I 행정상 강제집행

1. 행정상 강제집행의 의의 및 근거

행정상 강제집행은 대체로 "행정주체가 의무자의 신체 또는 재산에 실력을 행사하여 행정법상의 의무를 이행시키거나 그 이행이 있는 것과 같은 상태를 실현하는 행정작용"을 말한다. 행정상 강제집행이 인정되기 위해서는 행정상 의무의 존재와 그 불이행이 필요하다. 행정상 즉시강제에는 이러한 요건이 필요하지 않다는 점에서 행정상 강제집행과 구별된다. 또한 행정벌은 과거의 의무위반이나 비행에 대한 제재이지만, 행정상 강제집행은 장래에 향하여 그 의무이행을 강제하는 것이다.

종전에는 행정상 강제집행의 근거를 행정주체의 명령권에서 찾는 견해도 있었지만, 지금은 그 법적 근거가 별도로 필요하다는 견해가 지배적이다. 행정대집행에 관한 일반법으로 행정대집행법이 있으며, 금전징수에 관한 일반법으로 국세징수법이 있다. 직접강제와 이행강제금은 개별법에서 별도로 규율하고 있다. 한편, 행정기본법 제30조 이하에서도 행정상 강제에 관한 규정을 두고 있다. 행정상 강제집행에는 행정대집행, 직접강제, 이행강제금 및 강제징수가 있다.

2. 행정상 강제집행의 종류

(1) 행정대집행

1) 대집행의 의의 및 법률관계

행정대집행이란 의무자가 대체적 작위의무를 이행하지 않은 경우에 행정청이 상대방의 의무를 직접 행하거나 또는 제3자로 하여금 그 이행이 있었던 것과 같은 상태를 실현시키는 것을 말한다. 행정청이 스스로 집행하는 경우를 '자기집행'이라 하고, 제3자가 집행하는 경우를 '타자집행'이라 한다. 전자는 공법상의 법률관계에 해당한다. 후자의 경우 대집행의 법률관계는 ① 행정청과 제3자의 관계, ② 제3자와 의무자의 관계, 그리고 ③ 행정청과 의무자의 관계로 구분된다. ①의 경우 사법상 도급계약에 의한 사법관계의 성질을 가진다. ②의 경우 아무런 법률관계가 존재하지 않으며, 의무자는 대집행의 실행에 대해 수인의무를 진다. ③의 경우에는 공법관계의 성질을 가진다. 행정청은 대집행의 실행에 따른 공법상 비용상환을 청구할 수 있다.

2) 대집행의 요건

대집행의 주체는 '당해 행정청'이다. 대집행이 성립하기 위해서는 첫째, '대체적 작위의무'의 불이행이 있어야 한다. 즉 타인이 대신하여 행할 수 있는 의무를 이행하지 않는 경우에 대집행이 허용된다. 부작위의무(금지의무)나 수인의무를 이행하지 않는 것은 대집행의 대상이 아니다. 토지나 가옥의 명도도 대집행의 대상이 아니다. 둘째, 대집행은 다른 수단으로써 그 이행을 확보하기가 곤란하여야 한다. 셋째, 그 불이행을 방치함이 심히 공익을 해할 것으로 인정되어야 한다. 대집행의 요건이 충족될 경우 행정청은 대집행의 실행을 결정할 수 있다. 이러한 대집행 결정의 법적 성질에 대해 견해가 대립하고 있지만, 그 특성에 비추어 재량행위에 해당한다고 보아야 한다. 다만, 중대한 공익상의 이유가 있거나 국민의 생명·신체 등에 대한 현저한 위험이 있는 등 긴급한 상황에서는 행정청의 재량이 감축될 수 있다.

3) 대집행의 절차

대집행의 절차는 계고, 대집행영장의 통지, 대집행의 실행 및 비용징수의 4단계로 진행된다. 대집행을 하기 위해서는 상당한 이행기간을 정하여 그 기한까지 이행하지 않을 때에는 대집행을 한다는 뜻을 문서로써 계고한다. 종전에는 이를 소위 준법률행위적 행정행위로 파악하였으나, 근래에는 하명으로 보는 견해가 유력하다. 대집행의 계고를 받고도 이를 이행하지 아니하면 대집행영장을 발부한다. 대집행영장에는 대집행의 시기, 대집행책임자의 성명 및 대집행비용의 개산액이 포함되어야 한다. 대집행은 현장의 집행책임자에 의해 실행되며, 대집행의 실행은 권력적 사실행위의 성질을 가진다. 대집행에 소용된 비용에 대해서는 납기일을 정해 의무자에게 그 납부를 명하고, 이를 납부하지 않을 때에는 국세징수법의 예에 따라 강제징수를 한다.

4) 대집행의 한계

행정대집행에 있어서도 법령을 준수하여야 하며, 비례의 원칙이나 평등원칙을 준수하여야 한다. 행정대집행법은 일몰 후나 일출 전에는 원칙적으로 대집행을 불허하고 있다(동법 제4조). 위법한 대집행의 계고에 대해서는 행정심판 또는 행정소송을 제기할 수 있다.

(2) 이행강제금

이행강제금이란 "의무자가 행정상 의무를 불이행한 경우에 행정청이 적절한 이행기간을 부여하고 그 기한까지 행정상 의무를 이행하지 아니하면 금전급부의무를 부과하는 것"을 말한다(행정기본법 제30조 제1항 제

1호). 이행강제금은 대체할 수 없는 작위의무, 수인의무, 부작위의무에 대해서도 부과되지만 대체적 작위의무에 대해 대집행이 행해지지 않는 경우에도 허용된다. 이행강제금은 금전적 제재수단이지만, (행정)형벌이 아니라 장래의 이행을 강제하는 수단이다.

이행강제금은 건축법 제80조에 규정되어 있다. 허가권자가 건축법상 위반건축물에 대해 시정명령을 내린 후 그 기간 내에 이를 이행하지 아니하면, 허가권자는 건축주 등에 대해 이행강제금을 부과한다. 이행강제금의 부과는 문서로써 계고한다. 이행강제금은 그 행정상 의무를 이행할 때까지 반복하여 부과될 수 있다. 건축법 제80조 제5항은 최초의 시정명령이 있었던 날을 기준으로 1년에 2회 이내의 범위에서 해당 지방자치단체의 조례로 정하는 횟수만큼 그 시정명령이 이행될 때까지 반복하여 이행강제금을 부과·징수될 수 있다고 규정하고 있다. 이행강제금은 가중되거나 감경될 수도 있다. 구 건축법에는 이행강제금의 부과처분에 대한 불복을 비송사건절차법에 의하도록 하였으나, 지금은 해당 조항이 삭제되었다. 이로써 이행강제금 부과처분에 대해 행정심판 또는 행정소송을 제기할 수 있게 되었다.

(3) 직접강제

직접강제란 행정상 의무의 불이행이 있는 경우에 의무자의 신체나 재산에 직접 실력을 행사하여 그 의무의 이행이 있었던 것과 같은 상태를 실현하는 강제집행의 수단이다. 직접강제는 행정대집행이나 이행강제금 부과의 방법으로 행정상 의무 이행을 확보할 수 없거나 그 실현이 불가능한 경우에 실시되어야 한다(행정기본법 제32조 제1항). 직접강제는 대체적 작위의무뿐만 아니라 비대체적 작위의무·부작위의무 또는 수인의무 등의 불이행에 대해서도 실행될 수 있다. 이러한 직접강제는 위생, 안전, 환경 등의 분야에서 규정되어 있다(공중위생관리법 제11

조, 식품위생법 제72조 등). 그 수단으로는 영업소폐쇄, 폐기처분이나 폐기명령 등이 있다. 직접강제는 개인의 기본권을 중대하게 침해할 수 있으므로 법령에 정한 절차를 준수해야 할 뿐만 아니라, 비례의 원칙을 위반해서도 아니 된다.

(4) 행정상 강제징수

1) 강제징수의 의의 및 근거

행정상 강제징수란 "행정법상 금전급부의 불이행이 있는 경우에 의무자의 재산에 실력을 행사하여 의무의 이행이 있었던 것과 같은 상태를 실현하는 작용"을 말한다. 즉 금전급부의 불이행에 대한 강제수단이다. 대표적인 근거 법률로는 '국세징수법'이 있다. 국세징수법상 강제징수절차는 독촉 및 체납처분으로 이해되었다. 또한 체납처분절차는 다시 재산의 압류, 압류재산의 매각, 청산의 3단계로 구분되었다. 그러나 국세징수법의 개정에 의해 '체납처분'이라는 용어는 '강제징수'로 변경되었다(동법 제3조, 제24조 참조).

2) 강제징수의 절차

① 독촉이란 상당한 이행기간을 정하여 국세 등의 납부의무 이행을 최고(催告)하고 그 의무가 이행되지 않을 경우에 강제징수를 한다는 의미의 통지행위이다. 이러한 독촉을 종전에는 '준법률행위적 행정행위'로 보았으나, 근래에는 이를 '하명'으로 보는 견해가 유력하다.

② 재산의 압류는 의무자의 재산에 대해 사실상 또는 법률상의 처분을 금지하고 그 의무자의 재산을 확보하는 강제보전행위이다. 금전적 가치가 있고 양도할 수 있는 의무자 소유의 재산은 모두 압류대상이다. 부동산, 동산 및 무체재산권을 불문한다. 다만, 의무자의 생필품의 압류를 금지하고, 급료·연금·임금·봉급 등 이와 비슷한 성질을 가진 급여채

권에 대하여 그 총액의 2분의 1에 해당하는 금액은 압류되지 못한다(국세징수법 제41조 및 제43조 제1항).

③ 매각은 압류재산을 금전으로 환가하는 것이다. 매각은 공매(입찰 또는 경매)를 원칙으로 하나, 일정한 경우에는 예외적으로 수의계약의 방식으로도 할 수 있다. 관할 세무서장은 한국자산관리공사에 공매 등을 대행할 수도 있지만, 그 공매는 세무서장이 한 것으로 본다(동법 제103조 제1항). 체납자 등에 대한 공매통지는 행정처분이 아니다.

④ 청산이라 함은 체납처분에 의하여 수령한 금전을 압류재산에 관계되는 체납액, 교부청구를 받은 체납액·지방세 또는 공과금, 담보채권 및 체납자에게 배분하는 것을 말한다.

한편, 관할 세무서장은 체납자가 국세청장이 성실납세자로 인정하는 기준에 해당하는 경우, 재산의 압류나 압류재산의 매각을 유예함으로써 체납자가 사업을 정상적으로 운영할 수 있게 되어 체납액의 징수가 가능하게 될 것이라고 관할세무서장이 인정하는 경우에는 강제징수에 의한 재산의 압류나 압류재산의 매각을 유예할 수 있다(동법 제105조 제1항).

3) 행정상 강제징수에 대한 불복수단

독촉이나 체납처분 등의 강제징수조치가 위법 또는 부당하다고 인정되는 경우에는 행정쟁송절차에 따라 그 취소 또는 변경을 청구할 수 있다. 국세기본법에는 특별행정심판절차를 규정하고 있다. 즉 처분에 대해 이의신청 외에 심사청구 또는 심판청구를 제기할 수 있다. 이는 필수적 전심절차이다. 이러한 전심절차를 거치지 아니한 채 과세처분의 취소를 청구하는 행정소송을 제기하는 것은 부적법하다.[1] 과세처분에 중대하고 명백한 하자가 있어 무효이면 그 집행절차인 체납처분도 무효

1) 대법원 1987. 9. 22. 선고 87누383 판결.

이다. 그리고 과세처분 이후 그 근거 법률의 규정이 헌법재판소에 의해 위헌으로 결정된 경우, 그 조세채권의 집행을 위한 압류처분도 당연무효이다.[2]

> "위헌결정의 기속력과 헌법을 최고규범으로 하는 법질서의 체계적 요청에 비추어 국가기관 및 지방자치단체는 위헌으로 선언된 법률규정에 근거하여 새로운 행정처분을 할 수 없음은 물론이고, 위헌결정 전에 이미 형성된 법률관계에 기한 후속처분이라도 그것이 새로운 위헌적 법률관계를 생성·확대하는 경우라면 이를 허용할 수 없다. 따라서 조세 부과의 근거가 되었던 법률규정이 위헌으로 선언된 경우, 비록 그에 기한 과세처분이 위헌결정 전에 이루어졌고, 과세처분에 대한 제소기간이 이미 경과하여 조세채권이 확정되었으며, 조세채권의 집행을 위한 체납처분의 근거규정 자체에 대하여는 따로 위헌결정이 내려진 바 없다고 하더라도, 위와 같은 위헌결정 이후에 조세채권의 집행을 위한 새로운 체납처분에 착수하거나 이를 속행하는 것은 더 이상 허용되지 않고, 나아가 이러한 위헌결정의 효력에 위배하여 이루어진 체납처분은 그 사유만으로 하자가 중대하고 객관적으로 명백하여 당연무효라고 보아야 한다." (대법원 2012. 2. 16. 선고 2010두10907 전원합의체 판결)

Ⅱ 행정상 즉시강제

1. 행정상 즉시강제의 의의 및 근거

행정상 즉시강제는 "현재의 급박한 행정상의 장해를 제거하기 위하여 필요한 경우 또는 미리 행정상의 의무를 명하는 것만으로 행정목적

2) 대법원 2012. 2. 16. 선고 2010두10907 전원합의체 판결.

을 달성하기 어려운 경우에 상대방의 신체나 재산에 실력을 행사하여 그 행정목적을 실현하는 것"을 말한다(행정기본법 제30조 제1항 제5호 참조). 종전에는 행정상 즉시강제의 이론적 근거를 긴급권에서 찾는 견해도 있었지만, 근래에는 인권보호의 측면에서 법률의 근거가 필요하다고 보는 견해가 지배적이다.

2. 행정상 즉시강제의 수단

즉시강제의 수단은 그 대상에 대인적 강제, 대물적 강제 및 대가택강제로 구분된다. ① 대인적 강제란 사람의 신체에 실력을 행사하여 행정상 필요한 상태를 실현하는 행정작용을 말한다. 예컨대 경찰관직무집행법상 흉기의 조사, 억류·피난, 무기사용 등이 그러하다. 또한 감염병의 예방 및 관리에 관한 법률에 따른 강제입원 및 격리도 여기에 속한다. ② 대물적 강제란 물건에 대해 실력을 행사하여 행정목적을 실현하는 것을 말한다. 경찰관직무집행법상의 물건의 임시영치, 식품위생법상의 영업소 폐쇄조치 등이 여기에 해당된다. ③ 대가택강제란 타인의 가택이나 영업소 등에 출입하여 행정목적을 실현하는 것을 말한다. 경찰관직무집행법상 위험방지를 위한 가택출입이 여기에 속한다.

3. 행정상 즉시강제의 한계

행정상 즉시강제는 목적의 급박한 장해를 제거하기 위해 상대방의 신체나 재산 등에 실력을 행사하므로 인권침해의 소지가 높다. 따라서 이러한 행정상 즉시강제수단을 사용할 때에는 법령뿐만 아니라 비례의 원칙을 준수하여야 한다. 또한 행정상 즉시강제에 영장이 필요한지가 문제 된다. 통상적인 행정조사에서는 영장주의를 엄격히 적용하기가 쉽지 않다. 이 경우 대체로 집행책임자의 증표제시만으로 충분하다.

4. 행정상 즉시강제에 대한 권리구제

(1) 위법한 즉시강제에 대한 권리구제

위법한 즉시강제로 권리나 이익을 침해 당한 사람은 행정심판이나 행정소송을 제기할 수 있다. 그러나 즉시강제는 사실행위이거나 대부분 실행 후 행위가 완료되어 행정소송을 제기하더라도 소익이 부정된다. 현실적으로 국가배상청구를 통한 권리구제가 효과적이다. 공무원의 즉시강제가 위법하게 행해질 경우 형사상의 자력구제가 고려될 수도 있다.

(2) 적법한 즉시강제에 대한 권리구제

적법한 즉시강제로 재산상 손실이 발생할 수 있다. 이러한 경우 특별한 희생이 발생하면 손실보상이 인정될 수 있다고 보는 견해도 있다. 그러나 이러한 즉시강제는 대부분 사실행위에 해당하므로 공용수용의 요건에 해당하지 아니한다. 공용수용은 고권적 법률행위로 사유재산권이 박탈될 경우에 인정되기 때문이다. 다만, 개별 법률에 보상규정이 있는 경우도 있다(소방기본법 제49조의2). 이 경우에는 이에 따라 보상을 청구할 수 있다. 경찰관직무집행법 제11조의2에도 손실보상에 관한 특별규정을 두고 있다. 여기서 손실발생의 원인에 대하여 책임이 없는 자가 재산상의 손실을 입은 경우뿐만 아니라 손실발생의 원인에 대하여 책임이 있는 자도 자신의 책임에 상응하는 정도를 초과하는 재산상의 손실을 입은 경우에는 손실보상을 청구할 수 있다고 규정하고 있다.

이러한 보상규정이 없는 경우에도 손실보상을 허용할 것인지가 문제다. 이와 관련하여 헌법 제23조 제3항을 직접적용해야 한다는 견해, 헌법이나 법률의 규정을 유추적용해야 한다는 견해, 보상규정이 없는 해당 규정은 위헌무효이라는 견해 등이 대립하고 있다. 적법한 즉시강제는 원칙적으로 공용수용이 아니므로 이로 인한 손실에 대해 보상을 청구할 수 없다. 법률에 보상규정이 없는 경우에는 이러한 손실보상을 청구하는 것은 현실적으로 불가하다.

Ⅲ 행정벌

1. 행정벌의 의의 및 종류

행정벌이란 과거의 의무위반이나 비행(非行) 등에 대해 부과되는 행정제재이다. 행정벌은 간접적인 의무이행강제의 수단이다. 행정벌에는 행정형벌과 행정질서벌이 있다. 행정벌은 행정질서의 유지를 위한 특정한 행정법규(명령·금지 등) 위반에 대한 제재이지만, 형사벌은 반윤리성이나 반사회성이 인정되는 범죄행위에 대한 제재이다. 형사범은 자연범의 성격이 가진다. 징계벌은 특별권력관계의 질서를 유지하기 위해 그 질서위반자에 부과되는 제재이다. 집행벌(이행강제금)은 장래의 의무이행을 강제하기 위한 수단이다.

행정벌에도 죄형법정주의가 적용되며, 법률에 의하지 아니하고는 행정벌을 부과할 수 없다. 다만, 행정벌의 경우 행정벌의 기준이나 최고한도 등을 구체적으로 정하여 이를 법규명령에 위임할 수 있다. 지방자치단체는 조례위반행위에 대해 조례로써 1천만원 이하의 과태료를 정할 수 있다(지방자치법 제34조 제1항). 사기나 그 밖의 부정한 방법으로 사용료·수수료·분담금의 징수를 면한 자에 대하여 그 징수를 면한 금액의 5배 이내의 과태료를, 공공시설을 부정사용한 자에 대하여는 50만원 이하의 과태료를 부과하는 규정을 조례로 정할 수 있다(동법 제156조 제2항).

2. 행정형벌

행정형벌은 행정법규의 의무위반에 대하여 형법상의 형벌을 부과하는 행정벌을 말한다. 행정형벌에 대해서는 형법총칙의 규정이 적용되며, 그 과벌절차는 원칙적으로 형사소송절차에 의한다. 다만, 예외적으로 즉결심판절차나 통고처분절차에 의하는 경우도 있다. 20만원 이하의 벌금, 구류 또는 과료의 행정벌에 대해서는 '즉결심판에 관한 절차법'에 따라 부과된다. 또한 조세범, 관세범, 출입국관리사범 또는 교통법규위반사범 등에 대해서는 형사소송절차를 대신하여 행정청이 벌금 또는 과료에 상당하는 금액의 납부를 명할 수 있다. 이러한 통고처분에 따라 국고 등에 납부해야 하는 금전을 범칙금이라 한다.

형사범에서 과실범은 특별한 규정이 있는 경우에 예외적으로 처벌된다. 행정법규에도 과실에 의한 의무위반을 처벌하는 규정이 있다(부정수표단속법 제2조 제2항, 도로교통법 제151조 등). 형사범에 있어서는 위법성의 인식이 있어야 하나, 행정범의 경우에는 구체적인 행정법규를 인식하지 못하는 경우가 적지 않다. 형사미성년자에 대해서는 형사벌을 부과하지 않지만, 행정형벌에 있어서는 미성년자를 처벌하는 규정을 둔 경우도 있다(담배사업법 제31조). 행정범에 있어서는 행위자 외에 법인을 처벌하는 경우도 있다(소방기본법 제55조, 도로교통법 제159조 등). 법인에 대해서는 자유형이 아니라 벌금·과료 및 몰수 등의 금전벌이 부과된다. 행정법규에는 양벌규정을 두어 사업주·영업주 등이 관리·감독의 책임을 지는 경우도 있다. 다만, 헌법재판소는 행위자뿐만 아니라 그 영업주를 처벌하는 양벌주의에 대해 자기책임주의에 반한다는 이유로 위헌결정을 내린 바 있다.[3)]

---

3) 헌재 2009. 7. 30. 2008헌가10; 헌재 2010. 9. 30. 2010헌가52 등.

3. 행정질서벌

(1) 행정질서벌의 의의

행정질서벌은 행정법규의 의무위반에 대하여 과태료를 부과하는 행정벌을 말한다. 행정질서벌은 대체로 신고, 등록 등의 행정법상의 의무를 태만히 한 경우에 부과된다. 행정질서벌에는 형법총칙의 규정이 적용되지 아니한다. 과태료에 관한 일반법으로 '질서위반행위규제법'이 제정되어 있다. 행정형벌과 행정질서벌은 모두 행정벌에 해당하므로 병과될 수 없다.

(2) 행정질서벌의 성립

행정질서벌의 대상이 되는 행위에는 본래 고의 또는 과실을 요건으로 하지 않았으나, 질서위반행위규제법에는 고의 또는 과실이 없는 질서위반행위는 과태료에 처하지 아니한다고 규정하고 있다(동법 제7조). 위법성의 착오에 정당한 사유가 있으면 위반자에 대해 행정질서벌을 부과할 수 없다(동법 제8조). 형사미성년자에 대해서는 과태료를 면제하고, 심신장애로 인하여 판단능력이 없거나 그 능력이 미약한 자의 질서위반행위에 대해서는 과태료를 면제하거나 감경할 수 있다(동법 제10조). 법인의 대표자, 법인 또는 개인의 대리인·사용인 그 밖의 종업원이 업무에 관하여 법인 또는 그 개인에게 부과된 법률의 의무를 위반한 때에는 법인 또는 그 개인에게 과태료를 부과한다(동법 제11조). 2인 이상이 질서위반행위에 가담한 때에는 각자가 질서위반행위를 한 것으로 보며, 신분에 의하여 성립하는 질서위반행위에 신분이 없는 자가 가담한 때에는 신분이 없는 자에 대해서도 질서위반행위가 성립한 것으로 본다(동법 제12조 참조). 하나의 행위가 2이상의 질서위반행위에 해당하는 경우에는 각 질서위반행위에 대하여 정한 과태료 중 가장 중한 과태료를 부과한다(동법 제13조 제1항).

(3) 행정질서벌의 부과절차

종전에는 행정질서벌을 부과하는 절차가 통일되어 있지 않았다. 그러나 질서위반행위규제법의 제정으로 그 절차를 일원화하였다. 즉 행정청이 일차적으로 과태료를 부과·징수하고, 당사자의 이의제기에 의해 해당 행정청은 그 사실을 관할 법원에 통보한다. 그 통보를 받은 법원은 비송사건절차에 따라 재판을 한 후 검사는 이를 집행한다. 당사자의 이의제기는 60일 이내에 서면으로 할 수 있고, 이러한 이의제기가 있으면 해당 과태료 부과처분의 효력은 상실된다(질서위반행위규제법 제20조). 과태료재판은 이유를 붙인 결정으로 한다. 당사자와 검사는 과태료재판에 대해 즉시항고를 할 수 있다.

Ⅳ 행정의 새로운 실효성 확보수단

1. 과징금

과징금은 행정법상의 의무위반자에 대하여 부과하는 금전벌의 일종이다. 본래 과징금은 행정법규 위반자에게 발생한 경제적 이익을 박탈하여 간접적으로 행정법상의 의무를 이행하는 제도이다. 과징금은 1980년 말 '독점규제 및 공정거래에 관한 법률'에 처음으로 도입되었다. 근래에는 국가공동체에 중대한 영향을 미치거나 다중(多衆)이 빈번하게 이용하는 공익사업(여객자동차운수사업, 도시가스사업, 전기사업 등)의 인허가를 취소하거나 정지하는 것을 대체하는 수단으로 사용되고 있다. 이를 '변형과징금'이라 한다.

근래에는 환경법 분야에서도 이러한 과징금제도를 도입하고 있다(대기환경보전법 제37조, 화학물질관리법 제36조). 행정기본법 제28조 이하에도 과징금에 관한 근거조항을 마련하고 있다. 여기서 과징금의 부과대상자는 "법령 등에 따른 의무를 위반한 자"만으로 규정하고 있다. 과징금의 근거가 되는 법률에는 부과·징수 주체, 부과사유, 상한액, 가산금을 징수하려는 경우 그 사항, 과징금 또는 가산금 체납시 강제징수를 하려는 경우 그 사항을 명확하게 규정하여야 한다(행정기본법 제28조 제2항).

2. 가산금

가산금은 행정법상의 지급의무를 이행하지 않은 것에 부과하는 금전상의 제재이다. 금전적 제재라는 점에서 과징금과 유사하나, 가산금은 행정법규에 의한 지급의무를 전제로 한다. 예컨대 배출부과금을 납부기한까지 내지 않는 경우에 가산금이 부과된다(대기환경보전법 제35조 제5항).

3. 공급거부

공급거부란 "행정법상의 의무를 위반하거나 이행하지 않은 자에 대하여 일정한 행정서비스나 재화의 공급을 거부하는 것"을 말한다. 예컨대 국민의 일상생활에 필수불가결한 수도, 전기, 통신, 가스 등이 공급거부의 대상이다. 그러나 이러한 제재는 국민의 생존권적 기본권을 침해할 수 있어, 그 근거와 한계를 법률에 명확히 규정하여야 한다. 공급거부에 관한 규정은 부당결부금지의 원칙 위반, 기본권 보호 등의 이유로 점차 축소되고 있다. 공급거부는 행정상의 의무위반이나 불이행과 실질적 관련성이 없으면, 부당결부금지의 원칙에 위반될 수 있다. 또한 공급거부는 기본권 보호와 관련하여 과잉금지의 원칙을 준수하여야 한다. 위법한 공급거부에 대해 행정쟁송을 제기할 수 있는지가 문제다. 이와 관련하여

대법원은 단수조치에 대해 항고소송의 대상을 인정하였다.[4]

4. 공 표

(1) 공표의 의의 및 근거

공표는 행정법상의 의무를 위반한 사람의 성명이나 그 위반사실을 일반공중에게 알리는 것을 말한다. 예컨대 고액체납자나 환경오염물질 배출업소 등의 명단을 공표하는 것이 여기에 해당한다. 공표행위는 위반한 사람의 명예나 신용 등이 실추될 수 있어 간접적인 강제수단이 된다. 그러나 이러한 공표는 사생활의 비밀과 자유, 영업의 자유 및 재산권 등을 침해할 수 있다.

명단을 공표하기 위해서는 법률의 근거가 필요하다. 공표 그 자체는 일정한 사실을 공중에게 알린다는 점에서 사실행위에 해당하지만, 근래에는 이러한 행위에 의해 간접적으로 국민의 기본권을 침해할 수 있다고 보고 있다.

(2) 공표의 절차

행정절차법 제40조의3에도 위반사실 등의 공표 절차에 관한 규정을 도입하고 있다. 위반사실 등을 공표할 때에는 일정한 경우를 제외하고 미리 당사자에게 그 사실을 통지하고 의견제출의 기회를 주어야 한다(행정절차법 제40조의3 제3항). 공표의 방식으로는 관보, 공보 또는 인터넷 홈페이지 등이 있다(동조 제6항).

(3) 위법한 공표에 대한 권리구제

위법한 공표로 인하여 명예를 훼손당하거나 재산적 손해를 입은 사람은 손해배상을 청구할 수 있다. 위법한 공표에 대해 취소소송을 제기

---

4) 대법원 1979. 12. 28. 선고 79누218 판결.

할 수 있는지에 대해 견해가 대립하고 있다. 공표는 비권력적 사실행위이므로 원칙적으로 항고소송의 대상이 되지 않는다. 다만, 공표행위 이전에 이루어진 행정청의 결정에 대해서는 처분성을 인정할 수 있다. 고액·상습 체납자의 명단공표에 대해 처분성을 인정하는 하급심 판례도 있지만, 대법원의 입장은 명확하지 않다. 그 밖에 공표에 의해 명예가 훼손된 경우에는 민사상 정정공고를 요청할 수 있다. 또한 형사상으로도 명예훼손죄, 피의사실공표죄, 공무상비밀누설죄 등이 고려될 수 있다.

5. 관허사업의 제한

일반적인 관허사업의 제한은 국세를 체납한 자의 인허가 등을 제한하는 것을 말한다. 세무서장은 납세자가 국세를 체납한 경우 허가·인가·면허 및 등록 등과 그 갱신이 필요한 사업의 주무관청에 해당 납세자에 대하여 그 허가 등을 하지 아니할 것을 요구할 수 있다(국세징수법 제112조 제1항). 또한 특정한 관허사업의 제한도 있다. 개별 법령에 규정된 특정한 행정법상의 의무를 위반한 경우에 해당 법령에 의한 기존의 인·허가를 철회 또는 정지하도록 하는 규정이 그러하다(약사법 제76조).

제9장

행정심판

I 행정심판의 기초

1. 행정심판의 의의 및 특징

(1) 행정심판의 개념

행정심판은 행정내부의 통제수단 중 하나이며, 행정의 자기통제로서의 기능을 수행하고 있다. 그런 점에서 행정외부의 통제수단인 행정소송과 구별된다. 형식적 의미의 행정심판은 행정심판법의 적용을 받는 행정심판을 의미하지만, 실질적 의미의 행정심판은 행정청(합의제행정기관)이 행정상의 분쟁에 대해 고권적 결정(재결)을 내리는 준(準)사법적 절차(quasi-judicial process)를 총칭한다. 실정법에서는 이의신청, 심사청구, 심판청구 등의 용어도 사용된다. 행정심판법에 규율된 일반행정심판 외에 개별법에 사안의 전문성과 특수성을 고려한 '특별행정심판'을 정한 경우도 있다. 예컨대 소청심사위원회의 소청심사, 중앙노동위원회의 재심, 조세심판, 감사원법에 의한 심사청구 등이 그러하다. 그러나 특별행정심판은 제한적으로 허용된다. 그럼에도 불구하고 특별행정심판의 남설로 인해 행정심판의 통합 논의도 있다.

(2) 행정심판의 유사제도

행정심판과 유사한 제도도 있다. 이의신청 중에는 행정심판의 성격을 가진 것도 있다. 예컨대 지방토지수용위원회 또는 중앙토지수용위원회의 수용재결에 대한 이의신청이 그러하다. 이러한 이의신청은 특별행정심판에 해당한다.[1] 그러나 통상의 이의신청은 행정심판과 구분된다. 이의신청은 대부분 처분청에 대해 제기된다. 행정기본법 제36조는 처분에 대한 이의신청을 규정하고 있으며, 이의신청과 관계없이 행정심판 또는 행정소송을 제기할 수 있다고 규정하고 있다. 이는 이의신청과 행정심판이 구별된다는 것을 의미한다. 또한 청원도 행정심판과 유사한 점이 있다. 그러나 청원은 무형식적 권리구제절차이며, 누구든지 기간이나 대상 등의 제한 없이 청원을 할 수 있다는 점에서 일정한 요건 하에 인정되는 행정심판과 구별된다. 그 밖에 민원 및 진정, 국민고충 등의 유사한 제도가 있다.

(3) 행정심판제도의 연혁

행정심판법은 1984년 12월 15일 제정되어 1985년 10월 1일부터 시행되고 있다. 행정심판법이 제정되기 전에도 1951년에 소원법(訴願法)이 제정되어 있었다. 1994년 행정소송법의 개정으로 행정심판전치주의를 대신하여 행정심판의 임의절차화가 인정되고 있다. 행정심판제도는 다양한 기능을 가진다. 즉 자율적 행정통제의 기능과 권리구제의 기능이 대표적이다.

---

1) 대법원 1992. 6. 9. 선고 92누565 판결.

2. 행정심판의 종류

(1) 취소심판

현행 행정심판법은 행정심판의 종류로 취소심판, 무효등확인심판 및 의무이행심판을 규정하고 있다(동법 제5조).

취소심판은 위법 또는 부당한 공권력의 행사 또는 그 거부, 그 밖에 이에 준하는 행정작용으로 인하여 권익을 침해당한 자가 그 취소 또는 변경을 구하는 행정심판이다. 취소심판은 처분의 효력을 취소 또는 변경시킨다는 점에서 형성적 쟁송의 성격을 가진다.

(2) 무효등확인심판

무효등확인심판은 처분의 효력 유무 또는 존재 여부에 대한 확인을 구하는 행정심판이다. 그 법적 성질에 대해 견해가 대립하나, 준형성적 쟁송의 성격을 가진다고 보는 견해가 다수설이다. 즉 실질적으로는 확인적 쟁송이지만, 형식적으로는 처분의 효력 유무 등을 직접 쟁송의 대상으로 한다는 점에서 형성적 쟁송의 성질을 가진다고 보고 있다. 무효확인심판에는 취소심판과 달리 심판청구기간의 제한이 없으며 사정재결도 인정되지 아니한다.

(3) 의무이행심판

의무이행심판은 행정청의 위법 부당한 거부처분 또는 부작위가 있는 경우에 그 법률상 의무가 있는 처분의 이행을 구하는 행정심판이다. 예컨대 허가 신청을 위법·부당하게 거부하는 경우, 공장에서 유해한 환경오염물질을 배출하여 인근주민들이 자신들의 생명·신체 등이 위태롭게 되어 신고하였는데도 단속을 맡은 행정청이 이를 방치하는 경우 등에 의무이행심판을 청구할 수 있다. 이행쟁송으로 보는 견해가 다수설이다. 거부처분에 대한 의무이행심판은 청구기간의 제한을 받지만, 부작위에 대한 의무이행심판은 그 제한을 받지 않는다. 행정심판위원회는 심판청구가 이유 있다고 인정할 경우에 스스로 신청에 따른 처분을 하거나, 처분청으로 하여금 처분을 할 것을 명하는 재결을 할 수도 있다(행정심판법 제43조 제5항). 후자는 이행적 재결이며, 전자는 형성적 재결에 해당한다.

Ⅱ 행정심판의 대상

1. 의 의

현행 행정심판법은 하자 있는 행정행위 일반을 대상으로 하는 개괄주의를 채택하고 있다. 행정심판의 대상은 "행정청의 처분 또는 부작위"이다. 다만, 대통령의 처분 또는 부작위에 대하여는 다른 법률에서 행정심판을 청구할 수 있도록 정한 경우 외에는 행정심판을 청구할 수 없다(행정심판법 제3조 제2항). 또한 행정심판의 재청구 금지 원칙에 따라 심판청구에 대한 재결이 있으면 그 재결 및 같은 처분 또는 부작위에 대하여 다시 행정심판을 청구할 수 없다(동법 제51조).

2. 행정청

행정심판의 청구대상인 처분은 "행정청이 행하는 구체적 사실에 관한 공권력의 행사"를 말한다. 여기서 행정청은 행정주체의 의사를 결정·표시하는 행정주체의 기관이다. 즉 국가 또는 지방자치단체의 기관, 그 밖에 법령 또는 자치법규에 따라 행정권한을 가지고 있거나 위탁을 받은 공공단체나 그 기관을 말한다(행정심판법 제2조 제4호). 그 밖에 '공무수탁사인'도 포함된다. 공무수탁사인은 행정주체의 지위를 가지나, 사인이 행정권한을 위탁받은 경우에 행정청의 지위도 가질 수 있다.

3. 공권력 행사

행정심판의 대상인 처분의 핵심개념은 "공권력 행사"이다. 통상적으로 공권력행사는 넓게 이해되어, 행정작용 외에 입법작용과 사법(司法)작용을 포함한다. 그러나 행정심판의 대상은 행정청의 공권력 행사이다. 여기서 말하는 행정청의 공권력 행사는 행정작용을 의미한다. 법규명령과 조례는 원칙적으로 여기에 포함되지 아니한다. 처분적 명령 또는 처분적 조례를 인정한 판례도 있지만, 이론적으로 타당하지 않다.[2] 사실행위도 여기서 제외된다.

행정심판법은 행정청의 공권력 행사의 거부도 규정하고 있다. 즉 거부처분은 소극적인 공권력 행사에 해당한다. 주택사업승인 신청의 거부, 허가 신청의 거부, 정보공개 신청의 거부 등이 여기에 속한다. 행정심판법의 처분 개념에는 "그 밖에 이에 준하는 행정작용"을 규정하고 있다. 여기에는 권력적 사실행위가 포함될 수 있다. 예컨대 전염병환자의 강제격리, 대집행의 실행 등이 그러하다.

4. 부작위

행정청의 부작위도 행정심판의 대상이다. 부작위는 행정청이 당사자의 신청에 대하여 상당한 기간 내에 일정한 처분을 하여야 할 법률상 의무가 있는데도 처분을 하지 않는 것을 말한다. 부작위가 성립하기 위해서는 첫째, 당사자의 적법한 신청행위가 있어야 한다. 둘째, 상당한 기간이 경과하여야 한다. 상당한 기간은 합리적인 사회통념에 따라 판단되어야 한다. 셋째, 행정청이 처분을 해야 할 법규상 또는 조리상의

---

2) 대법원 1954. 8. 19. 선고 4286행상31 판결.

의무가 있어야 한다.

Ⅲ 행정심판의 당사자 및 이해관계인

1. 행정심판의 청구인

(1) 청구인적격

1) 청구인의 의의

행정심판의 청구인은 행정청의 처분 또는 부작위에 불복하여 행정심판을 청구하는 자이다. 행정심판의 청구인은 처분의 상대방인지 제3자인지, 자연인인지 법인인지를 불문한다. 법인이 아닌 사단이나 재단도 대표자 또는 관리인이 정하여져 있는 경우 그 이름으로 행정심판을 청구할 수 있다(행정심판법 제14조). 행정심판의 청구인이 되기 위한 자격을 '청구인적격'이라 한다.

2) 행정심판의 청구인적격

① 취소심판의 청구인적격

처분의 취소 또는 변경을 구할 법률상 이익이 있는 자가 취소심판의 청구인적격을 가진다(행정심판법 제13조 제1항). 여기서 말하는 "법률상 이익이 있는 자"에 대해 학설이 대립하고 있다. 즉 권리구제설, 법적보호이익설, 보호할 가치 있는 이익설(보호가치이익구제설), 행정의 적법성 보장설이 대립하고 있다. 법적으로 보호되는 이익으로 보는 견해(법적보호이익설)가 다수설이다. 행정심판위원회의 재결도 대체로 법적보호이익설의 입장이다. 행정심판법은 처분의 효과가 기간의 경과, 처분의 집행 그 밖의 사유로 인하여 소멸된 뒤에도 그 처분의 취소로 인하여 회복되는 법률상 이익이 있는 자에 대해서도 청구인적격을 인정하고 있다. 행정소송법 제12조 제2문에도 동일한 규정을 두고 있는데, 이를 "협의의 소익"이라고 한다. 행정심판법 제13조 제1문과 제2문의 "법률상 이익"이 서로 어떤 관계인지가 문제다. 행정심판법 제13조 제2문은 특수한 권리보호필요를 의미한다.

② 무효등확인심판의 청구인적격

무효등확인심판에서도 처분의 효력 유무나 존재 여부에 대한 확인을 구할 법률상 이익이 있는 자가 청구인적격을 가진다. 여기서 "법률상 이익"을 취소심판의 청구인적격과 마찬가지로 '법적으로 보호되는 이익'으로 볼 것인지, 아니면 보충적으로 '즉시확인의 이익'으로 해석해야 할 것인지가 문제다. 전자로 해석하는 견해가 지배적이다.[3] 이와 달리 "법적으로 보호할 만한 총이익"으로 보는 견해도 있다.[4]

③ 의무이행심판의 청구인적격

의무이행심판에서 거부처분이나 부작위에 대하여 일정한 처분을 구할 법률상 이익이 있는 자가 청구인적격을 가진다. 여기서도 "법률상 이익"을 취소심판과 마찬가지로 '법적으로 보호되는 이익'으로 보고 있다.

3) 비판 및 개선방안

행정소송은 위법한 처분만을 대상으로 하지만, 행정심판에서는 위법한 처분뿐만 아니라 부당한 처분에 대해서도 권리구제를 받을 수 있다. 그런 점에서 행정심판의 청구인적격을 행정소송의 원고적격과 동일하게 "법률상 이익이 있는 자"로 규정하는 것은 개선될 필요가 있다. 일본의 행정불복심사법에서는 "처분에 불복이 있는 자"로 규정하고 있고, 독일에서는 특별한 규정을 두고 있지 않다. 그런 점에서 행정심판법 제13조

---

3) 이원, 주해 행정심판법, 법령정보관리원(2012), 2012, 90면.
4) 이상규, 행정쟁송법, 제5판, 368-369면.

제1항 제1문의 '청구인적격' 규정을 "위법 또는 부당한 처분에 불복하는 자는 취소심판을 청구할 수 있다"라고 개정할 필요가 있다.

(2) 청구인의 지위승계

행정심판법에는 청구인의 지위승계에 관한 규정을 두고 있다. 행정심판을 제기한 후 자연인인 청구인이 사망하면 그 상속이나 그 밖에 법령에 따라 심판청구의 대상에 관계되는 권리나 이익을 승계한 자가 그 청구인의 지위를 승계한다(행정심판법 제16조 제1항). 법인인 청구인이 합병에 따라 소멸하였을 때에는 합병 후 존속하는 법인이나 합병에 따라 설립된 법인이 그 지위를 승계한다(동조 제2항). 행정심판법에는 이러한 당연승계 외에도 '허가승계'에 관한 규정을 두고 있다. 즉 행정심판이 제기된 뒤에 해당 심판청구의 대상과 관계되는 권리나 이익을 양수한 자는 행정심판위원회의 허가를 받아 청구인의 지위를 승계할 수 있다(동법 제16조 제5항).

(3) 선정대표자

다수인의 청구인이 공동으로 심판청구를 할 때에는 청구인들 중에서 3명 이하의 선정대표자를 선정할 수 있다(행정심판법 제15조 제1항). 또한 행정심판위원회가 필요하다고 인정하면 청구인들에게 선정대표자를 선정할 것을 권고할 수 있다(동조 제2항). 선정대표자가 심판청구를 취하하려면 다른 청구인들의 동의를 받아야 한다(동조 제3항).

2. 행정심판의 피청구인

행정심판의 피청구인은 심판청구의 대상인 처분 또는 부작위를 한 행정청이다(행정심판법 제17조 제1항). 그러나 심판청구의 대상과 관계되는 권한이 다른 행정청에 승계된 경우에는 그 권한을 승계한 행정청이 피청구인이 된다. 청구인이 피청구인을 잘못 지정한 경우에는 위원회가 직권으로 피청구인을 경정하거나 당사자의 신청에 의해 위원회의 결정으로 피청구인을 경정할 수 있다(동조 제2항). 피청구인의 경정제도는 소송경제적인 이유에서 인정된다.

3. 행정심판의 이해관계인

(1) 행정심판의 참가인

행정심판의 결과에 이해관계가 있는 제3자나 행정청은 해당 행정심판위원회나 소위원회의 의결 전까지 그 사건에 대하여 심판참가를 할 수 있다(행정심판법 제20조 제1항). 여기서 '이해관계가 있는 제3자'란 "해당 심판청구에 대한 재결의 주문에 의하여 직접 자신의 권리나 이익을 침해당한 자"를 말한다.

(2) 행정심판의 대리인

행정심판의 대리인으로 선임될 수 있는 자는 법정대리인 외에 청구인의 배우자, 청구인 또는 배우자의 4촌 이내의 혈족, 청구인이 법인이거나 청구인능력이 있는 법인이 아닌 사단 또는 재단인 경우 그 소속 임직원, 변호사, 다른 법률에 따라 심판청구를 대리할 수 있는 자, 그 밖에 행정심판위원회의 허가를 받은 자이다(행정심판법 제18조 제1항). 현행 행정심판법에는 '국선대리인'제도를 두고 있다. 즉 청구인이 경제적 능력으로 인해 대리인을 선임할 수 없는 경우에 행정심판위원회에 국선대리인의 선임을 신청할 수 있다. 대리인은 심판청구의 취하를 제외하고 청구인을 위하여 그 사건에 관한 모든 행위를 할 수 있다.

Ⅳ 행정심판위원회

1. 행정심판위원회의 의의 및 연혁

행정심판위원회는 심판청구사건을 심리·의결하고 이를 재결하는 합의제 행정기관이다. 2008년 행정심판법이 개정되기 전에는 심판청구사건에 대한 심리·의결기능과 재결기능을 분리하였으나, 지금은 이를 통합하고 있다. 종전의 국무총리행정심판위원회, 국민고충처리위원회, 국가청렴위원회를 통합하여 국민권익위원회가 설치되었다. 현재는 국민권익위원회에 중앙행정심판위원회가 설치되어 있다.

2. 행정심판위원회의 설치 및 구성

(1) 행정심판위원회의 설치

행정심판위원회는 처분청 소속의 행정심판위원회, 중앙행정심판위원회, 시·도지사 소속의 행정심판위원회, 직근 상급행정기관 소속의 행정심판위원회, 제3기관(소청심사위원회, 조세심판원, 중앙토지수용위원회 등)이 있다. 처분청 소속의 행정심판위원회를 두는 행정청은 다음과 같다. 즉 처분 또는 부작위를 한 행정청이 ① 감사원, 국가정보원장 그 밖에 대통령령으로 정하는 대통령 소속기관의 장인 때, ② 국회사무총장, 법원행정처장, 헌법재판소사무처장 또는 중앙선거관리위원회사무총장인 때, ③ 국가인권위원회, 그 밖에 지위·성격의 독립성과 특수성 등이 인정되어 대통령령으로 정하는 행정청인 때에는 해당 행정청 소속으로 행정심판위원회가 설치된다(행정심판법 제6조 제1항).

(2) 행정심판위원회의 구성

일반행정심판위원회는 위원장 1명을 포함한 50명 이내의 위원으로 구성된다(행정심판법 제7조 제1항). 중앙행정심판위원회는 위원장 1명을 포함하여 70명 이내의 위원으로 구성되나, 상임위원은 4명 이내로 한다(동법 제8조 제1항). 위원장은 국민권익위원회 부위원장을 겸임한다. 상임위원은 일반직 공무원으로서 임기제 공무원으로 임명하고 임기는 3년이며 1차에 한하여 연임될 수 있다(동조 제2항). 또한 3급 이상 공무원 또는 고위공무원단에 속하는 일반직 공무원으로 3년 이상 근무한 사람이나 그 밖에 행정심판에 관한 지식이나 경험이 풍부한 사람 중에서 중앙행정심판위원회 위원장의 제청으로 국무총리를 거쳐 대통령이 임명한다(동조 제3항).

3. 행정심판위원회의 운영

일반행정심판위원회의 회의는 위원장과 위원장이 회의마다 지정하는 8명의 위원으로 구성한다. 그 구성원 과반수의 출석과 출석위원 과반수의 찬성으로 의결한다.

중앙행정심판위원회의 회의는 소위원회를 제외하고, 위원장과 상임위원 및 위원장이 회의마다 지정하는 비상임위원을 포함하여 총 9명으로 구성한다. 여기에 2명 이상의 상임위원이 포함되어야 한다. 심판청구사건 중 도로교통법에 따른 자동차운전면허 행정처분에 관한 사건을 심리·의결하기 위하여 '소위원회'를 두고 있다. 소위원회의 위원장은 상임위원 중에서 지정된다. 구성원 과반수의 출석과 출석 과반수의 찬성으로 의결한다. 그 밖에 중앙행정심판위원회는 위원장이 지정하는 사건을 미리 검토하기 위해 '전문위원회'를 두고 있다. 보훈·의료·정보공개, 복잡난해한 특별 안건을 검토하고 있다. 행정심판의 공정성을 위해 제척,

기피 및 회피를 인정하고 있다. 회피를 하는 위원은 위원장에게 그 사유를 소명하여야 한다.

4. 행정심판위원회의 권한

(1) 증거조사권

행정심판위원회는 심판청구사건에 대한 심리를 위하여 필요한 증거조사를 할 수 있는 권한을 가진다(증거조사권). 증거조사의 방법으로는 당사자나 관계인의 신문(訊問), 증거자료의 제출 요구 및 영치(領置), 감정 등이 있다.

(2) 심리·재결권

행정심판위원회는 심판청구사건에 대한 심리권을 가진다. 즉 재결의 기초가 되는 사실관계나 법률관계를 명백히 하기 위해 당사자나 이해관계인의 주장과 반박을 듣고 그 증거나 자료 등을 수집·조사하는 것을 말한다. 심리와 관련된 부수적 권한으로 대표자선정권고권, 청구인의 지위승계허가권, 대리인선임허가권, 피청구인경정권, 심판참가 허가권 및 요구권, 청구변경 허가권 및 불허권, 보정명령권 등이 있다.

또한 행정심판위원회는 '재결권'을 가진다. 재결권은 심판청구사건에 대해 법적 판단을 하는 권한을 말한다.

(3) 집행정지결정권

행정심판위원회는 집행정지의 신청에 대한 결정권을 가진다(행정심판법 제30조 제1항). 행정심판법은 집행부정지의 원칙을 채택하고 있는데, 예외적으로 일정한 요건 하에 집행정지 신청이 인정된다. 즉 심판청구의 대상인 처분, 처분의 집행 또는 절차의 속행 때문에 '중대한 손해'가 생기는 것을 예방할 필요성이 긴급하다고 인정하는 때에 직권으로 또는 당사자의 신청에 의하여 그 처분의 효력, 처분의 집행 또는 절차의 속행을 전부 또는 일부 정지시키는 것을 결정할 수 있다(동조 제2항).

(4) 임시처분권

행정심판위원회는 집행정지 외에 당사자의 중대한 불이익이나 급박한 위험을 방지하기 위하여 당사자에게 임시의 지위를 부여할 수 있는 '임시처분권'을 가진다. 즉 처분 또는 부작위가 위법·부당하다고 상당히 의심되는 경우로 처분 또는 부작위 때문에 당사자가 받을 우려가 있는 중대한 불이익이나 당사자에게 생길 급박한 위험을 막기 위하여 임시처분을 할 수 있다(행정심판법 제31조 제1항).

(5) 법령개선요구권

마지막으로 중앙행정심판위원회는 '법령개선요구권'을 가진다. 심판청구를 심리재결할 때 처분 또는 부작위의 근거가 되는 명령 등이 법령에 근거가 없거나 상위 법령에 위배되거나 국민에게 과도한 부담을 주는 등 크게 불합리하면 관계 행정기관에 그 명령 등의 개정·폐기 등 적절한 시정조치를 요구할 수 있다(행정심판법 제59조).

V 행정심판의 청구

1. 심판청구의 요건

(1) 청구인

행정심판의 청구인은 해당 심판청구에 대하여 법률상 이익이 있는 자이어야 한다(행정심판법 제13조). 전술한 바와 같이 심판청구의 대상인 처분이나 부작위의 직접적인 상대방이거나 제3자인지, 또는 자연인이거나 법인인지를 불문한다. 심판청구대상은 처분 또는 부작위이다.

(2) 심판청구기간

무효확인심판 및 부작위에 대한 의무이행심판에는 청구기간의 제한이 없다. 청구기간의 제한은 취소심판 및 거부처분에 대한 의무심판에 대해서만 인정된다. 행정심판은 원칙적으로 처분이 있음을 알게 된 날부터 90일 이내에 청구하여야 한다(행정심판법 제27조 제1항). 예외적으로 천재·지변·전쟁·사변 그밖에 불가항력으로 소정의 기간에 심판청구를 할 수 없는 경우에는 그 사유가 소멸한 날부터 14일 이내에 심판청구를 할 수 있다(동조 제2항). 정당한 사유가 없는 한 처분이 있었던 날부터 180일을 넘겨서는 아니 된다(동조 제3항).

(3) 심판청구의 방식

심판청구의 방식은 서면으로 하는 요식행위다. 다만, 행정소송에 비해 엄격한 형식을 요하지는 않는다. 행정심판위원회는 필요한 기재사항이 흠결되면 청구인에게 보정명령을 할 수 있다(행정심판법 제32조 제1항). 그러나 흠결이 보정될 수 없을 때에는 각하재결을 내린다.

(4) 심판청구의 절차

청구인은 행정심판법 시행규칙 제5조 제3항 제12호에 따른 심판청구서를 작성하여 피청구인(행정청)이나 행정심판위원회에 제출하여야 한다. 피청구인이 심판청구서를 접수하거나 송부받으면 10일 이내에 행정심판위원회에 심판청구서를 보내야 한다(행정심판법 제24조 제1항). 이 경우 답변서를 첨부하여야 한다. 답변서에는 그 처분이나 부작위의 근거와 이유, 심판청구의 취지와 이유에 대응하는 답변을 기재하여야 한다(동조 제3항). 처분이 상대방이 아닌 제3자가 심판청구를 한 경우에는 이를 지체 없이 처분 상대방에게 알려야 하고, 심판청구의 사본을 함께 송부하여야 한다(동조 제2항). 심판청구서를 받은 피청구인은 그 심판청구가 이유 있다고 인정될 경우 심판청구의 취지에 따라 직권으로 처분을 취소·변경하거나 확인을 할 수 있고, 신청에 따른 처분을 할 수도 있다(동법 제25조 제1항).

행정심판위원회는 심판청구서를 받으면 지체 없이 피청구인에게 심판청구서 부본을 보내야 하고, 피청구인으로부터 답변서가 제출되면 답변서 부본을 청구인에게 송부하여야 한다. 이는 절차의 공정성을 확보하기 위한 것이다. 청구인과 피청구인 모두에게 공격방어의 기회를 공정하게 부여하기 위한 것이다. 한편, 2010년 개정된 행정심판법에는 전자정보처리조직을 통해 행정심판을 제기할 수 있도록 규정하고 있다.

2. 심판청구의 변경·취하

(1) 심판청구의 변경

심판청구의 계속 중에 청구의 취지나 이유 등을 변경할 필요가 생길 수 있다. 이처럼 심판청구의 변경이란 청구인이 심판청구의 계속 중에 애초에 청구한 취지나 이유 등을 변경하는 것을 말한다(행정심판법 제29조 제1항). 또한 피청구인이 새로운 처분을 하거나 심판청구의 대상을 변경한 경우에 청구인은 새로운 처분이나 변경된 처분에 맞추어 청구의 취지나 이유를 변경할 수 있다(동조 제2항). 청구의 변경에는 추가적 변경과 교환적 변경이 있다. 추가적 변경은 종전의 청구를 유지하면서 별개의 청구를 추가로 병합하는 것이다. 교환적 변경은 종전의 청구를 소멸하고 새로운 청구로 교체하여 심판을 청구하는 것이다. 청구변경의 요건으로 첫째, 청구의 기초에 변경이 없어야 한다(청구기초의 동일성). 둘째, 심판청구의 대상을 새로운 처분이나 변경된 처분에 맞추어야 한다. 마지막으로 행정심판이 청구되어 계속 중이며 행정심판위원회의 의결 전이어야 한다.

행정심판위원회는 청구변경의 이유가 없다고 인정할 때에 상대방인 당사자의 신청이나 직권에 의하여 그 청구의 변경을 불허할 수 있다(행정심판법 제29조 제6항). 또한 청구의 변경이 있으면 처음 행정심판이 청구되었을 때부터 변경된 청구의 취지나 이유로 행정심판이 청구된 것으로 본다(동조 제8항).

(2) 심판청구의 취하

청구인은 행정심판위원회에 심판청구를 철회할 수 있다. 즉 청구인이나 참가인은 의결이 있을 때까지 서면으로 심판청구를 취하할 수 있다(행정심판법 제42조 제1항 및 제2항). 이를 심판청구의 '취하'라고 한다. 이러한 심판청구의 취하에 의해 심판청구는 소급하여 소멸한다.

3. 심판청구의 효과

(1) 집행부정지의 원칙

심판청구에 의해 행정심판의 계속상태가 발생한다. 행정심판법은 집행부정지의 원칙을 채택하고 있다. 따라서 심판청구가 제기되더라도 해당 처분의 효력이나 그 집행 또는 절차의 속행에 영향을 미치지 아니한다(행정심판법 제30조 제1항). 이는 법적 안정성을 고려한 제도적 장치이다. 다만, 행정심판법에는 예외적으로 집행정지를 신청할 수 있는 규정을 마련하고 있다.

(2) 집행정지의 요건

행정심판위원회는 처분, 처분의 집행 또는 절차의 속행 때문에 중대한 손해가 생기는 것을 예방할 필요성이 긴급하다고 인정할 때에 집행정지를 결정할 수 있다(행정심판법 제30조 제2항).

집행정지의 요건으로 첫째, 집행정지의 대상인 처분이 존재하여야 한다. 뚤째, 심판청구가 계속되어 있어야 한다. 셋째, 중대한 손해발생을 예방할 필요성이 긴급한 경우이어야 한다. 중대한 손해와 이를 예방할 필요성이 긴급한 경우를 결합하여 해석할 필요가 있다. 이러한 요건들이 모두 충족되더라도 공공복리에 중대한 영향을 미칠 우려가 있으면 집행정지는 허용되지 아니한다. 행정심판위원회는 집행정지가 공익에 미치는 영향과 처분의 집행으로 인한 신청인의 불이익 등을 형량하여 집행정지의 결정 여부를 판단하여야 한다. 행정심판위원회는 직권 또는 당사자의 신청으로 집행정지를 결정한다. 집행정지신청은 심판청구와 동시에 하거나 또는 심판청구에 대한 위원회나 소위원회의 의결 전까지 할 수 있다(행정심판법 제30조 제5항).

(3) 집행정지결정의 내용과 효력

집행정지결정은 처분의 효력이나 그 집행 또는 절차의 속행의 전부 또는 일부를 정지하는 것이다. 다만, 처분의 집행이나 절차의 속행을 정지함으로써 집행정지의 목적을 달성할 수 있는 경우에는 처분의 효력 자체를 정지를 할 수는 없다.

처분의 효력정지는 해당 행위의 효력 내지 구속력을 정지시켜 그 행위가 없었던 것과 같은 상태를 실현시키는 것이므로 그 범위 내에서 형성력을 가진다. 집행정지의 효력은 신청인과 피신청인에게 미친다. 또한 당사자인 행정청뿐만 아니라 관계 행정청과 제3자에 대해서도 미친다. 집행정지결정의 효력은 해당 결정의 주문에 정하여진 시기까지 존속하는 것이나 주문에 특별히 정한 바가 없으면 해당 심판청구에 대한 재결이 확정될 때까지 존속한다.

집행정지결정을 한 후 집행정지가 공공복리에 중대한 영향을 미칠 우려가 있다고 인정되는 때에는 행정심판위원회가 직권으로 또는 당사자의 신청에 의하여 행정심판위원회가 집행정지결정을 취소할 수 있다(행정심판법 제30조 제4항).

Ⅵ 행정심판의 심리

1. 심리의 의의 및 특징

심판청구서가 제출되면 행정심판위원회는 재결을 위한 심리를 개최한다. 행정심판의 심리란 종국적 판단행위인 재결을 내리기 위해 그 사실관계나 법률관계를 명확히 하는 것으로써 당사자 및 관계인의 주장과 반박, 그리고 그 근거가 되는 문서나 자료 등을 수집하거나 조사하는 절차를 말한다. 구술심리나 서면심리를 모두 할 수 있다. 행정심판에서는 직권심리주의가 채택되어 당사자가 주장하지 아니한 사실에 대해서도 심리를 할 수 있다(행정심판법 제39조 및 제40조). 행정심판도 사실인정과 법령의 해석·적용을 통해 분쟁을 해결한다는 점에서 사법절차와 유사한 측면을 가진다. 그런 점에서 행정심판을 '준사법적 절차'라고 부른다. 헌법 제107조 제3항에서도 행정심판의 절차는 사법절차가 준용되어야 한다고 규정하고 있다.

2. 심리의 내용과 범위

행정심판의 심리는 '요건심리'와 '본안심리'로 구분된다. 요건심리란 해당 심판청구가 적법요건(절차·형식 및 관할)을 충족하였는지를 심사하는 것이다. 이러한 요건을 충족하지 못하면 부적법각하를 하는 것이 원칙이지만, 그 하자가 보정될 수 있는 경우에는 행정심판위원회가 상당한 기간을 정하여 보정을 명할 수 있다. 요건심리에서 심판청구가 적법하면, 본안심리로 들어간다. 본안심리에서 행정심판위원회는 심판청구의 취지나 이유가 옳은지를 심사하여 그 인용 또는 기각을 결정한다. 본안심리의 핵심은 심판청구의 대상인 처분의 실체적 위법을 심사하는 것이다. 행정처분이 수권의 근거가 있는지, 법령 등을 위반하였는지, 그리고 재량권의 일탈·남용이 있는지를 심사한다.

행정심판의 심리에는 불고불리(不告不理)의 원칙이나 불이익변경금지의 원칙이 적용된다. 즉 심판청구의 대상이 되는 처분 또는 부작위 외의 사항에 대하여는 재결하지 못하며, 심판청구의 대상이 되는 처분보다 청구인에게 불리한 재결을 하지 못한다(행정심판법 제47조). 행정심판의 심리에서는 처분이나 부작위의 위법뿐만 아니라 부당 여부에 대해서도 다룬다.

3. 심리의 절차

(1) 심리절차의 기본원칙

첫째, 행정심판의 심리에서는 '대심(對審)주의'가 적용된다. 대심주의란 상호 대립하는 분쟁당사자가 공격과 방어에 의해 심리를 진행하는 것이다. 이러한 대심주의는 당사자주의적 구조를 특징으로 하며, 무기평등의 원칙이 보장된다.

둘째, 심리방법으로 '서면심리주의'를 원칙으로 하고 있다. 다만, 당사자가 구술심리를 신청하면 서면심리가 반드시 필요한 경우를 제외하고는 구술심리를 하여야 한다(행정심판법 제40조 제1항).

셋째, 행정심판에서는 '직권심리주의'가 적용된다. 즉 행정심판법 제39조에서 "행정심판위원회는 필요하면 당사자가 주장하지 아니한 사실에 대하여도 심리할 수 있다"라고 규정하고 있다. 변론주의를 기초로 하면서 보충적으로 직권탐지주의가 인정된다. 변론주의는 소송자료의 수집 및 제출을 당사자가 하는 것을 말하며, 직권탐지주의는 이를 법원이 하는 것을 말한다. 참고로 독일에서는 행정소송에 직권탐지주의가 적용된다.

넷째, 행정심판은 비공개주의가 원칙이다. 행정심판법에 비공개주의에 관한 명문의 규정은 없지만, 비공개로 운영하는 것이 일반적이다. 행정심판법에도 위원이 발언한 내용이나 그 밖에 공개되면 위원회의 심리·재결의 공정성을 해칠 우려가 있는 사항은 공개하지 않도록 하는 규정을 두고 있다(동법 제41조).

(2) 당사자의 절차적 권리

행정심판법에는 위원 등의 기피신청권, 구술심리신청권, 보충서면제출권, 물적 증거제출권 등 다양한 당사자의 절차적 권리를 보장하고 있다.

첫째, 당사자는 공정한 심리·의결을 기대하기 어려운 위원이나 직원에 대해 기피신청을 할 수 있다. 둘째, 당사자는 행정심판위원회에 구술심리를 신청할 수 있다. 셋째, 당사자는 행정심판위원회에 보충서면을 제출할 수 있다. 행정심판청구서, 보정서, 답변서 등에 주장된 사실을 보충하고, 다른 당사자의 주장을 반박하기 위해 보충서면을 제출할 수 있다. 넷째, 당사자는 필요한 경우 자신의 주장을 뒷받침하는 증거서류 또는 증거물 등을 제출할 수 있다. 그 밖에 당사자는 증거조사를 신청할 수 있다. 즉 당사자는 참고인신문, 검증(檢證), 감정(鑑定) 또는 증거자료의 제출요구 등의 증거조사를 신청할 권리를 가진다. 행정심리의 기초는 당사자의 주장이다. 당사자는 이러한 주장을 통해 자신에 유리한 사실이나 법률적 효과 등을 진술하게 된다. 그러나 사실인정을 위해서는 위에서 언급한 증거조사가 중요하다.

(3) 심리의 병합과 분리

행정심판위원회는 심리절차의 효율적 운영을 위해 심리의 병합과 분리를 할 수 있다(행정심판법 제37조). 수개의 심판청구사건이 동일하거나 서로 관련되는 사인인 경우에는 행정심판위원회가 직권으로 서로 관련되는 수개의 심판청구사건을 병합하여 심리할 수 있다. 또한 행정심판위원회는 이미 병합된 심판청구사건을 필요에 따라 직권으로 분리하여 심리할 수도 있다.

Ⅶ 행정심판의 재결

1. 재결의 의의 및 종류

(1) 재결의 의의

행정심판의 심리를 거쳐 행정심판위원회는 재결을 내린다. 재결이란 심판청구사건에 대한 종국적인 판단이다. 이러한 재결은 항고소송의 대상이 될 수 있다(행정소송법 제19조 및 제2조 제1호 참조). 재결에는 각하재결, 기각재결 및 인용재결이 있으며, 기각재결의 특수한 경우로 '사정재결'이 있다.

(2) 재결의 종류

1) 각하재결

행정심판위원회는 요건심리에서 심판청구의 제기요건에 흠결이 있다고 판단될 때 각하재결을 내린다. 예컨대 심판청구기간을 도과하였거나, 청구인적격·행정심판의 대상적격 등의 요건을 충족하지 못한 경우가 그러하다.

2) 기각재결

행정심판위원회는 해당 심판청구가 이유 없다고 판단할 때 청구인의 주장을 배척하는 재결을 내린다. 그러나 심판청구가 이유 있어도 이를 인용(認容)하는 것이 공공복리에 크게 위배된다고 인정하면 기각재결을 내리는데, 이를 '사정재결'이라 한다. 이러한 사정재결은 취소심판 및 의무이행심판에만 인정되고 무효등확인심판에서는 인정되지 아니한다(행정심판법 제44조 제3항). 사정재결의 주문에는 그 처분 또는 부작위가 위법하거나 부당하다는 것을 구체적으로 밝혀야 하고, 행정심판위원회는 청구인에 대하여 상당한 구제방법을 취하거나 그러한 구제방법을 취할 것을 피청구인의 행정청에 명할 수 있다. 그러한 구제방법으로 손해전보, 원상회복 및 제해(除害)방지조치 등이 고려된다.

3) 인용재결

취소심판에서 처분이나 부작위가 위법 또는 부당하다고 판단될 경우 행정심판위원회는 '인용재결'을 내린다. 취소심판에서 취소재결이 내려지면, 행정심판위원회는 해당 처분을 직접 취소 또는 변경하거나, 피청구인(처분청)에 대해 다른 처분으로 변경하는 것을 명령하는 재결을 내릴 수 있다. 후자를 변경명령재결, 전자를 취소·변경재결이라 한다. 형성적 쟁송의 성질을 가지는 취소심판에서는 취소·변경재결만을 포함하는 것이 타당하다. 변경명령재결은 이행재결의 성질을 가지므로 여기에 적합하지 않다. 다만, 종전의 취소명령재결은 삭제되었다.

한편, 무효등확인심판에서 인용되면 해당 처분의 효력 유무나 존재 여부를 확인하는 재결을 내린다(무효등확인재결). 또한 의무이행심판에서 인용되면, 행정심판위원회는 신청에 다른 처분을 직접하거나 피청구인인 행정청에 그 처분을 할 것을 명령하는 재결을 내린다. 후자를 '처분명령재결'이라 하고, 전자를 '처분재결'이라 한다. 이행적 쟁송의 성질을 가지는 의무이행심판에 처분재결을 포함하는 것은 적절하지 않다.

(3) 조정

행정심판법에는 '조정(調停)제도'가 도입되어 있다. 즉 "행정심판위원회는 당사자의 권리 및 권한의 범위에서 당사자의 동의를 받아 심판청구의 신속하고 공정한 해결을 위하여 조정을 할 수 있다"라고 규정하고 있다(동법 제43조의2 제1항). 조정은 본래 대체적 분쟁해결수단(ADR: Alternative Dispute Resolution)의 하나이다.

2. 재결의 절차와 형식

(1) 재결기간

행정심판법에는 재결기간의 기한이 정해져 있다. 피청구인인 행정청 또는 행정심판위원회가 심판청구서를 받은 날부터 60일 이내에 재결을 하여야 한다(행정심판법 제45조 제1항). 다만, 부득이한 사정이 있으면 위원장이 직권으로 30일을 연장할 수 있다. 심판청구가 부적합하여 보정명령을 내릴 경우 그 보정명령은 재결기간에 산입하지 아니한다.

(2) 재결의 방식(재결서)

재결은 서면으로 한다. 재결서에는 사건번호와 사건명, 당사자·대표자 또는 대리인의 이름과 주소, 주문, 청구의 취지·이유, 재결의 날짜를 기재하고 기명·날인한다. 재결서의 이유에는 주문내용이 정당하다는 것을 인정할 수 있는 정도의 판단을 표시하여야 한다.

(3) 재결의 송달

행정심판위원회는 재결을 한 후 지체 없이 당사자에게 재결서의 정본을 송달하여야 한다(동법 제48조 제1항). 재결의 효력은 청구인에게 송달될 때 발생한다(동조 제2항). 송달은 재결의 효력발생요건이다. 심판청구에 참가인이 있을 때에는 재결서의 등본을 지체 없이 참가인에게 송달하여야 한다(동조 제3항). 참가인에 대한 송달은 재결의 효력발생과 관련이 없다.

3. 재결의 효력

행정심판위원회의 재결서 정본이 당사자에게 송달된 때에 재결의 효력이 발생한다. 그러한 재결의 효력으로 기속력, 형성력 및 존속력이 발생한다.

(1) 기속력

1) 기속력의 의의

행정심판의 재결이 실효성을 가지기 위해서는 행정청과 그 밖의 관계 행정청에 대한 기속력을 가져야 한다. 행정심판법 제49조 제1항도 "행정심판위원회의 재결은 피청구인인 행정청과 그 밖의 관계행정청을 기속한다"라고 규정하고 있다. 이러한 기속력은 '인용재결'의 경우에만 발생한다.

2) 기속력의 내용

① 부작위의무

처분의 취소·변경재결, 무효등확인재결이 있으면 관계 행정청은 이러한 재결에 저촉되는 행위를 할 수 없다(부작위의무). 즉 동일한 사실관계에 대해 동일한 내용의 처분을 반복해서 발급하거나 모순된 처분을 해서는 아니 된다(반복금지효, 모순금지효).

② 재처분의무 및 적극적 처분의무

거부처분에 대한 취소재결이나 무효등확인재결이 있으면, 처분청에 재처분의무가 발생한다(재처분의무). 즉 재결에 의하여 취소되거나 무효 또는 부존재로 확인되는 처분이 당사자의 신청을 거부하는 것일 경우 그 처분을 한 행정청은 재결의 취지에 따라 이전의 신청에 대한 처분을 하여야 한다(행정심판법 제49조 제2항). 재결의 실효성을 높이기 위해 재처분의무를 명확히 한 것이다. 그러나 신청에 따른 처분이 절차의 위법 또는 부당을 이유로 재결로써 취소된 경우에도 그 재결의 취지에 따라 다시 이전의 신청에 대한 처분을 할 의무가 있다. 한편, 행정청의 거부처분이나 부작위에 대한 '이행재결'이 있으면 행정청은 지체 없이 그 재결의 취지에 따라 다시 이전의 신청에 대한 처분을 할 의무가 있다(적극적 처분의무).

③ 결과제거의무

처분의 취소 또는 무효확인 등의 재결이 있으면 행정청은 위법·부당으로 판단된 처분에 의하여 초래된 상태를 제거해야 할 의무를 진다.

3) 기속력의 범위

재결의 기속력은 피청구인인 행정청과 그 밖의 모든 관계 행정청에 미친다(행정심판법 제49조 제1항). 또한 재결의 기속력은 재결의 주문 및 그 전제가 되는 요건사실의 인정과 효력의 판단에 미친다(객관적 범위). 간접사실의 판단에는 재결의 기속력이 미치지 아니한다.

4) 기속력의 이행확보

① 직접처분

행정심판법은 재결의 실효성을 확보하기 위해 직접처분을 인정하고 있다. 즉 행정심판위원회는 피청구인이 행정심판법 제49조 제2항의 규정에도 불구하고 이전의 신청에 대한 처분을 하지 아니하는 경우에는 당사자가 신청하면 기간을 정하여 서면으로 시정을 명하고 그 기간에 이행하지 아니하면 직접 처분을 할 수 있다(행정심판법 제50조 제1항). 다만, 그 처분의 성질이나 그 밖의 불가피한 사유로 행정심판위원회가 직접 처분을 할 수 없는 경우에는 그러하지 아니한다.

② 간접강제

행정심판법은 행정소송법과 마찬가지로 '간접강제'를 규정하고 있다. 행정심판 인용재결에 따른 재처분의무에도 불구하고 행정청이 이를 하지 아니하면 행정심판위원회는 당사자의 신청에 의하여 상당한 기간을 정하여 서면으로 시정을 명하고, 행정청이 그 기간 내에 이를 이행하지 아니할 경우 지연기간에 따라 일정한 배상을 하도록 명하거나 즉시 배상을 할 것을 명할 수 있도록 하고 있다(동법 제50조의2 참조).

(2) 형성력

행정심판의 재결은 새로운 법률관계의 성립이나 종전의 법률관계의 변경·소멸을 가져오는 효과를 발생한다. 이를 재결의 형성력이라 한다. 예컨대 인용재결에 의해 처분의 전부 또는 일부가 취소되면, 그 처분의 효력은 소멸하고 처음부터 존재하지 않은 것이 된다. 이러한 재결의 형성력은 제3자에게도 미친다(대세적 효력).

(3) 존속력

행정심판의 재결이 있으면 그 재결 및 같은 처분 또는 부작위에 대하여 재청구를 할 수 없다(행정심판법 제51조). 그러나 재결 그 자체는 항고소송의 대상이므로 일정한 경우 해당 재결의 취소를 구하는 소를 제기할 수 있다. 행정소송법은 원처분주의를 채택하고 있으며, 재결 그 자체의 고유한 하자가 있는 예외적인 경우에 재결에 대한 취소의 소를 제기할 수 있다. 재결에 대한 취소소송도 제소기간을 준수해야 한다. 제소기간이 경과하면 재결의 효력을 더 이상 다투지 못한다. 이를 재결의 '불가쟁력'이라 한다. 또한 재결은 준사법적 절차인 쟁송절차를 거친 판단행위이므로 행정심판위원회도 이를 취소하거나 변경할 수 없다. 이러한 효력을 불가변력 또는 자박력(自縛力)이라 한다.

4. 재결에 대한 불복

전술한 바와 같이 행정심판의 재결에 대해서는 다시 행정심판을 청구할 수 없다(재청구 금지의 원칙). 이는 쟁송절차를 무한으로 반복하는 것을 차단하고 재결의 실효성을 보장하기 위한 것이다.

위법한 재결에 대해서는 취소소송이나 무효확인소송을 제기할 수 있다. 행정소송의 대상은 원처분이 원칙이며, 피고는 원처분을 한 행정청이다.

Ⅷ 행정심판의 불복고지

1. 고지제도의 의의 및 종류

행정청이 처분을 할 때 상대방에게 행정심판을 제기하기 위해 필요한 사항(행정심판위원회, 청구기간 및 청구절차 등)을 함께 알리는데, 이를 '(불복)고지제도'라고 한다. 이러한 고지제도는 행정불복의 기회보장과 행정작용의 적정화를 위해 인정된다.

행정심판의 불복고지제도에는 직권에 의한 고지와 청구(신청)에 의한 고지가 있다. 서면에 의한 처분을 하는 경우에 행정청이 직권으로 이러한 사실을 고지하는 것이 원칙이다. 이 때 행정청은 해당 처분에 대하여 행정심판을 청구할 수 있는지 여부, 행정심판을 청구하는 경우 심판청구 절차 및 심판청구 기간을 알려야 한다(행정심판법 제58조 제1항). 처분의 '이해관계인'이 고지를 신청하면 해당 행정청은 지체 없이 이를 고지하여야 한다(동법 제58조 제2항). 이 경우 고지할 사항은 해당 처분이 행정심판의 대상이 되는지에 관한 사항과, 행정심판의 대상이 되는 경우 소관 행정심판위원회 및 심판청구기간 등이다.

2. 불고지(不告知)

행정청이 고지를 하지 아니하여 청구인이 심판청구서를 다른 행정기관에 제출한 때에는 해당 행정기관은 그 심판청구서를 지체 없이 정당한 권한 있는 행정청에 송부하고 그 사실을 청구인에게 통지하여야 한다(행정심판법 제23조 제2항). 행정청이 심판청구기간을 고지하지 아니한 경우 그 심판청구기간은 해당 처분이 있었던 날로부터 180일 이내이다(동법 제27조 제6항).

3. 오고지(誤告知)

행정청이 고지한 심판청구기간이 법에서 정한 심판청구기간보다 긴 기간으로 잘못 알린 경우에는 그 잘못 알린 기간에 심판청구가 있으면 청구기간이 준수된 것으로 본다(행정심판법 제27조 제5항).

Ⅸ 특별행정심판

1. 공무원의 신분상 불이익에 대한 행정심판

(1) 소청의 의의 및 대상

행정소송법은 행정심판을 임의적으로 선택할 수 있도록 규정하고 있지만, 개별법에 별도로 행정심판을 반드시 거쳐야 하는 경우도 있다(재결전치주의). 공무원의 징계처분, 그 밖에 본인의 의사에 반하는 불리한 처분이나 부작위에 대해서는 행정소송을 제기하기 전에 '소청심사위원회'의 심사·결정을 반드시 거쳐야 한다(국가공무원법 제16조 제1항). 소청이란 공무원이 징계처분(파면·해임·강등·정직·감봉·견책) 그 밖에 그 의사에 반하는 불리한 처분이나 부작위를 받은 경우에 소청심사위원회에 제기하는 특별행정심판이다(동법 제9조 제1항). 여기서 '불리한 처분'이란 신분상의 불이익을 말하며, 강임·휴직·직위해제·면직이 해당된다.

(2) 소청절차

징계처분·강임·휴직·직위해제·면직처분을 받은 공무원이 이에 불복할 경우 처분사유 설명서를 받은 날부터, 공무원이 그 밖에 본인의 의사에 반한 불리한 처분을 받은 경우에는 그 처분이 있은 것을 안 날부터 각각 30일 이내에 소청을 심사할 수 있다(국가공무원법 제76조 제1항). 이 경우 해당 공무원은 처분사유설명서 또는 인사발령통지서 등의 사본을 관할 소청심사위원회에 제출하여야 한다(소청절차규정 제2조 제1항). 이 경우 변호사를 대리인으로 선임할 수 있다.

(3) 소청의 심사 및 결정

행정 소청심사위원회가 소청사건을 심사할 때에는 대통령령으로 정하는 바에 따라 소청인 또는 그 대리인에게 진술기회를 부여하여야 하고, 그 기회를 주지 아니한 결정은 무효이다(국가공무원법 제13조). 소청사건의 결정은 재적위원 3분의 2 이상의 출석과 출석위원 과반수의 합의에 따른다. 의견이 나뉘어 출석위원 과반수에 이르지 못하였을 때에는 과반수에 이를 때까지 소청인에게 가장 불리한 의견에 차례로 유리한 의견을 더하여 그중에서 가장 유리한 의견을 합의된 의견으로 본다(동법 제14조 제1항). 소청심사위원회는 원징계처분보다 무거운 징계를 하지 못하며, 소청의 원인이 된 사실 이외의 사실에 대하여 심사하지 못한다(동조 제8항). 소청심사위원회의 결정은 처분청을 기속한다(동법 제15조).

(3) 소청심사위원회의 결정에 대한 불복

행정소송법은 원처분주의를 채택하고 있다. 따라서 항고소송의 대상은 원칙적으로 원징계처분이다. 소청심사위원회의 결정에 불복하여 행정소송을 제기할 경우 대통령의 처분 또는 부작위에 대해서는 소속 장관을, 중앙선거관리위원회 위원장의 처분 또는 부작위에 대해서는 중앙선거관리위원회 사무총장을 피고로 한다(국가공무원법 제16조 제2항). 또한 대법원장의 처분에 대해서는 법원행정처장을 피고로 한다(법원조직법 제70조).

2. 교원의 신분상 불이익에 대한 행정심판

(1) 교원의 신분보장과 교원소청심사위원회

교원에게는 그 직무의 특성상 공·사립학교를 막론하고 교권의 존중과 강한 신분보장이 필요하다. 교육공무원은 형의 선고나 징계처분 또는 교육공무원법에서 정하는 사유에 의하지 아니하고는 그 의사에 반하여 강임·휴직 또는 면직을 당하지 아니하며, 권고에 의하여 사직을 당하지 아니한다(교육공무원법 제43조 제2항 및 제3항). 사립학교법도 유사한 규정을 두고 있다(동법 제56조 제1항). 또한 교원의 신분보장을 두텁게 보장하기 위해 '교원의 지위 향상 및 교육활동 보호를 위한 특별법'(이하 "교원지위법"이라 한다)이 제정되어 있다.

각급학교 교원의 징계처분과 그 밖에 그 의사에 반하는 불리한 처분(교원의 재임용 거부처분을 포함)에 대한 소청심사를 하기 위하여 교육부에 '교원소청심사위원회'를 두고 있다(교원지위법 제7조). 교원소청심사위원회는 징계처분과 그 밖에 그 의사에 반하는 불리한 처분을 받은 교원의 소청심사청구에 대해 심리와 결정을 한다.

(2) 심리와 결정

소청심사가 청구되면, 교원소청심사위원회는 그 접수한 날부터 60일 이내에 이에 대한 결정을 하여야 하지만, 불가피하다고 인정하면 그 의결로 30일을 연장할 수 있다(교원지위법 제10조 제1항). 교원소청심사위원회는 심리를 거쳐 각하재결, 기각재결, 취소·변경재결, 취소·변경 명령재결, 무효등확인재결, 처분재결 또는 처분명령재결을 한다(동조 제2항).

(3) 소청심사결정에 대한 불복

교원, 사립학교법상 학교법인 또는 사립학교 경영자 등 당사자(공공단체는 제외함)는 교원소청심사위원회의 결정에 대하여 행정소송을 제기할 수 있다. 당사자는 교원소청심사위원회의 결정서를 송달받은 날부터 30일 이내에 행정소송을 제기할 수 있다(교원지위법 제10조 제4항). 이 경우 국공립학교의 교원은 원칙적으로 원징계처분을 대상으로 항고소송을 제기할 수 있다. 피고는 원징계처분을 한 처분권자이다. 이와 달리 사립학교 교원이나 사립학교 법인이나 그 경영자는 교원소청심사위원회를 피고로 하고, 그 결정을 대상으로 하여 취소소송 또는 무효확인소송을 제기할 수 있다. 물론 사립학교 교원은 민사소송의 방식으로 자신의 징계처분 등의 효력을 다툴 수도 있다.

3. 조세부과처분에 대한 행정심판(조세불복절차)

(1) 조세불복절차의 의의

조세의 부과·징수에 대한 법적 분쟁을 '조세쟁송'이라고 부른다. 이는 조세심판과 조세소송을 망라한다. 위법·부당한 조세의 부과 및 징수에 불복할 경우 반드시 행정심판을 거쳐야 한다. 국세기본법에는 조세사건의 특수성을 고려하여 행정심판법의 적용을 배제하는 특별규정을 두고 있다(국세기본법 제56조). 일반국세의 부과·징수에 대한 행정심판은 '심사청구'와 '심판청구'로 구분된다.

(2) 이의신청

국세의 부과·징수 처분에 대해 이의가 있는 자는 국세청장이 조사·결정 또는 처리하거나 하였어야 할 것인 경우를 제외하고 불복의 사유를 갖추어 해당 처분을 하거나 하였어야 할 세무서장이나 소관 지방국세청장에게 이의를 신청할 수 있다(국세기본법 제55조 제3항 및 제66조 제1항). 이의신청기간은 그 처분의 통지를 받은 날 또는 그 처분이 있었던 것을 안 날부터 90일 이내이다(동법 제66조 제6항 및 제61조 제1항). 이의신청을 받은 세무서장과 지방국세처장은 각각 국세심사위원회의 심의를 거쳐 결정하여야 한다(동법 제66조 제4항). 세무서장이나 지방국세청장은 이의신청이 있은 날부터 90일 이내에 결정하여야 하며, 그 결정은 각하·기각 재결, 취소·경정 또는 필요한 처분의 재결로 할 수 있다(동법 제66조 제6항 및 제65조 제1항·제2항).

(3) 심사청구

심사청구는 해당 처분이 있은 것을 안 날(처분의 통지를 받은 날)부터 90일 이내에 제기하여야 한다(국세기본법 제61조 제1항). 다만, 보정기간은 심사청구기간에 산입하지 아니 한다(동법 제63조 제3항). 이의신청을 거친 경우에는 그 이의신청에 대한 결정 통지를 받은 날부터 90일 이내에 제기하여야 한다(동법 제61조 제3항). 심사청구는 국세심사위원회의 심의를 거쳐 국세청장이 결정한다. 국세심사위원회의 회의는 비공개가 원칙이다. 심사청구의 결정은 각하, 기각, 인용으로 구분된다. 국세기본법 제65조 제1항은 청구를 인용할 경우, 취소·경정 또는 필요한 처분의 결정을 하여야 한다고 규정하고 있다. 실무에서 이의신청 등에 대한 결정의 한 유형으로 '재조사결정'이 있다. 재조사결정에 관한 명문의 규정은 없었는데, 이러한 재조사결정이 "필요한 처분"에 해당하는지가 문제되었다. 대법원은 이러한 재조사결정을 재결의 하나로 보아 재조사결정의 후속처분 통지를 받은 날부터 심사청구기간이나 심판청구기간, 또는 제소기간이 기산된다고 판시하였다.[5] 이후 2016년 12월 30일 국세기본법의 개정으로 국세기본법 제65조 제1항 제3호의 단서에 그 근거를 마련하였다. 즉 "취소·경정 또는 필요한 처분을 하기 위하여 사실관계 확인 등 추가적으로 조사가 필요한 경우에는 처분청으로 하여금 이를 재조사하여 그 결과에 따라 취소·경정하거나 필요한 처분을 하도록 하는 재조사 결정을 할 수 있다"라고 규정하고 있다. 이로써 재조사결정도 심사청구의 결정 중 하나에 포함되었다.

(4) 심판청구

심판청구는 조세심판원에 제기하는 것이다. 즉 심판청구서에 관계 증거서류나 증거물 등을 첨부하여 그 처분을 하거나 하였어야 할 세무서장을 거쳐 조세심판원장에 제출하여야 한다(국세기본법 제69조 제1항). 조세심판원장은 이러한 심판청구를 받았을 때 조세심판관회의의 심리를 거쳐 결정한다. 개별 심판청구에 대한 조사와 심리를 위해 '조세심판관회의'가 구성된다. 이는 주심조세심판관 1명과 배석조세심판관 2명 이상으로 구성된다. 담당조세심판관 3분의 2 이상의 출석으로 개의하고, 출석조세심판관 과반수의 찬성으로 의결한다(동법 제72조).

---

5) 대법원 2010. 6. 25. 선고 2007두12514 전원합의체 판결.

제10장

행정소송

I 행정소송의 기초

1. 행정소송의 의의 및 특성

(1) 행정소송의 의의 및 기능

행정소송이란 행정법상의 법률관계 분쟁에 관한 법원의 재판절차이다. 행정소송은 사인 간의 분쟁을 다루는 민사소송이나 국가의 형벌권의 행사에 관한 형사소송과 구분된다. 또한 행정소송은 그 심판기관이 법원이라는 점에서 행정심판과 구별된다. 행정소송은 권리구제의 기능과 행정통제의 기능을 모두 가진다. 권리구제기능이 행정소송의 주된 기능이라고 보는 견해가 지배적이다.

(2) 행정소송의 특징

행정소송은 다음과 같은 특징이 있다. 첫째, 행정소송은 3심제이다. 과거에 항고소송 및 당사자소송의 제1심 관할 법원을 각각 고등법원으로 하여 2심제로 운영하였으나, 현재는 3심제로 운영하고 있다. 둘째, 행정소송법은 행정법원의 관할이다. 서울행정법원이 설치되어 있으며, 행정법원이 설치되지 아니한 지역에서는 행정법원이 설치될 때까지 지방법원 본원의 합의부가 담당하고 있다. 셋째, 행정소송의 피고는 처분을 한 행정청이다. 소송당사자는 권리·의무의 귀속주체이어야 하므로 국가·공공단체 등 행정주체가 피고가 되어야 한다. 그러나 행정소송법은 소송수행의 원활한 운영과 편의성을 위해 처분청을 피고로 하고 있다(행정소송법 제13조). 넷째, 행정소송에서 관련청구의 병합을 인정하고 있다. 항고소송에는 그 청구와 관련된 원상회복, 손해배상 그 밖의 청구를 병합할 수 있다(행정소송법 제10조). 다섯째, 행정소송에서도 직권심리주의를 채택하고 있다. 마지막으로 행정소송에서도 사정판결을 인정하고 있으며, 집행부정지의 원칙을 채택하고 있다.

2. 행정소송의 연혁

최초의 한국 '행정소송법'은 1951년 8월 24일 제정되었다. 그러나 이 법률은 전문 14개조로 구성되어 있는 간단한 내용이었다. 소원전치주의를 채택하였으며, 소송의 형식도 취소소송과 당사자소송만을 규정하고 있다. 1984년 행정소송법이 전면개정되었고, 행정소송의 유형이 오늘날과 같이 다양화되었다. 즉 항고소송과 당사자소송, 민중소송 및 기관소송을 규정하였다. 1994년에는 사법개혁의 일환으로 행정소송법의 일부개정이 있었다. 그 주요한 내용으로는 행정심판의 임의절차화, 행정법원의 설치 및 행정소송의 3심제화, 상고심조항의 삭제 등이다. 행정소송도 민·형사사건과 마찬가지로 '상고심절차에 관한 특례법'이 적용되었다.

이후 대법원은 2002년에 행정소송법 개정위원회를 출범시켜 입법의견의 형식으로 행정소송법 개정안을 국회에 제출하였다. 또한 2012년에 법무부는 다시 행정소송법 개정위원회를 만들어 개정안을 제안하였다. 이후 2011년에도 다시 행정소송법 개정위원회를 구성하여 개정안의 입법예고를 하였다. 여기에 의무이행소송과 예방적 금지소송의 도입, 원고적격의 확대(법적 이익), 당사자소송의 대상 확대, 기관소송 법정주의의 일부폐지, 가구제제도의 보완, 가처분제도의 도입 등이 포함되었다.

3. 행정소송의 한계

행정소송법은 개괄주의를 채택하고 있지만, 행정소송에도 일정한 한계가 있다. 그러나 학설은 대체로 사법의 본질에 의한 한계와 권력분립원리에 의한 한계로 구별하고 있다.

(1) 사법의 본질에 의한 한계

사법의 본질에 의한 한계로는 구체적 사건성, 반사적 이익 및 객관소송이 고려된다. 사법심사의 대상이 되기 위해서는 구체적인 분쟁이 있어야 하며, 이러한 구체적 사건성 없이 추상적인 법령에 대한 행정소송은 허용되지 아니한다. 또한 행정소송(항고소송)을 제기하기 위해서는 공권 또는 법률상 이익이 있어야 한다. 반사적 이익이나 사실상의 이익을 가진 자는 행정소송을 제기할 수 없다. 주관소송이 원칙이며, 객관소송은 법률이 허용하는 경우에 예외적으로 인정된다.

(2) 권력분립원리에 의한 한계

권력분립원리에 의한 한계로 통치행위, (자유)재량행위, 의무이행소송과 예방적 금지소송이 거론된다. 통치행위는 원칙적으로 사법심사의 대상이 되지 않지만, 판례는 기본권침해와 관련될 경우 헌법재판소의 심판대상이 된다고 보고 있다. 과거에는 재량행위에 대한 사법심사를 부정하였다. 그러나 오늘날에는 재량의 일탈·남용에 대한 사법적 통제가 허용된다. 의무이행소송과 예방적 금지소송에 대해 권력분립원리를 근거로 부정하는 견해가 있지만, 오늘날에는 이러한 소송유형을 인정하는 입법례가 적지 않다(독일·일본 등).

Ⅱ 행정소송의 종류

1. 성질에 의한 분류

행정소송의 성질에 따라 형성의 소, 이행의 소, 확인의 소로 구분된다. 형성의 소는 행정법상의 법률관계를 변동시키는 판결을 목적으로 하는 소송이다. 취소소송이 여기에 속한다.

이행의 소는 이행청구권의 확정과 피고에 대한 이행명령을 목적으로 하는 소송이다. 거부처분이나 부작위에 대한 의무이행소송, 일정한 이행명령을 목적으로 하는 당사자소송(공무원의 연금지급청구소송) 등이 여기에 해당한다.

확인의 소는 권리 또는 법률관계의 존재 또는 부존재의 확정·선언을 구하는 소이다. 예컨대 무효등확인소송, 부작위위법확인소송, 공법상의 법률관계 존부를 확인받기 위한 당사자소송(공무원의 신분을 확인하는 당사자소송) 등이 여기에 해당한다.

2. 내용에 의한 분류

행정소송의 내용에 따라 항고소송, 당사자소송, 민중소송 및 기관소송으로 구분된다.

(1) 항고소송

항고소송은 행정청의 처분 등이나 부작위에 대하여 제기하는 소송을 말한다. 여기에는 취소소송, 무효등확인소송 및 부작위위법확인소송이 있다. 취소소송은 행정청의 위법한 처분이나 재결의 취소·변경을 구하는 소송이다. 무효등확인소송은 처분 또는 재결의 효력 유무 또는 존재 여부의 확인을 구하는 소송이다. 무효등확인소송에는 행정심판전치주의, 제소기간의 제한, 사정판결, 취소판결 등의 기속력에 관한 규정이 준용되지 아니한다(행정소송법 제38조 제1항 참조). 부작위위법확인소송은 행정청의 부작위가 위법하다는 확인을 구하는 소송이다. 부작위위법확인소송에는 집행정지결정, 사정판결에 관한 규정이 적용되지 아니한다. 그 밖에 행정소송법 제4조를 예시규정으로 이해하여 법정외항고소송을 인정해야 한다는 견해도 있다. 예컨대 의무이행소송이 그러하다. 판례는 이에 대해 부정적이다. 독일에는 거부처분이나 부작위에 대해 의무이행소송(Verpflichtungsklage)을, 영미국가에서도 직무집행명령(mandamus)을 인정하고 있다. 일본에서도 '의무화소송'이 도입되었다.

(2) 당사자소송

1) 당사자소송의 의의

당사자소송은 대등한 당사자 사이의 공법상의 법률관계에 관한 소송이다. 당사자소송은 1951년에 제정된 행정소송법에 처음 도입되었으나, 민사소송 위주의 실무 운영과 항고소송 중심주의에 의해 큰 주목을 받지 못하였다. 이후 학계에서는 공법상 당사자소송의 활용론이 주장되었다.

당사자소송의 사례로는 처분 등의 효력 유무나 존재 여부를 전제로 하는 공법상 법률관계에 관한 당사자소송, 공법상의 신분이나 지위의 확인에 관한 소송, 연금·봉급 등 공법상의 금전지급청구소송 등이 있다. 당사자소송은 확인소송과 이행소송의 성질을 모두 가진다. 공법상의 법률관계의 존부를 확인하기 위한 소송은 확인소송의 성질을 가지나, 금전금부소송은 이행소송의 성질을 가진다.

2) 당사자소송의 유형

현행 행정소송법 제3조 제2호에는 공법상 당사자소송의 정의 규정을 두고 있는데, 이를 근거로 학설은 대체로 형식적 당사자소송과 실질적 당사자소송으로 구분하고 있다.

① 실질적 당사자소송

실질적 당사자소송이 본래적 의미의 당사자소송이다. 행정소송법 제3조 제2호의 후단에 규정된 "공법상 법률관계에 관한 소송"은 실질적 당사자소송에 관한 내용이다. 공무원의 신분 또는 지위를 다투는 소송이 여기에 해당한다.

② 형식적 당사자소송

형식적 당사자소송은 처분 등을 원인으로 형성·변경된 법률관계를 대상으로 하는 소송이다. 제2호의 전단에서 말하는 "처분 등을 원인으로 하는 법률관계에 관한 소송"이 여기에 해당한다. 형식적 당사자소송의 사례는 '보상금증감청구소송'이다. 즉 수용재결의 보상액에 불복하여 토지소유자와 사업시행자가 각각 원고와 피고로 다투는 소송을 말한다(공익사업을 위한 토지 등의 취득 및 보상에 관한 법률 제85조 제2항 참조).

3) 당사자소송에 관한 판례의 입장

판례에서 당사자소송이 인정된 사례는 다음과 같다. 대법원은 개정 하천법 부칙 제2조와 하천구역 편입토지 보상에 관한 특별조치법 제2조에 따른 손실보상청구권을 공법상의 권리로 판시하였다.[1] 또한 광주민주화운동 관련자 보상 등에 관한 법률상의 보상금지급청구소송을 당사자소송으로 판단하였다.[2] 그러나 대법원은 국가배상청구권을 사권으로 이해하고 있어, 민사소송의 형식으로 국가배상청구의 소가 제기되고 있다. 손실보상청구권을 사권으로 보는 견해도 있지만, 보상금소송은

1) 대법원 2006. 5. 18. 선고 2004다6207 전원합의체 판결.
2) 대법원 1992. 12. 24. 선고 92누3335 판결. 한편, 대법원은 민주화운동 관련자의 명예불인정 처분에 대해 항고소송(취소소송)을 제기해야 한다고 판시하였다(대법원 2008. 4. 17. 선고 2005두16185 전원합의체 판결).

재결에 대한 취소소송으로 제기되거나, 주거이전비 청구소송과 같이 당사자소송으로 제기되는 경우도 있다.[3] 전술한 바와 같이 보상금증감청구소송도 형식적 당사자소송으로 제기되고 있다.

(3) 민중소송

민중소송이란 국가 또는 공공단체의 기관이 위법한 행위를 한 때에 직접 자신의 법률상 이익과 관계 없이 그 시정을 구하기 위하여 제기하는 소송을 말한다(행정소송법 제3조 제3호). 민중소송은 객관소송이며, 법률에서 정한 자에 한하여 이를 제기할 수 있다(동법 제45조). 민중소송에는 선거소송(공직선거법 제222조), 국민투표무효소송(국민투표법 제92조) 등이 있다.

(4) 기관소송

기관소송은 국가나 공공단체의 기관 상호간에 권한의 존부 또는 그 행사에 관한 분쟁에 대한 소송이다. 지방자치단체의 장이 지방의회의 재결의사항이 법령에 위반된다는 것을 이유로 지방의회를 피고로 하여 대법원에 제기하는 소송이 여기에 속한다(지방자치법 제120조 제3항 및 제192조 제4항 참조). 그러나 헌법재판소의 권한쟁의심판대상은 제외된다.

Ⅲ 행정소송의 대상

1. 항고소송의 대상

(1) 처분 개념의 구성 및 특징

행정소송법상 항고소송의 대상은 '처분 등'이다. 여기에는 행정청의

3) 대법원 2022. 6. 30. 선고 2021다310088, 310095 판결; 대법원 2008. 5. 29. 선고 2007다8129 판결.

처분 외에 행정심판에 의한 재결도 포함된다. 쟁송법상 '처분' 개념은 강학상의 행정행위 개념보다 넓다. 행정소송법 제2조는 '처분' 개념을 정의하고 있다. 이를 크게 분류하면, "행정청이 행하는 구체적 사실에 관한 공권력의 행사"와 "그 밖에 이에 준하는 행정작용"으로 구분된다. 전자는 강학상 행정행위에 상응하는 개념이다. 그 밖에 이에 준하는 행정작용에는 대표적으로 권력적 사실행위가 포함될 수 있다.

위 개념 정의에서 "행정청의 공권력 행사"가 핵심적 개념 요소이다. 공권력 행사가 아닌 사법상 행위는 여기서 배제된다. 행정청은 행정주체의 의사를 결정·표시하는 행정기관을 의미한다. 이러한 행정청 개념에는 위탁받은 행정기관, 공공단체 및 그 기관도 포함된다. 공무수탁사인도 이러한 행정청 개념에 포함될 수 있다. 또한 처분이 성립하기 위해서는 "구체적 사실에 관한 법집행"이어야 한다. 처분을 판단함에 있어서 '구체성'을 기준으로 할 것인지, 아니면 '개별성'을 기준으로 할 것인지가 문제지만, 현행 행정소송법은 전자를 기준으로 하고 있다. 일반처분도 이러한 처분 개념에 포함된다.

(2) 구체적 유형

항고소송의 대상은 판례에서 점차 확대되고 있는데, 처분으로 인정된 사례를 고찰하면 아래와 같다.

1) 행정계획

행정계획은 독자적이 행위형식이지만, 다양한 법형식을 가진다. 즉 법률, 조례, 행정행위(행정처분), 내부행위 등 다양한 법형식의 행정계획이 존재한다. 대법원은 도시관리계획의 처분성을 인정하였다.[4] 그러나 정부의 '4대강 살리기 마스터플랜'의 처분성은 부인되었다.[5]

4) 대법원 1982. 3. 9. 선고 80누105 판결.
5) 대법원 2011. 4. 21. 자 2010무111 전원합의체 결정.

2) 사실행위 및 내부적 행위

사실행위에 속하는 권고, 경고 등에 대해 처분성을 부인하는 판례가 지배적이었으나, 근래에는 이러한 (권력적) 사실행위에 대해 처분성을 인정하는 사례가 늘고 있다. 국가인권위원회의 성희롱결정 및 시정조치 권고[6], 지적공부의 지목변경[7], 불문경고[8], 건축물대장의 직권말소[9] 등에 대해서는 처분성을 인정하였다. 또한 세무조사결정에 대해서도 전원합의체 판결을 통해 처분성을 인정하였다.[10]

3) 중간행위

사전결정이나 임시적 행정행위 등의 처분성이 문제 된다. 대법원은 원자력법에 규정된 원자로시설부지의 사전승인을 '사전적 부분허가'로 판단하였다. 서울행정법원은 법학전문대학원 설치 예비인가의 처분성을 인정하였다.[11]

4) 공시지가결정

공시지가에는 표준지공시지가와 개별공시지가가 있다. 표준지공시지가는 국토교통부장관이 토지이용상황이나 주변환경, 그 밖의 자연적·사회적 조건이 일반적으로 유사하다고 인정되는 일단의 토지 중에서 선정한 표준지에 대하여 매년 공시기준일 현재의 단위면적당 적정가격을 말한다. 개별공시지가는 시장·군수 또는 구청장이 시·군·구 부동산평가위원회의 심의를 거쳐 결정·공시하는 매년 공시지가의 공시기준일 현재 관할구역 안의 개별토지의 단위면적당 가격을 말한다. 그 법적 성질에

---

6) 대법원 2005. 7. 8. 선고 2005두487 판결.
7) 대법원 2004. 4. 22. 선고 2003두9015 전원합의체 판결.
8) 대법원 2002. 7. 26. 선고 2001두3532 판결.
9) 대법원 2010. 5. 27. 선고 2008두22655 판결.
10) 대법원 2011. 3. 10. 선고 2009두23617 판결.
11) 서울행정법원 2008. 8. 20. 선고 2008구합5889 판결.

관하여 학설상 논란이 있었으나, 판례는 표준지공시지가와 개별공시지가 모두에 대해 처분성을 인정하고 있다.

5) 거부처분

거부처분이 항고소송의 대상임은 물론이다. 그러나 실무상 반려, 회신 등의 처분성이 문제 된다. 특히 신고의 반려가 처분인지가 다투어지고 있다. 종전에 대법원은 건축신고의 반려에 대해 처분성을 부인하였으나, 근래에는 이를 처분이라고 판단하고 있다.[12)]

6) 고시

판례는 약가고시의 처분성을 인정하였다.[13)] 고시는 행정규칙, 통지행위, 일반처분 등 다양한 법적 성질을 가진다. 약가고시는 그 자체가 처분일 뿐이다. 그 밖에 판례가 “결정·고시”, “지정·고시” 등을 모두 처분으로 보는 사례도 적지 않다.

7) 부담

판례는 행정행위의 부관 중 ‘부담’에 대해서는 처분성을 인정하고 있다.[14)] 부담은 형식적으로 본체인 행정행위에 부가되어 있지만, 그 자체가 독자적인 규율성을 가진다.

(3) 재결

재결도 항고소송의 대상이 된다. 그러나 행정소송법은 원처분주의를 채택하고 있으므로 재결에 대해서는 예외적으로 그 자체 고유한 하자가 있을 때에만 그 취소 또는 무효를 구하는 소를 제기할 수 있다. 재결이 항고소송의 대상이 되는 경우를 유형화하면 아래와 같다.

---

12) 대법원 2010. 11. 8. 선고 2008두167 전원합의체 판결.
13) 대법원 2006. 5. 25. 선고 2003두11988 판결.
14) 대법원 1992. 1. 21. 선고 91누1264 판결.

1) 재결 자체의 고유한 하자가 있는 경우

예외적인 재결주의에 따라 재결 그 자체에 하자가 있는 경우, 그 재결도 항고소송의 대상이 될 수 있다. 재결 자체에 고유한 위법이란 절차적 하자뿐만 아니라 실체적 하자도 포함한다. 따라서 행정심판위원회의 권한 또는 구성, 재결절차나 재결형식의 위법, 내용의 위법 등이 여기에 해당된다. 행정심판청구가 부적법하지 않음에도 불구하고 각하재결을 한 경우 이러한 각하재결도 항고소송의 대상이 된다.

2) 개별 법령에서 재결절차를 별도로 정한 경우

행정소송법에는 임의적 전치주의로 규정하고 있으나, 개별 법령에서 해당 처분에 대한 재결을 반드시 거치도록 규정한 경우가 있다. 이러한 재결을 내리는 행정심판은 대부분 특별행정심판에 해당한다. 이 경우 재결에 대해 항고소송을 제기할 수 있는지가 문제 된다.

① 교원소청심사위원회의 결정

각급학교 교원의 징계처분과 그 밖에 그 의사에 반하는 불리한 처분(교원에 대한 재임용 거부처분 포함)에 대해서는 소청심사를 제기할 수 있고, 이를 위해 교육부에 교원소청심사위원회를 두고 있다. 또한 교원소청심사위원회의 결정에 불복할 경우 교원, 학교법인 또는 사립학교 경영자 등은 행정소송을 제기할 수 있다(교원의 지위 향상 및 교육활동 보호를 위한 특별법 제10조 제4항). 이 경우 행정소송(항고소송)의 대상이 문제다. 사립학교의 교원에 대한 징계처분은 행정처분이 아니므로 교원소청심사위원회의 결정에 대해서만 행정소송을 제기할 수 있다. 그러나 국·공립학교의 교원에 대한 징계절차에서는 원처분인 징계처분이 항고소송의 대상이 된다.

② 감사원의 재심의 판결

감사원법 제36조 제1항에 의하면, 회계관계직원에 대한 변상판정에 대하여 위법 또는 부당하다고 인정되는 경우 본인, 소속장관, 감독기관의 장 또는 해당 기관의 장은 변상판정서가 도착한 날부터 3개월 이내에 감사원에 재심의를 청구할 수 있다. 이에 따른 재심의판결에 대하여 감사원을 당사자로 하여 행정소송을 제기할 수 있다(감사원법 제40조 제2항).

③ 중앙노동위원회의 재심판정

노동조합 및 노동관계조정법에 의하면, 근로자 또는 노동조합은 사용자의 부당노동행위에 대하여 지방노동위원회에 구제신청을 하고, 이에 의하여 구제를 받지 못할 경우에는 중앙노동위원회에 재심을 신청할 수 있다(동법 제82조 및 제85조 제1항). 이러한 중앙노동위원회의 재심판정에 대하여는 행정소송을 제기할 수 있다(동법 제85조 제2항).

④ 중앙토지수용위원회의 이의재결

대법원은 수용재결에 불복하여 중앙토지수용위원회의 이의재결을 거친 후 취소소송을 제기하는 때에는 원칙적으로 지방토지수용위원회 또는 중앙토지수용위원회의 수용재결을 대상으로 취소소송을 제기할 수 있다.[15)]

3) 수정재결(일부취소·변경 재결)

행정심판위원회는 취소심판의 이유가 있을 때 그 처분을 취소 또는 변경하는 재결을 내릴 수 있다. 이 경우 수정(변경)재결을 항고소송의 대상으로 볼 수 있는지가 문제다. 예컨대 행정청의 불이익처분에 대해

---

15) 대법원 2010. 1. 28. 선고 2008두1504 판결.

일부 취소하는 재결을 내리는 경우가 그러하다(영업정지 6월을 일부취소하여 영업정지 2개월의 재결을 내리는 경우). 또는 적극적 변경재결을 내리는 경우도 있다. 예컨대 공무원에 대한 파면처분을 소청심사위원회가 해임처분으로 감경하는 경우가 그러하다.

이 경우 무엇을 대상으로, 그리고 누구를 피고로 하여 항고소송(취소소송)을 제기할 수 있는지가 학설에서 다투어지고 있다. 제1설은 재결주의에 따라 재결을 대상으로 항고소송을 제기하여야 한다는 견해이다. 즉 영업정지 2개월 또는 해임처분을 대상으로 한다는 것이다. 제2설은 원처분주의에 입각하여 일부 취소되고 남은 원처분(영업정지 2개월 또는 해임처분)을 대상으로 항고소송을 제기할 수 있다는 견해이다. 이 견해는 영업정지 6개월에서 4개월은 취소되고 잔존하는 영업정지 2개월을 원처분으로 본다. 제3설은 절충설로 일부취소재결의 경우에는 원처분(영업정지 2개월)으로 보지만, 적극적 변경재결의 경우에는 그 (변경)재결인 해임처분을 항고소송의 대상으로 보아야 한다는 것이다.

제1설과 제2설은 외관상 동일한 대상이지만, 피고는 다르다. 제1설에서는 재결을 대상으로 하므로 행정심판위원회가 항고소송의 피고가 된다. 그러나 제2설에 의하면, 항고소송의 피고는 원처분을 내린 행정청이다. 제3설에서는 일부취소재결을 할 경우에는 원처분을 내린 행정청이지만, 적극적 변경재결을 내릴 경우에는 행정심판위원회가 된다. 제3설은 일관성이 없고, 양자를 구분할 실익이 없다. 감경된 처분은 외관상 재결과 동일하게 보이지만, 이는 재결이 아니라 수정·변경된 처분이 (일부)취소되고 남은 원처분이다. 이러한 해석이 원처분주의에 적합하고, 또한 당초의 원처분을 다투는 것보다 원고의 권리구제에 유리하다. 행정심판위원회는 처분청의 원처분을 변경하였을 뿐, 원고에 대해 징계처분을 내릴 수 있는 권한을 가진 것은 아니다. 따라서 제2설이 타당하다.

2. 당사자소송의 대상

당사자소송의 대상은 '공법상 법률관계'이다. 여기서 말하는 공법상의 법률관계는 행정에 관계되는 법률관계 중 공법이 규율하는 것을 말한다. 예컨대 공무원의 신분이나 지위, 공무원의 봉급·연금 등의 금전지급 등이 공법상 법률관계에 해당한다. 이를 다투는 소송을 '실질적 당사자소송'이라고 한다. 행정소송법에는 "행정청의 처분 등을 원인으로 하는 법률관계"도 공법상 당사자소송의 대상으로 규정하고 있다(동법 제3조 제2호 참조). 이러한 소송을 '형식적 당사자소송'이라고 부른다. 여기에 해당하는 대표적 사례는 공익사업을 위한 토지 등의 취득 및 보상에 관한 법률 제85조 제2항에 따른 보상금증감청구소송이다.

3. 민중소송의 대상

민중소송은 객관소송에 해당하며, 그 대상은 법률이 특별히 인정한 경우에 예외적으로 허용된다. 민중소송의 대상은 선거소송이나 국민투표에 대한 소송이다. 공직선거법 제222조 제1항에는 "대통령선거 및 국회의원선거에 있어서 선거의 효력에 관하여 이의가 있는 선거인·정당(후보자를 추천한 정당에 한한다) 또는 후보자는 선거일부터 30일 이내에 당해 선거구선거관리위원회 위원장을 피고로 하여 대법원에 소를 제기할 수 있다"라고 규정하고 있다. 또한 국민투표법 제92조에는 "국민투표의 효력에 관하여 이의가 있는 투표인은 투표인 10만인 이상의 찬성을 얻어 중앙선거관리위원회 위원장을 피고로 하여 투표일로부터 20일 이내에 대법원에 제소할 수 있다"라고 규정하고 있다.

4. 기관소송의 대상

기관소송은 국가 또는 공공단체의 기관 상호간에 권한의 존부 또는 그 행사에 관한 다툼이 있을 때 제기하는 소송이다. 기관소송도 민중소송과 마찬가지로 객관소송에 속하므로 개별 법률이 인정한 경우에 허용된다. 이를 '기관소송 법정주의'라고 한다. 예컨대 지방자치단체의 장은 재의결된 조례안이 법령에 위반된다고 인정되면, 조례안의 재의결에 대한 무효확인의 소를 대법원에 제기할 수 있다(지방자치법 제120조 제3항).

Ⅳ 행정소송의 재판관할

1. 행정소송의 관할법원

(1) 항고소송의 관할법원

취소소송의 제1심 관할법원은 원칙적으로 피고인 행정청의 소재지를 관할하는 행정법원이다(행정소송법 제9조 제1항). 지금은 서울행정법원만 설치되어 있어, 행정법원이 설치되지 아니한 지역에서는 행정법원이 설치될 때까지 지방법원 본원 및 춘천지방법원 강릉지원이 제1심 관할법원이 된다. 또한 중앙행정기관, 중앙행정기관의 부속기관과 합의제 행정기관 또는 그 장, 국가의 사무를 위임 또는 위탁받은 공공단체 또는 그 장이 피고인 경우 대법원 소재지를 관할하는 행정법원(서울행정법원)에 제기할 수 있다(동조 제2항). 이러한 내용은 '보통재판적(普通裁判籍)'에 관한 사항이다.

그러나 토지의 수용 기타 부동산이나 특정 장소에 관한 처분 등에 대한 취소소송은 그 부동산이나 장소의 소재지를 관할하는 행정법원에 제기할 수 있다(동조 제3항 참조). 이는 '특별재판적(特別裁判籍)'에 관한 것으로서 원고의 소송수행 편의를 고려한 것이다. 토지관할과 관련하여 보통재판적과 경합할 때 원고가 관할법원 중 하나를 임의로 선택하여 소를 제기할 수 있다. 취소소송의 관할 규정은 무효등확인소송 및 부작위위법확인소송에도 준용된다(행정소송법 제38조 참조).

(2) 당사자소송의 관할법원

당사자소송에도 행정소송법 제9조의 관할규정이 준용되지만, 국가 또는 공공단체가 피고인 경우에는 관계 행정청의 소재지를 피고의 소재지로 본다(동법 제40조). 관계 행정청은 해당 사건과 구체적인 이해관계를 가진 행정청을 의미한다. 보상금증감청구소송에서는 보상금의 증액 또는 감액을 결정한 처분을 내린 행정청을 "관계 행정청"으로 보아야 한다. 이의재결을 내린 중앙토지수용위원회가 관계 행정청이다. 피고의 소재지인 세종특별자치시에는 법원이 없으므로 대전지방법원 본원에 행정소송을 제기할 수 있다. 또한 중앙토지수용위원회는 합의제행정기관이므로 대법원 소재지를 관할하는 서울행정법원에도 소를 제기할 수도 있다.

(3) 민중소송과 기관소송의 관할법원

민중소송 및 기관소송의 재판관할은 개별법에 별도로 규정되어 있다. 대통령 및 국회의원의 선거소송은 대법원의 관할이다(공직선거법 제222조 제1항). 지방자치단체의 장이 지방의회의 조례안 재의결에 대해 제기하는 소송(조례안재의결무효확인소송)도 대법원의 관할사항이다(지방자치법 제172조 제3항).

2. 사건의 이송

소송형식이나 관할법원을 착각하여 소를 제기할 수 있다. 이를 위해 사건의 이송제도를 두고 있다. 사건의 이송(移送)이란 어느 법원에 일단 계속된 소송을 재판에 의하여 다른 법원에 이전하는 것을 말한다. 이는 관할위반으로 소각하를 하기보다는 이송하여 소송경제를 도모하는 것이다. 사건의 이송을 인정하는 경우로는 첫째, 관할위반으로 인해 이송을 하는 경우이다. 원고가 고의나 중대한 과실 없이 행정소송으로 제기할 사건을 민사소송으로 잘못 제기하였거나, 행정소송의 심급을 달리하는 법원에 잘못 제기한 경우에는 관할법원에 이송하도록 하고 있다(행정소송법 제7조 참조). 둘째, 관련청구소송을 항고소송이 계속(繫屬)된 법원에 이송하는 경우이다. 예컨대 위법한 처분을 다투는 취소소송과 이에 대한 공법상 손해배상소송을 각각 다른 법원에 제기하여 계속된 경우 공법상 손해배상소송을 취소소송이 계속된 법원으로 이송하는 것이다.

V 행정소송의 당사자

1. 당사자의 의의

행정소송의 당사자라 함은 행정소송에서 자신의 이름으로 권리보호를 요구하거나 요구받는 자를 말한다. 행정소송에서도 원고와 피고가 대립하여 행정상 분쟁을 다툰다. 당사자소송에서는 대등한 당사자 사이에 공법상의 법률관계를 다룬다는 점에서 사법상의 법률관계를 다루는 민사소송과 구분된다. 항고소송에서는 처분 등의 위법을 다툰다. 행정소송에서도 당사자능력과 당사자적격이 문제 된다. 당사자능력이란 소송의 주체가 될 수 있는 능력, 즉 원고와 피고, 또는 참가인이 될 수 있는 능력을 말한다. 민법 그 밖의 법률에 의해 권리능력을 가져야 한다. 그런 점에서 자연인과 법인은 행정소송상 당사자능력을 가진다. 민사소송법 제52조는 법인이 아닌 사단이나 재단도 대표자나 관리인이 있으면 그 사단이나 재단도 당사자능력을 가질 수 있다고 규정한다. 행정소송법에 이러한 규정을 준용할 수 있다(행정소송법 제8조 제2항 참조). 당사자적격이란 특정한 소송사건에서 당사자로서 소송을 수행하고 본안판결을 받기에 적합한 자격을 말한다.

2. 원 고

광의의 소익에는 소송의 대상적격(처분성), 권리보호의 자격(원고적격) 및 권리보호의 필요(협의의 소익) 등이 포함된다. 여기서 행정소송의 원고적격과 협의의 소익에 대해 설명하기로 한다.

(1) 취소소송의 원고적격

1) 원고적격의 범위와 해석

행정소송법에는 당사자소송의 원고적격에 관한 규정은 없다. 이에 대해서는 일반 민사소송의 당사자적격에 관한 규정이 적용된다. 민중소송과 기관소송의 원고적격은 개별 법률에서 규정하고 있다. 따라서 문제는 항고소송의 원고적격이다. 특히 취소소송의 원고적격과 관련하여, 행정소송법 제12조는 "법률상 이익이 있는 자"라고 규정하고 있다. 이에 대해 학설이 대립하고 있다. 즉 권리구제설, 법적보호이익설(법률상 이익구제설), 보호가치이익구제설 및 적법성보장설이 그러하다. 법적보호이익설이 통설·판례의 입장이다. 취소소송의 원고적격은 점차 확대되고 있다. 종전에 반사적 이익으로 보던 것을 법률상 이익으로 보고 있다. 취소소송의 원고적격 문제는 인인(隣人)소송, 경원자소송 등에서도 중요한 쟁점이다. 특정한 인허가가 인근주민(제3자)의 권리나 이익을 침해하는 것을 다투거나 특정한 인허가의 발급을 두고 다수의 신청인(경원자)이 다투는 소송이 그러하다. 또는 신규로 인허가를 발급하여 기존에 인허가를 받은 자의 권리나 이익이 침해되는 것도 문제 된다(경업자소송). 이러한 경우에 제3자의 권리보호가 문제 된다.

> "행정처분의 직접 상대방이 아닌 제3자라도 당해 행정처분의 취소를 구할 법률상의 이익이 있는 경우에는 원고적격이 인정되는데, 여기서 말하는 법률상의 이익은 당해 처분의 근거 법률에 의하여 보호되는 직접적이고 구체적인 이익이 있는 경우를 말하고, 다만 공익보호의 결과로 국민 일반이 공통적으로 가지는 추상적, 평균적, 일반적인 이익과 같이 간접적이나 사실적, 경제적, 이해관계를 가지는데 불과한 경우는 여기에 포함되지 않는다." (대법원 1995. 9. 26. 선고 94누14544 판결)

2) 국가기관의 원고적격 인정 여부

한편, 국가(국가기관), 지방자치단체 또는 그 기관이 항고소송의 원고적격을 가지는지가 논의된다. 판례는 오래전부터 국가기관의 원고적격을 부인하여 왔다. 예컨대 독립된 법인이 아닌 국립대학교의 총장이 국가나 지방자치단체를 상대로 행정소송을 제기한 사례에서 국기기관의 원고적격을 부인하였다.[16] 그러나 국민권익위원회가 제보자인 K에 대한 중징계를 취소하고 향후 신고로 인한 신분상 불이익 및 차별 등의 금지를 요구하자, 경기도선거관리위원회 위원장 A가 이러한 조치요구의 취소를 구한 사건도 있다. 이 사건에서 대법원은 예외적으로 국가기관인 경기도선거관리위원회 위원장의 원고적격을 인정하고 있다.[17] 그러나 이러한 국민권익위원회의 조치요구를 이행하지 않으면 행정형벌을 받을 수 있는데, 이를 국기기관(위원장)이 승계한다는 것은 타당하지 않다. 이 사건은 경기도선거관리위원회의 위원장 A가 '자연인'으로서 그

16) 대법원 2007. 9. 20. 선고 2005두6935 판결.
17) 대법원 2013. 7. 25. 선고 2011두1214 판결.

조치요구의 취소를 구하는 소를 제기한 것으로 해석하는 것이 합리적이다. 지방자치단체는 공법인이며, 주관적 지위가 강조되고 있다는 점에서 국가나 상급자치단체에 의해 자치권이 침해될 경우 원고적격을 인정할 수 있다. 그러나 지방자치단체의 장은 기관에 불과하므로 원칙적으로 법인격이 없다. 다만, 지방자치단체의 장이 지방자치단체를 대표하여 항고소송을 제기할 때에는 원고적격을 인정할 수 있다.

(2) 협의의 소익(특수한 권리보호필요)

1) 문제의 소재

행정소송법 제12조 후문은 예외적으로 처분 등의 효과가 기간의 경과, 처분 등의 집행 그 밖의 사유로 소멸된 뒤에도 그 처분 등의 취소로 인하여 회복되는 법률상 이익이 있는 때에는 취소소송을 제기할 수 있다고 규정하고 있다. 학설은 대체로 이를 “협의의 소익”으로 부르고 있다. 그러나 여기서 말하는 “법률상 이익”이 무엇을 의미하는지, 특히 행정소송법 제12조 전문의 “법률상 이익”과 동일한 의미인지가 문제다.

2) 학설 및 판례의 입장

이와 관련하여 학설이 대립하고 있다. ① 행정소송법 제12조 후문과 전문의 법률상 이익을 같은 것으로 이해하고, 법적으로 보호되는 이익으로 해석하는 견해, ② 항고소송을 확인소송으로 보면서 행정소송법 제12조 후문을 “법률상 보호가치 있는 이익”으로 보는 견해, ③ 행정소송법 제12조 후문의 법률상 이익을 독일의 계속확인소송에서 확인의 정당한 이익이 있는 경우에 인정되는 권리보호의 필요로 보는 견해 등이 있다.

한편, 판례에서 소익이 인정된 사례는 다음과 같다. 첫째, 처분 등의 집행으로 처분 등의 효과가 소멸된 후에도 그 집행 이후의 법률관계에 영향을 미치는 경우이다. 현역의무부과처분 취소소송에서 현역병입영대상자가 현실적으로 입영하였더라도 입영 이후의 법률관계에 영향을 미친다는 것을 이유로 현역병입영통지처분 등의 취소를 구할 소익이 인정되었다.[18]

둘째, 기간의 경과로 처분의 효력이 소멸한 후에도 파생적 효과나 부수적 효과가 남아 있는 경우이다. 위반횟수에 따른 가중처벌의 규정이 있는 경우 자동차운행정지처분의 기간이 경과한 후에도 그 처분의 취소를 구할 법률상 이익이 있는지를 다투는 소송에서 협의의 소익을 인정하였다.[19] 또한 대법원은 전원합의체 판결을 통해 환경영향평가대행업자가 업무정지처분기간의 경과 후에 그 업무정지처분의 취소를 구할 소익을 인정하였다. 원고는 비록 업무정지처분기간이 경과하였으나, 신규로 환경영향평가대행계약을 통해 대행업무를 하면서 시행규칙에 정한 가중된 제재처분을 후행처분으로 받을 수 있다는 점을 고려한 것이다.

> "제재적 행정처분이 그 처분에서 정한 제재기간의 경과로 인하여 그 효과가 소멸되었으나, 부령인 시행규칙 또는 지방자치단체의 규칙의 형식으로 정한 처분기준에서 제재적 행정처분을 받은 것을 가중사유나 전제요건으로 삼아 장래의 제재적 행정처분을 하도록 정하고 있는 경우, 선행처분인 제재적 행정처분을 받은 상대방이 그 처분에서 정한 제재기간이 경과하였다 하더라도 그 처분의 취소를 구할 법률상 이익이 있다" (대법원 2006. 6. 22. 선고 2003두1684 전원합의체 판결)

3) 비교법적 고찰 – 독일의 입법례

독일 행정법원법은 계속확인소송에서 행정행위가 종료된 경우 원고가 그 확인에 정당한 이익이 있는 한 법원이 해당 행정행위의 위법을

18) 대법원 2003. 12. 26. 선고 2003두1875 판결.
19) 대법원 1993. 12. 21. 선고 93누21255 판결.

심사할 수 있다고 규정하고 있다. 여기서 "확인의 정당한 이익"이란 반복위험의 방지 이익, 잔존하는 차별을 제거할 회복의 이익, 그리고 손해배상소송의 선결적 효력에 관한 이익 등을 말한다. 다만, 독일에서는 계속확인소송의 법적 성질에 대해서도 견해가 대립하고 있다. 이를 취소소송의 하위유형으로 보는 견해, 확인소송의 특수한 형태로 보는 견해 및 특수한 소송유형으로 보는 견해 등이 있다.

4) 관견

행정소송법 제12조 후문의 법률상 이익은 전문의 법률상 이익과 구별된다. 일정한 사유(기간의 경과, 처분의 집행 등)로 처분 등의 효과가 소멸한 경우에 인정되는 권리보호의 필요를 말한다(특수한 권리보호필요).[20] 즉 이를 행정소송법 제12조 전문의 원고적격보다 넓게 이해해야 한다. 또한 행정소송법 제12조는 취소소송에 관한 규정이며, 독일의 계속확인소송과는 구별된다. 독일의 계속확인소송은 그 법적 성질에 대해 학설이 대립하고 있지만, 대체로 이를 확인소송의 특수한 형태로 이해하는 견해가 지배적이다.

5) 보호범위 – 명예·신용 등의 정신적 이익

행정소송법 제12조 후문의 법률상 이익에 명예·신용 등의 정신적 이익이 포함되는지도 문제다. 이를 인정하는 입법례도 있지만, 판례에서 이를 명확히 인정한 사례는 거의 없다. 대법원은 지방의회 의원에 대한 제명의결처분 취소소송의 계속 중에 그 의원의 임기가 만료된 경우에도 그 제명의결처분의 취소로 인하여 회복되는 법률상 이익이 있다고 판단하였다.[21] 그러나 명예나 신용 등의 정신적 이익을 근거로 소익을 인정한 것이 아니라, 제명의결의 취소로 지방의회 의원으로서의 지위를 회

20) 졸저, 한국행정법론(제3판), 608면.
21) 대법원 2009. 1. 30. 선고 2007두13487 판결.

복할 수는 없을지라도 '월정수당'을 지급받을 수 있다는 것을 근거로 소익을 인정한 것이다. 생각건대 행정소송법 제12조 후문의 법률상 이익에도 명예·신용 등의 인격적·정신적 이익을 포함하는 것이 타당하다고 본다.

(3) 무효등확인소송의 원고적격

무효등확인소송에서는 처분 등의 효력 유무나 존재 여부의 확인을 구할 법률상 이익이 있는 자가 원고적격을 가진다. 무효등확인소송의 법률상 이익이 취소소송의 법률상 이익과 동일한지가 문제 된다. 이와 관련하여 양자가 동일하다고 보아 '법적으로 보호되는 이익'으로 보는 견해와 무효등확인소송의 법률상 이익을 즉시확정의 이익으로 해석하는 견해가 있다. 전자의 견해가 다수설이다. 판례는 종전에 후설의 입장에 따라 무효등확인소송의 보충성을 인정하였다. 그러나 대법원은 이러한 판례를 변경하여 무효등확인소송의 보충성을 부인하고, 무효등확인소송의 법률상 이익을 취소소송과 마찬가지로 '법적으로 보호되는 이익'으로 보고 있다.[22]

(4) 부작위위법확인소송의 원고적격

부작위위법확인소송에서는 부작위의 위법확인을 구할 법률상 이익이 있는 자가 원고적격을 가진다. 여기서 말하는 법률상 이익도 '법적으로 보호되는 이익'으로 해석된다. 판례에서는 부작위의 인정요건을 엄격히 심사하고 있으며, 부작위가 인정되기 위해서는 법규상 또는 조리상의 신청권이 있어야 한다고 보고 있다. 한편, 대법원은 국회의원인 원고(A)가 피고인 외교통상부장관(B)이 미합중국 주재 대사인 소외인(X)의 직을 계속 보유하게 하여서는 아니 된다는 원고의 요구에 대하여 아무런

22) 대법원 2008. 3. 20. 선고 2007두6342 전원합의체 판결.

조치를 취하지 아니한 피고의 부작위가 위법임을 확인하는 소를 구한 사건에서, 국회의원은 이에 대해 법규상 또는 조리상의 신청권이 없다고 판시하였다.[23)]

3. 피 고

(1) 행정소송의 피고적격

항고소송의 피고는 처분 등이나 부작위를 한 행정청이다. 취소소송의 피고는 해당 처분 등을 한 행정청이다(행정소송법 제13조 제1항). 즉 자신의 명의로 해당 처분 등을 실제로 행한 행정청을 말한다. 공무원에 대한 징계, 면직 기타 본인의 의사에 반하는 불이익처분에 있어 그 처분청이 대통령인 때에는 소속장관을 피고로 하여야 한다(국가공무원법 제19조). 처분 등이 행해진 후 그 처분 등을 할 수 있는 권한이 다른 행정청에 이관된 경우에는 새로이 권한을 양수한 행정청이 피고적격을 가진다(행정소송법 제13조 제1항 단서). 또한 처분이나 재결을 한 행정청이 없어진 때에는 그 처분·재결에 관한 사무가 귀속되는 국가 또는 공공단체가 피고가 된다(동조 제2항). 소송의 계속 중에 권한이 이관된 때에는 권한을 양수한 행정청으로 피고를 경정함으로써 소송을 승계한다(동법 제14조 제6항).

당사자소송의 피고는 국가 또는 공공단체이다(행정소송법 제39조). 국가가 피고가 되는 때에는 법무부장관이 국가를 대표한다(국가를 당사자로 하는 소송에 관한 법률 제2조). 또한 지방자치단체가 피고가 되는 때에는 해당 지방자치단체의 장이 대표한다(지방자치법 제114조 참조).

민중소송 및 기관소송의 피고는 법률에서 정하고 있다. 대통령선거 및 국회의원 선거에 관한 소송의 피고는 해당 선거구선거관리위원회의

23) 대법원 2000. 2. 25. 선고 99두11455 판결.

위원장으로 한다(공직선거법 제222조 제1항). 또한 국민투표 무효소송은 중앙선거관리위원회 위원장을 피고로 한다(국민투표법 제92조).

(2) 피고경정

위에서 언급한 바와 같이 소송의 계속 중 일정한 경우에 피고를 변경하거나 추가할 수 있다. 이를 '피고경정'이라고 한다. 행정조직이나 행정법규는 복잡하고 자주 변경되기 때문에 외부에서 소관 행정청을 정확히 파악하기 어려운 점이 있다. 이를 부적법한 것으로 보아 각하판결을 하면 다시 소를 제기해야 하고, 제소기간의 경과로 권리구제를 받기가 어려운 경우도 있다. 피고의 경정이 허용되는 것은 피고를 잘못 지정한 경우이다(행정소송법 제14조). 또한 행정청의 권한변경이 있을 때 피고를 경정할 수 있다(동법 제13조 제1항 단서 및 제2항 참조). 이에 대해서는 위에서 설명하였다. 마지막으로 소의 변경이 있을 때이다(동법 제21조 제2항 및 제4항 참조). 소의 변경은 청구의 취지나 원인, 또는 그 양자를 변경하는 것이다. 취소소송을 제기한 후 당사자소송으로 소를 변경하면 피고를 처분행정청에서 국가나 공공단체로 경정하여야 한다.

피고의 경정은 원고의 신청에 의해 진행된다. 다만, 소의 제기 후 행정청의 권한변경 또는 행정조직의 변경으로 피고경정을 해야 하는 경우, 법원은 원고의 신청이 없더라도 직권으로 피고를 경정할 수 있다. 피고경정은 사실심의 변론종결 시까지 허용된다. 법원은 피고경정의 요건을 충족하는지를 심사하고, 변론을 할지도 결정할 수 있다. 법원은 이러한 심리를 거쳐 피고경정을 허가하거나 직권으로 피고를 경정할 수 있다(동법 제14조 제1항 및 제6항).

피고가 경정되면 신소(新訴)가 제기된 효과가 발생하며, 그 소의 제기시점은 당초에 소를 제기한 때로 의제된다(동법 제14조 제4항). 피고경정을 허가하는 결정이 있으면 종전의 피고에 대한 소는 취하한 것으로 간주된다.

4. 행정소송의 참가인

소송의 계속 중에 소송 외의 제3자가 타인과의 소송결과에 따라 자신의 권리나 이익에 영향을 미칠 경우 그 소송절차에 참여할 수 있다. 이를 '소송참가'라 한다. 행정소송법에는 제3자의 소송참가와 행정청의 소송참가를 규정하고 있다. 제3자의 소송참가의 사례로는 신규의 설치허가에 대해 기존업자가 그 취소를 구하는 소송을 제기할 경우 신규로 설치허가를 받은 자가 그 소송에 참가하는 것을 들 수 있다. 이 경우 필요적 공동소송에 있어서 민사소송법 제67조를 준용한다(행정소송법 제16조 제4항). 소송에 참가한 제3자는 필요적 공동소송에 있어서 공동소송인에 준하는 지위를 가지지만, 독자적인 청구를 하는 것은 아니므로 '공동소송적 보조참가'와 유사하다.

항고소송에서 행정청 이외의 다른 행정청도 소송에 참가할 수 있다. 참가하는 다른 행정청은 분쟁의 대상인 처분이나 재결에 대해 이해관계가 있어야 한다. 다른 행정청에도 민사소송법 제76조를 준용하여 소송수행에 있어서 보조참가인에 준하는 지위를 인정하고 있다.

5. 행정소송의 대리인

행정소송법에는 대리인에 관한 특별한 규정이 없어 민사소송법의 규정이 준용된다. 민사소송법 제87조는 법률에 따라 재판상 행위를 할 수 있는 대리인 외에는 변호사가 아니면 소송대리인이 될 수 없다. 법률에 따라 재판상 행위를 할 수 있는 대리인, 즉 법률상 소송대리인이란 예컨대 국가를 당사자 또는 참가인으로 하는 소송에서 법무부장관이 국가를 대표하는 것이 해당된다(국가를 당사자로 하는 소송에 관한 법률 제2조).

Ⅵ 행정소송의 제기

1. 행정소송의 제기요건

(1) 의의

행정소송은 원고적격을 가진 자에 의해 피고를 상대로 행정소송 사항에 관하여 소정의 기간 안에 일정한 절차와 형식에 따라 제기되어야 한다. 항고소송에서 원고적격을 흠결하거나 제소기간을 경과하여 소를 제기하면 각하판결을 받게 된다. 원고가 고의나 중대한 과실 없이 행정소송으로 제기해야 할 사건을 실수로 민사소송을 제기하면 관할 법원에 이송하는 것이 바람직하다(민사소송법 제34조 제1항 참조).

(2) 제소기간

1) 제소기간의 원칙

취소소송의 제소기간은 처분 등이 있음을 안 날로부터 90일 이내에 제기하되, 처분이 있음을 알지 못하였다고 하더라도 처분이 있은 날로부터 1년 이내에 제기하여야 한다(행정소송법 제20조 제1항 본문 및 제2항). 재결을 거쳐야 하는 경우에는 재결서의 정본을 송달받은 날부터 기산한다(동조 제1항 단서). 헌법재판소의 위헌결정으로 인하여 취소소송을 제기할 수 있게 된 경우에는 객관적으로는 '위헌결정이 있은 날', 주관적으로는 '위헌결정이 있음을 안 날'에 비로소 취소소송을 제기할 수 있다.[24)]

2) 제소기간의 예외

행정소송법은 제소기간의 예외를 허용한다. 첫째, 피고를 잘못 지정

---

24) 대법원 2008. 2. 1. 선고 2007두20997 판결.

한 소송에 대해서는 피고경정을 할 수 있는데, 이 경우 새로운 피고에 대한 소는 처음에 소를 제기한 때에 제기한 것으로 본다(행정소송법 제14조 제4항).

둘째, 소 종류의 변경에 있어서도 제소기간의 예외가 인정된다. 예컨대 무효확인소송이나 부작위위법확인소송을 제기한 후 취소소송으로 변경하거나 당사자소송을 취소소송으로 변경하는 경우, 또는 항고소송을 당사자소송으로 변경하는 경우가 그러하다.

판례는 제소기간을 유연하게 해석하여 원고의 권리구제를 도모하고 있다. 예컨대 해당 처분에 대해 무효확인의 소를 제기한 후 그 처분의 취소를 구하는 소를 추가적으로 병합한 경우, 주된 청구인 무효확인의 소가 적법한 제소기간 내에 제기되면 추가로 병합된 취소청구의 소도 적법하게 제기된 것으로 보고 있다.[25)]

한편, 부작위위법확인의 소는 제소기간의 제한을 받지 않는다. 그러나 행정심판 등 전심절차를 거친 경우에는 행정소송법 제20조가 정한 제소기간 내에 부작위위법확인의 소를 제기해야 한다. 그런데 부작위위법확인의 소를 제기한 후 이를 거부처분 취소소송으로 교환적으로 변경하고 여기에 부작위위법확인의 소를 추가적으로 병합한 경우, 교환적 또는 추가적으로 변경된 소가 제소기간을 이미 도과하여도 적법한지가 문제되었다. 이에 대해 대법원은 최초의 부작위위법확인의 소가 적법한 제소기간 내에 제기된 이상, 그 이후 처분취소소송으로의 교환적 변경과 처분취소소송에의 추가적 변경 등의 과정을 거쳤다고 하더라도 제소기간을 준수한 것으로 판시하였다.[26)]

---

25) 대법원 2005. 12. 23. 선고 2005두3554 판결.
26) 대법원 2009. 7. 23. 선고 2008두10560 판결.

(3) 제소절차

취소소송의 제기에는 원칙적으로 행정심판전치주의가 적용되지 아니한다(행정심판법 제18조 제1항). 다만, 다른 법률에 특별한 규정이 있으면 예외적으로 취소소송의 전심절차로서 행정심판을 거쳐야 한다. 따라서 특별한 절차를 거칠 필요 없이 제소기간 안에 행정법원에 소장을 제출하면 된다. 무효등확인소송에는 행정심판전치주의에 관한 행정소송법 제18조의 규정이 준용되지 아니한다(행정소송법 제37조 참조). 예컨대 공무원의 징계처분에 대해서는 반드시 소청심사절차를 거쳐야 하나, 무효등확인소송을 제기함에 있어서는 이러한 소청절차를 거칠 필요가 없다. 또한 무효등확인소송에는 제소기간의 제한이 없다.

(4) 제소형식

행정소송의 제기를 위해서는 일정한 형식을 갖춘 서면인 소장을 법원에 제출하여야 한다. 소장에는 당사자(원·피고), 대리인, 청구인의 취지와 원인을 기재하여야 한다(민사소송법 제249조 제1항 참조).

2. 관련청구의 병합과 이송

(1) 관련청구의 이송

항고소송과 관련청구소송이 각각 다른 법원에 계속되어 있는 경우 그 관련청구소송이 계속되어 있는 법원은 상당하다고 인정할 때 당사자의 신청이나 직권으로 해당 사건을 항고소송이 계속된 법원으로 이송할 수 있다(행정소송법 제10조 제1항). 이 규정은 취소소송에 관한 것이지만, 무효등확인소송이나 부작위위법확인소송, 당사자소송에도 준용된다.

관련청구의 이송이 인정되기 위한 요건은 다음과 같다. 첫째, 항고소송과 관련청구소송이 다른 법원에 계속 중이어야 한다. 그러나 심급이

다른 경우에는 이송을 할 수 없다. 둘째, 관련청구소송에 의해 이송이 상당하다고 인정되어야 한다. 이송의 상당성은 사안의 성질이나 내용, 심리의 진전도 등에 있어서 당사자의 편의뿐만 아니라 소송경제와 재판의 모순방지 등을 고려하여 결정된다. 셋째, 당사자의 신청이 있거나 직권에 의해 이송을 결정한다.

이러한 이송을 결정하면, 해당 관련청구소송을 이송받은 법원은 여기에 구속되며, 이를 다시 다른 법원에 이송하지 못한다(민사소송법 제38조 제2항). 이송결정이 확정되면, 해당 소송은 처음부터 이송받은 법원에 계속된 것으로 간주한다(동법 제40조 제1항).

(2) 관련청구의 병합

1) 관련청구병합의 의의 및 제도적 기능

소송경제와 관련 사건의 중복심리 및 모순방지 등을 위해 행정소송법에서도 관련청구의 병합을 허용하고 있다. 민사소송법상 청구의 병합이란 동일한 원고가 하나의 소송절차에서 동일한 피고에 대한 수개의 청구를 묶어서 하는 것을 말하는데, 이를 '소의 객관적 병합'이라고 한다. 행정소송법 제10조는 취소소송과 관련청구의 병합에 관한 특별 규정을 두고 있다. 즉 해당 처분 등과 관련되는 손해배상, 부당이득반환, 원상회복 기타 청구나 다른 취소소송을 병합할 수 있도록 하고 있다.

위법한 철거명령에 대한 취소소송을 제기하면서, 그 철거명령으로 인한 손해에 대해 국가배상소송을 제기할 수 있다. 그러나 후자는 민사법원에 소를, 그리고 전자는 행정법원에 소를 제기해야 한다. 이에 대한 판결 간의 상호 모순이 발생할 수 있다는 점에서 관련청구의 병합이 필요하다. 여기서 관련청구란 청구의 내용이나 원인이 법률상·사실상 공통되거나, 병합되는 청구가 해당 행정처분으로 발생하는 경우, 또는 해당 행정처분의 효력 유무나 존부를 선결문제로 하는 것을 말한다.[27]

2) 관련청구병합의 양태

취소소송의 원고는 관련된 청구를 병합하여 제소하거나 사실심의 변론종결시까지 추가하여 병합할 수 있다(행정소송법 제10조 제2항 전단). 이러한 병합에는 민사소송과 마찬가지로 단순병합, 선택적 병합 또는 예비적 병합이 인정된다. 예비적 병합은 양립할 수 없는 청구에 대해 인정된다. 예컨대 무효확인청구와 취소청구는 양립할 수 없으므로 주위적·예비적 청구로만 가능하고, 선택적 병합이나 단순병합은 허용되지 않는다. 또한 취소소송의 원고는 "피고 외의 자를 상대로 한 관련청구소송"을 취소소송이 계속된 법원에 병합하여 제기할 수 있다고 규정하고 있다(동법 제10조 제2항 후단). 그리고 행정소송법에는 공동소송에 관한 규정을 두고 있다. 즉 수인의 청구 또는 수인에 대한 청구가 처분등의 취소청구와 관련되는 청구인 경우에 그 수인은 공동소송인이 될 수 있다(동법 제15조). 그러나 처음부터 공동소송인이 아닌, 제3자에 의한 추가적 병합은 허용되지 아니한다.

3) 구체적 사례

대법원은 해당 처분의 취소를 선결문제로 하는 부당이득반환청구가 행정법원에 병합된 경우, 부당이득반환청구가 인용되기 위해서는 그 소송절차에서 판결 이유로 해당 처분이 취소되면 충분하고 그 처분의 취소가 확정되어야 하는 것은 아니라고 보고 있다.[28] 또한 보험료의 일부에 대한 취소를 구하면서 관련청구로 병합된 부당이득반환소송에 대해 그 처분의 취소를 전제로 인용 여부를 판단하지 않고 처분의 취소가 확정되지 않았다는 것을 이유로 기각한 것은 위법하다고 판시하였다.

보험료부과처분의 취소소송에서 부당이득반환청구는 법률상의 원인

---

27) 대법원 2000. 10. 27. 선고 99두561 판결.
28) 대법원 2009. 4. 9. 선고 2008두23153 판결.

이 없이 타인의 재산 또는 노무로 재산적 이득을 얻고 타인에게 손해를 준 경우 그 이득의 반환을 요구하는 것이다. 행정처분으로 부당이득이 발생한 경우, 그 행정처분이 무효이거나 취소되지 않는 한, 해당 행정처분의 효력은 지속된다. 해당 처분이 당연무효가 아니고 취소사유에 불과한 경우 민사법원은 그 효력을 부인할 수 없다(선결문제).[29] 따라서 해당 처분의 취소소송과 부당이득반환소송을 병합하는 것이 소송경제와 판결의 일관성 등의 측면에서 합리적이고 효율적이다.

취소소송에 관련청구인 부당이득반환소송을 병합할 경우, 취소소송의 관할법원인 행정법원은 해당 처분의 취소를 심사할 수 있다. 다만, 원심은 그 처분의 취소가 확정되지 않았다는 이유로 나머지 판단에 나아가지 않은 채 이를 기각하였다.[30] 그러나 대법원은 이러한 원심의 판단에 대해 관련 청구병합에 관한 법리를 오해하여 판결 결과에 영향을 미친 위법이 있다고 판시하였다.

4) 민사소송법상 청구병합과의 관계

행정소송법상 관련청구의 병합이 민사소송법상 청구병합과 어떤 관계인지가 문제 된다. 민사소송법에 의한 추가적·교환적 변경도 허용되며, 중간확인의 소도 행정소송법상 관련청구소송의 범주에 포섭된다. 반소(反訴)에 대해서는 항고소송의 특성상 부정적이다.

행정소송의 객관적·예비적 병합에 대해서는 이론(異論)이 없으나, 주관적·예비적 병합도 허용되는지가 문제다. 행정소송법 제10조 제2항에서는 "피고 외의 자를 상대로 한 관련청구소송"을 취소소송이 계속된 법원에 병합하여 제기할 수 있다고 규정하고 있다. 즉 소의 주관적 병합을 규정하고 있는 것이다. 종전에는 예비적 청구에서 당사자의 소송

29) 대법원 1973. 7. 10. 선고 70다1439 판결.
30) 서울고등법원 2008. 11. 7. 선고 2008누15147 판결.

상 지위가 불안해질 수 있다는 것을 이유로 불허하였다. 그러나 민사소송법 제70조의 개정으로 예비적·선택적 공동소송에 관한 특별규정을 두어 주관적·예비적 병합이나 주관적·선택적 병합을 인정하고 있다. 행정소송법 제10조 제2항을 주관적·예비적 병합의 근거조항으로 보기 어렵다고 하더라도 민사소송법을 준용하여 행정소송에서도 주관적·예비적 청구의 병합을 허용할 수 있다.

예컨대 처분청을 피고로 하여 제기된 처분의 취소소송에 공공단체를 상대로 한 국가배상소송을 병합하는 경우가 그러하다. 종전에는 중앙토지수용위원회의 이의재결에 불복하여 보상금증액소송을 제기하는 경우, 재결청(지방토지수용위원회 또는 중앙토지수용위원회)을 피고로 수용재결에 대한 취소소송을 제기하면서 사업시행자를 상대로 보상금의 증액을 구하는 당사자소송을 주관적·예비적으로 병합하여 제기하였다. 그러나 현재는 토지소유자 또는 이해관계인이 재결을 내린 토지수용위원회가 아니라 사업시행자를 상대로 보상금의 증액을 구하는 소송(형식적 당사자소송)을 제기할 수 있다(공익사업을 위한 토지 등의 취득 및 보상에 관한 법률 제85조 제2항).

3. 소의 변경

(1) 의의

소의 변경이란 소송 중에 원고가 심판의 대상인 청구를 변경하는 것을 말한다. 이를 '청구의 변경'이라고도 한다. 여기에는 교환적 변경과 추가적 변경이 있다. 행정소송법은 소의 종류의 변경과 처분변경으로 인한 소의 변경을 규정하고 있다(동법 제21조 및 제22조).

(2) 소 종류의 변경

행정소송의 원고는 해당 소송의 사실심의 변론 종결시까지 청구의 기초에 변경이 없는 범위 안에서 다른 종류의 행정소송으로 변경할 수 있다. 예컨대 취소소송을 무효확인소송이나 부작위위법확인소송으로 변경하거나, 또는 취소소송을 국가나 공공단체에 대한 공법상 당사자소송으로 변경하는 것이 그러하다. 소의 변경을 하는 결정이 확정되면 새로운 소는 변경된 소를 처음에 제기한 때에 제기된 것으로 보며, 변경된 구소는 취하된 것으로 본다(행정소송법 제21조 제4항, 행정소송법 제14조 제4항 참조).

(3) 처분변경으로 인한 소의 변경

행정소송이 제기된 뒤에 행정청이 해당 소송의 대상인 처분을 변경할 수 있다. 이 경우 관할 법원은 원고의 신청에 의하여 결정으로써 소의 변경을 허가할 수 있다(행정소송법 제22조 제1항). 처분의 변경으로 인한 소의 변경이 인정될 수 있는 것은 취소소송, 무효등확인소송, 당사자소송이다.

4. 행정소송 제기의 효과

행정소송이 제기되면, 절차법적으로 소송계속의 효과가 발생한다. 소송의 계속(係屬)이란 특정한 청구에 의하여 법원에 재판절차가 현실적으로 존재하는 상태를 말한다. 소의 제기에 의해 법원이 현실적으로 판결에 필요한 행위를 할 수 있는 상태가 된다. 소송계속의 시점은 소장제출시로 보는 견해도 있지만, 소장의 부본이 피고에게 전달된 시점으로 보는 것이 타당하다. 소송계속으로 중복제소가 금지되고 소송참가의 기회가 발생한다(행정소송법 제16조 및 제17조).

행정소송의 제기는 실체법적으로도 시효중단이나 법률상의 기간(제척기간) 준수 등의 효과를 발생시킨다. 실체법적 효과는 해당 소장을 법원에 제출한 때에 발생한다(민사소송법 제248조).

5. 행정소송법상의 가구제

(1) 가구제의 의의 및 성질

행정소송에서 가구제란 다투고 있는 행정작용이나 공법상의 법률관계에 대하여 임시의 효력관계나 지위를 정하여 본안판결의 확정 전에 잠정적으로 권리구제를 도모하는 것이다. 행정소송법은 집행부정지의 원칙을 채택하고 있는데, 가구제의 수단으로 '집행정지'제도를 인정하고 있다. 즉 본안이 계속되고 있는 법원은 처분 등이나 그 집행 또는 절차의 속행으로 인하여 생길 회복하기 어려운 손해를 예방하기 위하여 긴급한 필요가 있다고 인정할 때에는 집행정지를 결정할 수 있다(행정소송법 제23조 제2항).

집행정지는 보전소송절차이며 사법작용의 성질을 가진다. 이러한 집행정지는 적극적인 성질의 민사소송법상 가처분제도와 구분된다. 부작위위법확인소송의 대상은 부작위이므로 집행정지의 대상으로 삼을 적극적인 처분이 없다. 따라서 부작위위법확인소송은 집행정지와 친숙하지 않다. 처분이 아닌 공법상 법률관계를 대상으로 하는 당사자소송에는 집행정지에 관한 행정소송법 제23조의 규정이 준용되지 아니한다.

(2) 집행정지의 요건

집행정지의 요건은 다음과 같다.

1) 대상인 처분 등의 존재

집행정지의 대상인 처분 등이 있어야 한다. 처분 등의 집행이 종료되었거나 그 집행의 목적이 달성되는 등 집행을 정지할 대상이 없게 된 때에는 집행정지가 불가능하다.

2) 본안소송의 계속

본안소송이 계속되어 있어야 한다. 해당 본안소송이 소송요건을 갖춘 적법한 것이어야 한다. 실무에서는 본안소송과 집행정지신청을 동시에 제출하는 것이 보통이다.

3) 회복하기 어려운 손해를 예방하기 위한 긴급한 필요

회복하기 어려운 손해를 예방하기 위한 긴급한 필요가 있어야 한다. 여기서 '회복하기 어려운 손해'란 사회통념상 원상회복이나 금전배상에 의한 회복이 어려운 경우를 말한다.[31] 판례 중에는 공정거래위원회의 시정명령 등 효력정지신청사건에서 공정거래위원회의 위반사실공표명령으로 신용이나 명예의 실추, 기업운영자금수급계획의 차질 등으로 발생하는 손해가 사회통념상 회복하기 어려운 손해에 해당한다고 본 사례도 있다.[32] 또한 '긴급한 필요'란 손해발생의 가능성과 시간적인 절박성을 의미한다.

4) 공공복리에 중대한 영향을 미칠 우려가 없을 것

이러한 집행정지의 요건이 모두 충족되더라도 공공복리에 중대한 영향을 미칠 우려가 없어야 한다(행정소송법 제23조 제3항). 공공복리에 중대한 영향을 미칠 우려가 있다는 주장과 소명은 피고 행정청의 책임이다.

5) 본안의 이유 유무

본안의 이유 유무도 집행정지의 요건으로 볼 것인지가 다투어진다. 판례는 본안청구의 이유 유무를 집행정지의 요건으로 보고 있다.[33] 그

31) 대법원 1992. 4. 29. 선고 92두7 판결; 대법원 1995. 6. 7. 선고 95두22 판결.
32) 대법원 1997. 4. 27. 선고 98무57 판결.
33) 대법원 2004. 5. 17. 자 2004무6 결정.

러나 법률에 규정되지 아니한 사항을 집행정지의 요건으로 보는 것은 법원의 해석범위를 넘어서는 것이며, 본안심리에 들어가기 전에 그 결과를 예단하는 것도 국민의 권리구제의 관점에서는 타당하지 않다. 집행정지결정은 해당 행정처분의 위법 여부를 판단하는 것이 아니며, 그 행정처분의 효력이나 집행 등을 정지시킬 필요가 있는지를 심사하는 것이다.[34)]

(3) 집행정지의 대상

집행정지의 대상은 처분 등의 효력, 처분 등의 집행 또는 절차의 속행이다. 처분 등의 효력정지는 처분 등의 집행 또는 절차의 속행을 정지함으로써 목적을 달성할 수 있는 경우에는 허용되지 아니한다(행정소송법 제22조 제2항 단서).

한편, 집행정지의 대상에 '거부처분'도 포함되는지가 다투어진다. 긍정설은 외국인의 체류기간 갱신허가의 거부처분의 경우에 이러한 집행정지가 체류기간의 경과 후에도 추방될 우려가 없다고 주장한다. 그러나 거부처분의 효력을 정지하더라도 체류기간이 자동으로 연장되는 것은 아니므로 여전히 불법체류자의 신분을 가진다. 따라서 거부처분에 대한 집행정지는 큰 실익이 없다. 대법원도 거부처분이 집행정지의 대상이 될 수 없다고 보고 있다.[35)]

(4) 집행정지결정의 효력

1) 기속력

집행정지결정은 기속력을 가진다. 행정소송법은 집행정지결정에 취소판결의 기속력에 관한 규정을 준용하고 있다(동법 제23조 제6항). 집행정

---

34) 대법원 1995. 3. 30. 선고 94두57 판결.
35) 대법원 1995. 6. 21. 자 95두26 결정.

지결정이 내려지면, 취소판결과 마찬가지로 당사자인 행정청과 그 밖의 관계행정청을 기속한다. 다만, 집행정지결정은 취소판결과 달리 소극적인 반복금지효나 저촉금지효를 가지며, 재처분의무나 원상회복의무 등을 발생시키는 것은 아니다.

2) 대세효(대인적 효력)

집행정지결정은 해당 처분 등의 효력을 정지시켜 그 처분 등을 잠정적으로 없었던 것과 같은 상태를 만든다. 이를 집행정지결정의 '형성력'이라 한다. 그리고 집행정지결정의 효력은 당사자뿐만 아니라 관계 행정청이나 제3자에 대해 미친다(대세효).

3) 집행정지의 시간적 효력범위

행정소송법은 집행정지결정의 시간적 효력범위에 대해 아무런 규정을 두고 있지 않다. 그러나 판례는 집행정지결정의 효력이 해당 집행정지결정의 주문에 정하여진 시기까지 존속하는 것으로 보고 있다.[36] 그러나 주문에 특별히 정한 바가 없으면 본안소송에 대한 판결이 확정될 때까지 존속하는 것으로 본다. 그런 이유로 실무에서는 "제1심 판결선고시"까지로 하는 경우가 대부분이다. 그러나 이 경우 항소를 제기할 때까지 집행정지의 공백이 발생한다. 재판부에 따라서는 "판결선고일부터 일정한 기간(1주일 또는 30일) 경과일까지", "판결이 확정될 때까지" 등으로 하는 경우도 있다. 이러한 문제점을 인식해서 2023년 8월 31일 제정된 행정소송규칙(대법원규칙) 제10조는 집행정지의 종기를 "본안판결의 선고일부터 30일 이내의 범위"에서 정하도록 규정하고 있다.

(5) 집행정지결정의 취소 및 불복절차

집행정지결정이 확정된 후 해당 집행정지가 공공복리에 중대한 영향

---

36) 대법원 2007. 11. 30. 자 2006무14 결정.

을 미치거나 그 정지사유가 없어진 때에는 당사자의 신청 또는 직권에 의하여 결정으로써 집행정지결정을 취소할 수 있다(행정소송법 제24조 제1항). 집행정지결정이 취소되면, 처분 등의 효력이 다시 회복되고, 그 정지된 집행이나 절차도 속행된다.

집행정지결정이나 기각결정, 그리고 집행정지결정의 취소결정에 대해서는 즉시항고를 할 수 있다(동법 제24조 제2항 및 제23조 제5항 참조). 다만, 집행정지결정에 대한 즉시항고에는 결정의 집행을 정지하는 효력이 없다.

Ⅶ 행정소송의 심리

1. 심리의 의의 및 절차

(1) 심리의 의의

행정소송의 심리란 제기된 소에 대한 판결을 내리기 위해 그 기초가 되는 소송자료를 수집하는 절차이다. 심리에 관한 원칙으로는 당사자주의와 직권주의가 있다. 당사자주의는 소송의 개시와 종료, 그 소송의 범위 결정을 소송당사자인 원고에 맡기는 것을 말한다. 당사자주의와 유사한 것으로 '처분권주의'가 있다. 처분권주의는 변론주의를 포함하여 당사자주의로도 사용된다. 변론주의는 재판의 기초가 되는 자료의 수집·제출을 당사자의 권능과 책임으로 하는 것을 말한다. 직권주의는 법원이 심리의 주도권을 가지는 것을 말한다. 이러한 직권주의는 형사소송의 기본원칙이다. 행정소송의 심리에도 불고불리(不告不理)의 원칙이 적용되며, 원칙적으로 당사자주의가 적용된다. 그러나 행정소송은 공익에 중대한 영향을 미치므로 보충적으로 직권탐지주의가 적용될 필요가 있다. 행정소송법 제26조는 민사소송에 관한 특칙으로 '직권심리'를 규정하고 있다.

(2) 심리의 내용

1) 요건심리

행정소송의 심리도 요건심리와 본안심리로 구분된다. 요건심리에서는 제기된 소가 소송요건을 적법하게 갖추고 있는지를 심사하는 것이다. 예컨대 관할권, 제소기간, 전심절차, 당사자능력 등이 여기에 속한다. 또는 소송의 장애가 되는 중복소송, 기판력 등도 심사된다. 소송요건은 대부분 피고의 항변과 관계 없이 법원의 직권으로 조사할 사항이다. 소장의 기재사항에 결함이 있는 경우에 보정명령을 내릴 수도 있다. 소송요건의 존부를 판정하는 시기는 '사실심의 변론종결시'이다.

2) 본안심리

본안심리에서는 해당 소송이 소송요건을 갖춘 경우에 소의 청구를 인용할 것인지를 심사하는 것이다. 소의 이유구비성 또는 소의 이유 유무를 판단한다. 본안심리에서는 행정처분의 실체적 위법성뿐만 아니라 절차적 위법성도 심사한다. 형식적 위법성은 절차나 형식의 하자에 관한 것이며, 실체적 위법성은 처분이 법령이나 행정법의 일반원칙을 위반하였는지를 심사한다. 또한 실체적 위법성 판단과 관련하여 처분이 재량행위이거나 행정계획일 경우 재량권의 일탈·남용 또는 형량명령 위반을 심사한다.

(3) 심리의 범위

행정소송에서도 민사소송과 마찬가지로 불고불리(不告不理)의 원칙이 적용된다. 따라서 법원은 제소가 없거나 당사자의 신청 범위를 넘어서 심리를 하지 못한다. 행정소송법에는 행정심판법 제47조와 같은 규정은 없지만, 처분권주의에 관한 민사소송법 제203조가 행정소송에도 원칙적으로 적용된다.[37] 그런 점에서 행정소송도 원칙적으로 변론주의를 포함한 처분권주의에 기초하고 있음을 알 수 있다. 다만, 행정소송법 제26조는 예외적으로 법원이 필요하다고 인정할 때에 "당사자가 주장하지 아니한 사실"에 대해서도 심리할 수 있는 규정을 두고 있다.

(4) 심리의 절차와 기본원칙

행정소송의 심리에 있어서도 행정소송법에 특별한 규정이 없는 한 민사소송법이 준용된다. 따라서 행정소송의 심리에 대해서도 공개심리주의, 구술심리주의, 처분권주의와 변론주의 등이 적용된다. 다만, 행정소송의 특수성을 고려하여 전술한 바와 같이 법원은 직권으로 증거조사를 할 수 있다(행정소송법 제26조 전단부). 또한 행정소송법은 행정소송의 특수한 절차로 행정심판기록제출명령을 규정하고 있다. 즉 법원은 당사자의 신청이 있는 때 그 결정으로 행정심판기록의 제출명령을 할 수 있고, 그 제출명령을 받은 행정청은 지체 없이 해당 기록을 법원에 제출하여야 할 의무를 진다(동법 제25조).

2. 주장책임과 입증책임

행정소송의 심리에서도 변론주의가 적용되므로 주장책임과 입증책임(증명책임)이 문제 된다.

(1) 주장책임

당사자가 주요사실을 변론에서 주장하지 않으면 이를 판결의 기초로 삼을 수 없다. 이로 인해 유리한 법률효과가 발생하지 않을 위험 또는 불이익을 면하기 위하여 당사자 일방이 그 사실을 주장해야 하는 책임

37) 대법원 1986. 6. 24. 선고 85누321 판결.

을 '주장책임'이라 한다. 주장책임의 분배와 관련하여, 원고는 권리근거 규정의 요건사실을 주장하고, 피고는 권리의 장애·멸각 및 저지 규정의 요건사실을 각각 주장하여야 한다.

(2) 입증책임(증명책임)

취소소송에서 입증책임(증명책임)은 소송에서 증명이 필요한 사실의 존부가 확정되지 않은 경우 당사자 일방이 입게 되는 위험 내지 불이익을 말한다. 행정소송에서 입증책임의 분배와 관련하여 학설이 대립하고 있다. 원고책임설, 피고책임설, 법률요건분류설 및 행정법독자분류설 등이 소개된다. 법률요건분류설이 통설 및 판례의 입장이다.

무효등확인소송의 입증책임에 대해서도 견해 대립이 있지만, 취소소송의 경우와 달리 원고가 그 입증책임을 진다는 것이 판례의 입장이다.[38] 부작위위법확인소송에서 그 부작위의 성립요건에 관한 입증책임은 원고가 진다. 그러나 상당한 기간의 경과에 대해 정당한 사유가 있는 경우에는 피고 행정청이 입증책임을 진다.

3. 위법판단의 기준시

행정소송에서 처분의 위법 판단을 어느 시점을 기준으로 할 것인지가 문제다. 이와 관련하여 처분시설과 판결시설이 대립하고 있다. 처분시설이 통설 및 판례의 입장이다. 즉 행정처분이 있었을 때의 법령과 사실상태를 기준으로 그 위법을 판단하며, 처분 후의 법령 개폐나 사실상태의 변동 등에 영향을 받지 않는다.[39] 다만, 부작위위법확인소송에서는 적극적인 처분이 없으므로 판결시(사실심의 구두변론 종결시)를 기준으로 판단한다.[40]

---

38) 대법원 1992. 3. 10. 선고 91누6030 판결.
39) 대법원 1995. 11. 10. 선고 95누8461 판결.

4. 처분사유의 추가·변경

(1) 의의 및 허용기준

항고소송의 계속 중에 피고 행정청이 처분의 근거로 제시하지 아니한 처분의 사유를 추가하거나 변경하는 경우가 있다. 이와 같이 처분사유의 추가·변경이란 처분의 사유로 제시된 법적·사실적 근거를 추가하거나 변경하여 그 실체적 적법성을 보완하는 제도이다. 최근 제정된 행정소송규칙 제9조는 처분사유의 추가·변경에 관한 규정을 두고 있다. 여기서 사실심의 변론종결시까지 "당초의 처분사유와 기본적 사실관계가 동일한 범위 내에서" 처분사유를 추가 또는 변경할 수 있다고 규정하고 있다.

처분사유(Begründe)는 행정절차상의 처분이유(Begründung)와 구분되어야 한다. 처분이유는 행정절차법상 이유제시 또는 이유부기 의무의 대상과 관련이 있다. 처분사유는 처분의 적법성을 뒷받침하는 사실이나 근거의 의미로 실질적·소송법적 개념이다. 처분사유의 추가·변경은 상대방의 신뢰보호와 법적 안정성의 측면에서 제한적으로 인정된다. 판례는 "기본적 사실관계의 동일성"이 인정되는 범위에서 이를 인정하고 있다. 여기서 말하는 기본적 사실관계의 동일성이란 "처분사유를 법률적으로 평가하기 이전의 구체적인 사실관계에 착안하여 그 기초가 되는 사회적 사실관계가 기본적인 점에서 동일한지 여부"를 말한다.[41]

(2) 판례의 입장

처분사유의 추가·변경에서 기본적 사실관계의 동일성을 인정된 사례는 다음과 같다. ① 영업허가의 불허사유로 처음에 제시한 '행정청의

---

40) 대법원 1990. 9. 25. 선고 89누4758 판결.
41) 대법원 2001. 9. 28. 선고 2000두8684 판결.

허가기준 부적합'이라는 사유를 추후에 '이격거리에 관한 허가기준 위배'라는 사유로 변경한 경우,[42] ② 골프연습장 건축허가신청을 반려하면서 전체 공유수면매립지에 대한 도시계획수립 등 향후 토지이용계획이 검토될 때까지 유보한다는 사유를 이후에 골프연습장 건축이 주변경관과의 부조화가 예상되어 국토의 계획·및 이용에 관한 법률 제58조 제1항(개발행위허가의 기준) 제4호에 저촉된다는 사유로 변경한 경우,[43] ③ 폐기물처리사업계획 부적정 통보처분을 하면서 인근 농지의 농업경영과 농어촌 생활유지에 피해를 줄 것이 예상되어 농지법에 의한 농지전용이 불가능하다는 사유를 제시하였다가, 이후 행정청이 사업예정지에 폐기물처리시설을 설치할 경우 인근 주민의 생활이나 주변 농업활동에 피해를 줄 것이 예상되어 폐기물처리시설 부지로 적절하지 않다는 사유를 제시한 경우[44] 등이 그러하다. 이러한 경우에 대법원은 이러한 사유가 당초의 처분사유와 기본적 사실관계에 있어서 동일하다고 판단하였다.

그러나 대법원은 석유판매업의 허가신청에 대해 관할 군부대장의 동의가 없음을 불허사유로 제시하였다가 이후에 탄약창에 근접한 지점에 있다는 것을 제시한 사안에서는 기본적 사실관계의 동일성을 부인하였다.[45] 또한 정보공개청구소송에서 비공개대상의 근거 조항이 다른 경우에도 기본적 사실관계의 동일성을 부인하였다.[46]

42) 대법원 1989. 7. 25. 선고 88누11926 판결.
43) 대법원 2006. 10. 13. 선고 2005두10446 판결.
44) 대법원 2006. 6. 30. 선고 2005두364 판결.
45) 대법원 1991. 11. 8. 선고 91누70 판결.
46) 대법원 2003. 12. 11. 선고 2001두8827 판결.

Ⅷ 행정소송의 판결 및 불복제도

1. 행정소송의 판결

(1) 판결의 의의 및 종류

행정소송의 판결이란 법원이 원칙적으로 변론을 거쳐 구체적인 행정사건에 대해 최종적으로 법적 판단을 내리는 사법작용을 말한다. 판례의 종류에는 중간판결과 종국판결, 소송판결(각하판결)과 본안판결, 전부판결과 일부판결 등이 있다. 또한 원고의 주장이 이유 있는지 여부에 따른 인용판결 또는 기각판결이 있다. 즉 원고의 주장이 이유 있으면 그 청구의 전부 또는 일부를 인용하는 판결을 내리지만, 원고의 청구가 이유 없다고 판단되면 이를 기각하는 판결을 내린다. 다만, 행정소송법에는 예외적으로 처분이 위법하여 원고의 청구가 이유 있다고 하더라도 공익적인 견지에서 원고의 청구를 기각하는 경우가 있다. 이를 '사정판결(事情判決)'이라 한다. 예컨대 신국제공항이나 고속전철 등과 같은 대규모공공사업의 경우 그 수용재결의 하자가 있어도 이를 취소하는 것이 사회경제적으로 큰 손실을 가져올 수 있다. 이 경우 그 재결취소의 소를 기각하는 판결을 내리는 것이 사정판결에 해당한다. 사정판결을 내릴 때에 법원은 그 판결의 주문에서 그 처분 등이 위법함을 명시하여야 한다(행정소송법 제28조 제1항 제2문). 또한 원고는 피고인 행정청이 속하는 국가 또는 공공단체를 상대로 손해배상, 제해(除害)시설의 설치 그 밖에 적당한 구제방법의 청구를 당해 취소소송 등이 제기된 법원에 병합하여 제기할 수 있다(동조 제3항).

(2) 판결의 형식 및 절차

행정소송법에는 판결의 형식에 관한 특별한 규정이 없으므로 민사소송법의 규정에 따라야 한다. 판결문에는 당사자와 법정대리인, 주문, 청구의 취지 및 상소의 취지, 이유, 변론을 종결한 날짜(변론 없이 판결하는 경우에는 판결을 선고하는 날짜) 및 법원을 기재하고 판결한 법관이 서명날인을 하여야 한다(민사소송법 제208조 제1항).

판결은 선고함으로써 대외적으로 성립하고 그 효력이 발생한다(민사소송법 제205조). 판결은 선고기일에 하나, 그 선고기일은 변론이 종결된 날부터 2주 이내에 선고하여야 한다. 복잡한 사건이나 그 밖의 특별한 사정이 있는 경우에도 변론이 종결된 날로부터 4주를 초과해서는 아니 된다(동법 제207조 제1항). 판결을 선고하면 재판장은 즉시 판결서를 법원사무관 등에 교부하고, 법원사무관 등은 판결서를 받은 날부터 2주 이내에 당사자에게 송달하여야 한다(동법 제209조 및 제210조 제1항).

(3) 판결의 효력

1) 기속력

① 기속력의 의의 및 성질

처분 등을 취소하는 확정판결은 소송당사자인 행정청과 관계행정청에 대해 기속력을 가진다. 행정청과 관계행정청은 판결의 취지에 따라 일정한 행위를 해야 할 의무를 진다. 행정소송법 제30조는 이러한 취소판결의 기속력을 규정하고 있다. 즉 "처분 등을 취소하는 확정판결은 그 사건에 관하여 당사자인 행정청과 그 밖의 관계 행정청을 기속한다"라고 규정하고 있다(동조 제1항). 이러한 규정에 대해 기판력설과 특수효력설이 대립하고 있지만, 특수효력설이 다수설이다. 판례에서도 기속력을 "기판력"이라고 표현한 경우도 있지만, 근래에는 양자를 구별하고 있다. 취소판결의 기속력은 이를 무효등확인소송이나 부작위위법확인소송, 그리고 당사자소송에도 준용하고 있다(동법 제38조 및 제44조 제1항 참조).

> "행정소송법 제30조 제1항은 '처분 등을 취소하는 확정판결은 그 사건에 관하여 당사자인 행정청과 그 밖의 관계행정청을 기속한다.'라고 규정하고 있다. 이러한 취소 확정판결의 '기속력'은 취소 청구가 인용된 판결에서 인정되는 것으로서 당사자인 행정청과 그 밖의 관계 행정청에게 확정판결의 취지에 따라 행동하여야 할 의무를 지우는 작용을 한다. 이에 비하여 행정소송법 제8조 제2항에 의하여 행정소송에 준용되는 민사소송법 제216조, 제218조가 규정하고 있는 '기판력'이란 기판력 있는 전소 판결의 소송물과 동일한 후소를 허용하지 않음과 동시에, 후소의 소송물이 전소의 소송물과 동일하지는 않더라도 전소의 소송물에 관한 판단이 후소의 선결문제가 되거나 모순관계에 있을 때에는 후소에서 전소 판결의 판단과 다른 주장을 하는 것을 허용하지 않는 작용을 한다." (대법원 2016. 3. 24. 선고 2015두48235 판결)

② 기속력의 내용

기속력의 내용으로는 반복금지효, 원상회복의무, 그리고 재처분의무가 있다.

(ㄱ) **반복금지의무**

확정판결의 기속력에 의해 동일한 사실관계에서 동일한 당사자에게 동일한 내용의 처분 등을 반복해서는 아니 된다. 여기서 동일한 사실관계는 종전의 판결에서 판단된 사유와 기본적 사실관계에서 동일성이 있는지를 기준으로 판단된다. 대법원은 새로운 처분의 처분사유가 종전의 처분에서 제시된 처분사유와 기본적 사실관계에서 동일성이 없다면 새로운 처분은 취소판결의 기속력에 저촉되지 않는다고 보고 있다.[47]

---

47) 대법원 2005. 12. 9. 선고 2003두7705 판결.

(ㄴ) **원상회복의무(결과제거의무)**

취소판결이 확정되면 행정청은 위법한 처분 이전의 상태로 원상회복을 하여야 하고, 위법한 처분에 의해 초래된 상태를 제거해야 할 의무를 진다(원상회복의무, 결과제거의무). 예컨대 원고에 대한 파면처분이 취소되면, 원고를 복직시켜야 한다. 그러나 공무원의 승진이나 승급 등은 자동적으로 이루어질 수 없고 별도의 심사를 거쳐서 결정되어야 한다.

(ㄷ) **재처분의무**

거부처분에 대한 취소판결이나 부작위위법확인판결이 확정되면 해당 거부처분을 한 행정청이나 부작위를 한 행정청은 판결의 취지에 따라 다시 이전의 신청에 대한 처분을 하여야 한다(행정소송법 제30조 제2항 및 제38조 제2항). 그러나 이러한 의무를 이행하지 않는 경우에 대해 행정소송법은 간접강제에 관한 규정을 두고 있다(동법 제34조).

한편, 절차상 하자로 인한 위법으로 취소판결이 내려진 경우에도 이전의 신청에 대한 처분을 다시 하여야 한다(동법 제30조 제3항). 이 경우 절차상 하자를 치유하여 다시 새로운 처분(예컨대 과세처분)을 할 수 있으며, 이는 확정판결에 의해 취소된 종전의 처분과는 별개의 처분이라고 보는 것이 판례의 입장이다.[48]

③ 기속력의 범위

기속력은 무제한적으로 인정되는 것은 아니며, 그 범위에 제한이 있다. 기속력은 당사자인 행정청뿐만 아니라 그 밖의 모든 관계행정청이다(주관적 범위). 또한 기속력은 판결주문 및 그 전제가 된 요건사실의 인정과 효력 판단에만 미친다(객관적 범위). 이 경우 판결이유 중에서 실시된 개개의 위법사유를 포함한다. 하지만 판결의 결론과 직접적 관

---

48) 대법원 1987. 2. 10. 선고 86누91 판결.

계가 없는 방론이나 간접사실의 판단에는 미치지 아니한다.

그리고 처분의 위법판단은 처분시라는 것이 통설이므로, 처분 당시까지 존재하던 사유에 대해서만 기속력이 미친다(시간적 범위). 그 이후에 생긴 사유에 근거한 처분은 새로운 처분이다. 기속력을 위반한 행정청의 처분은 중대·명백한 하자에 해당하여 위법·무효이다.[49]

2) 형성력

판결의 형성력이란 판결의 취지에 따라 기존의 법률관계 또는 법률상태에 변동을 가져오는 것을 말한다. 취소판결이 내려지면 당연히 취소의 효과가 발생하며, 행정청의 별도의 행정처분 취소나 취소 통지 등의 절차가 필요하지 않다. 이러한 판결의 효력은 소송당사자뿐만 아니라 제3자에 대해서도 미친다. 행정소송법 제29조 제1항은 "처분 등을 취소하는 확정판결은 제3자에 대하여도 효력이 있다"라고 규정하고 있다. 이는 취소판결의 형성력을 규정한 것이다. 이를 판결의 제3자효 또는 대세효(對世效)라고 한다.

3) 기판력

① 기판력의 의의

확정판결의 기판력이란 후소의 법원이 동일한 사항에 대하여 전소의 확정판결과 내용적으로 모순되는 것을 하지 못하도록 금지하거나, 동일한 소송물에 대한 반복된 제소를 불허하는 효력을 말한다. 행정소송법에는 기판력에 관한 규정은 없는데, 이에 대해서는 민사소송법의 규정이 준용된다.

② 기판력의 범위

기판력이 미치는 범위는 다음과 같다. 첫째, 기판력은 사실심의 변론

49) 대법원 1982. 5. 11. 선고 80누104 판결.

종결시를 기준으로 발생한다. 둘째, 기판력은 민사소송과 마찬가지로 해당 행정소송의 당사자 및 당사자와 동일시할 수 있는 사람에 미친다(기판력의 상대성). 또한 기판력은 당사자뿐만 아니라 법원도 구속한다. 셋째, 기판력은 확정판결의 주문, 즉 주문에 표시된 '소송물'에 관한 판단에만 미친다.

한편, 항고소송의 소송물은 처분의 위법성 일반이라고 보는 것이 판례의 확고한 입장이다.[50] 이에 대해 학설은 처분의 위법성 일반이라고 보는 견해, 원고의 법적 주장(권리침해)이라고 보는 견해, 행정행위의 위법성과 권리침해의 결합으로 보는 견해 등이 있다. 항고소송은 주관소송이므로 원고의 권리침해를 전제로 판단된다. 분쟁해결의 일회적 해결을 위해서도 원고의 법적 주장(처분의 위법과 권리침해)을 소송물로 보는 것이 타당하다.[51]

4) 집행력(간접강제)

판결의 집행력은 판결이 명한 이행의무를 강제집행절차에 의해 실현할 수 있는 효력을 말한다. 당사자소송은 민사소송에 준하므로 급부판결(이행판결)이 집행권을 부여하면 집행력을 가진다. 행정소송법 제43조는 국가를 상대로 하는 당사자소송의 경우에는 가집행선고를 할 수 없다고 규정하고 있다. 헌법재판소는 이러한 규정이 평등원칙을 위반하여 위헌이라고 결정하였다.[52]

거부처분에 대한 취소소송이나 부작위위법확인소송에서 확정판결이 내려지면 그 판결의 기속력에 따라 처분행정청은 신청한 처분을 발급할 의무가 발생하는데, 이를 이행하지 않을 경우에는 간접강제가 부과될 수 있다. 즉 상당한 기간을 정하고 행정청이 그 기간 내에 이행하지 아

---

50) 대법원 1996. 4. 26. 선고 95누5820 판결; 대법원 1987. 3. 24. 선고 85누817 판결 등.
51) 이에 대해서는 졸저, 한국행정법론(제3판), 668면.
52) 헌재 2022. 2. 24. 2020헌가12, 판례집 34－1, 138.

니할 때에는 그 지연기간에 따라 일정한 배상을 할 것을 명하거나 즉시 손해배상을 할 것을 명할 수 있다(행정소송법 제34조 제1항). 그러나 이 규정은 무효등확인소송에는 준용되지 아니한다(동법 제38조 제2항).

2. 상소 및 제3자에 의한 재심청구

(1) 상소

행정소송의 제1심 관할법원은 행정법원(행정법원이 설치되지 아니한 지역에서는 지방법원 본원합의부)이며, 이에 불복하는 경우에는 판결이 송달된 날부터 2주 내에 관할 고등법원에 항소할 수 있다(행정소송법 제8조 제2항 및 민사소송법 제390조 및 제396조). 상고는 제2심의 종국판결에 대한 불복신청이며, 법률심에의 상소이다. 상고심의 관할법원은 대법원이다. 상고는 판결에 영향을 미친 헌법·법률·명령 또는 규칙의 위반이 있음을 이유로 하는 때에만 제기될 수 있다(민사소송법 제423조). 일반적인 상고이유는 판결에 영향을 미친 법령위반을 요건으로 한다. 민사소송법 제424조 제1항에는 절대적 상고이유를 규정하고 있다. 즉 ① 법률에 따라 판결법원을 구성하지 아니한 때, ② 법률에 따라 판결에 관여할 수 없는 판사가 판결에 관여한 때, ③ 전속관할에 관한 규정에 어긋난 때, ④ 법정대리권·소송대리권 또는 대리인의 소송행위에 대한 특별한 권한의 수여에 흠이 있는 때, ⑤ 변론을 공개하는 규정에 어긋난 때, ⑥ 판결의 이유를 밝히지 아니하거나 이유에 모순이 있는 때가 그러하다.

(2) 항고와 재항고

소송절차에 관한 신청을 기각한 제1심 법원의 결정이나 명령에 불복할 경우 관할 고등법원에 항고할 수 있다. 예컨대 피고경정신청에 대한 기각결정, 제3자의 소송참가신청에 대한 기각결정 등이 여기에 속한다.

재판의 성질상 신속히 확정될 필요가 있는 결정에 대해 일정한 불변기간 내에 항고를 제기할 수 있는데, 이를 '즉시항고'라 한다. 예컨대 피고경정신청의 각하결정, 소의 종류의 변경허가결정, 집행정지결정 또는 그 기각결정 등이 해당된다. 즉시항고는 원칙적으로 집행정지의 효력이 있다.

항고법원·고등법원 또는 항소법원의 결정 및 명령에 대하여는 재판에 영향을 미친 헌법·법률·명령 또는 규칙의 위반을 이유로 드는 때에만 대법원에 재항고를 할 수 있다(민사소송법 제442조).

(3) 재심

재심이란 확정된 종국판결에 재심사유에 해당하는 하자가 있는 경우 그 판결의 취소와 사건의 재심판을 구하는 비상 불복신청방법을 말한다. 행정소송법 제31조는 제3자에 의한 재심청구를 규정하고 있다. 항고소송에 있어서 인용판결은 소송 외의 제3자에게도 영향을 미친다. 행정소송법 제16조는 제3자의 소송참가를 보장하고 있는데, 제3자가 자신의 귀책사유 없이 소송에 참가하지 못함으로써 판결의 결과에 영향을 미칠 공격 또는 방어방법을 제출하지 못한 때에는 이를 이유로 확정된 종국판결에 대하여 재심을 청구할 수 있다. 제3자의 재심청구는 확정판결이 있음을 안 날로부터 30일 이내, 판결이 확정된 날로부터 1년 이내에 제기하여야 한다(행정소송법 제31조 제2항). 이 기간은 불변기간이다.

3. 행정소송의 종료

행정소송은 소송판결이나 본안판결을 불문하고 종국판결이 확정됨으로써 종료된다. 상소권의 포기, 상소기간의 경과, 또는 상고기각이나 상고법원의 종국판결(파기자판)에 의해 확정된다.

당사자의 행위에 의해서도 행정소송이 종료될 수 있다. 원고가 소를 취하하여 행정소송을 종료하는 것이 그러하다. 소의 취하란 원고가 소에 의한 심판청구의 전부 또는 일부를 철회하는 것이다. 소의 취하에 의해 소는 처음부터 계속되지 아니한 것으로 본다(민사소송법 제267조 제1항). 청구의 포기나 인낙(認諾)을 통해 행정소송을 종료할 수 있는지가 문제 된다. 청구의 포기란 원고가 변론 또는 변론준비기일에 자신의 소송상 청구가 이유 없음을 자인하는 것이고, 청구의 인낙이란 피고가 원고의 소송상 청구가 이유 있다고 인정하는 것을 말한다. 청구의 포기나 인락을 통해 행정소송을 종료시킬 수 있다는 주장도 있지만, 행정소송에 적합하지 않다는 견해가 지배적이다.

4. 소송비용

행정소송의 비용은 패소자가 부담하는 것이 원칙이다. 원고의 청구가 일부 인용된 경우 소송당사자가 분담한다. 사정판결의 경우에는 피고가 소송비용을 부담한다(행정소송법 제32조). 소송비용에 관한 재판이 확정되면 피고 또는 참가인이었던 행정청이 소속한 국가 또는 공공단체에 그 효력을 미친다(동법 제33조).

제11장

국가배상

I 국가배상의 기초

1. 국가배상의 의의 및 연혁

행정상 손해배상(국가배상)이란 공무원의 위법한 직무행위로 인하여 발생한 손해에 대하여 국가·지방자치단체 등 행정주체가 배상하는 제도를 말한다. 공무원의 직무상 불법행위로 발생한 손해에 대해 국가가 책임을 지는지는 입법례에 따라 다르다. 과거에 영미법국가에서는 국가무책임(國家無責任) 사상이 지배하였다. 즉 "왕은 악(불법)을 행할 수 없다(The King can do no wrong)"라는 법언(法諺)이 그러하다. 그러나 국가책임을 인정하는 판례나 법령이 등장하고 있다. 대표적으로 프랑스에서는 블랑코(Blanco) 판결 이후 행정상의 배상책임이 인정되고 있다. 이 사건은 국영 담배공장의 운반차가 소녀를 치어 손해를 발생시켰는데, 이 사건에 의해 종전의 민사상 손해배상이 아니라 국참사원(Conseil d'État)에 공법상 손해배상을 청구하게 되었다. 또한 영국에서는 국왕소추법(Crown Proceedings Act), 미국에서는 연방손해배상법(Federal Tort Claims Act)이 제정되어 있다.

우리나라에서는 1951년 9월 8일 국가배상법이 처음 제정되었다. 그러나 국가에 대한 손해배상금의 청구절차가 없어 1962년에 '국가배상금 청구에 관한 절차법'이 제정되었다. 이후에 이를 통합하여, 1967년 3월 3일 법률 제1889호로 '국가배상법'이 새로이 제정되었다.

2. 국가배상의 법적 근거

국가배상의 헌법적 근거는 헌법 제29조 제1항에서 찾을 수 있다. 즉 "공무원의 직무상 불법행위로 손해를 받은 국민은 법률이 정하는 바에 의하여 국가 또는 공공단체에 정당한 배상을 청구할 수 있다"라고 규정하고 있다. 이에 따라 국가배상법 제2조 제1항에는 공무원의 직무상 불법행위로 인한 국가배상을 규정하고 있다. 즉 "공무원 또는 공무를 위탁받은 사인이 직무를 집행하면서 고의 또는 과실로 법령을 위반하여 타인에게 손해를 입힌 경우"에 국가 또는 지방자치단체가 배상책임을 진다고 규정하고 있다. 헌법에는 배상책임의 주체를 국가 또는 공공단체라고 규정하고 있지만, 국가배상법 제2조에는 국가 또는 지방자치단체라고 규정하고 있다. 또한 국가배상법 제2조 제2항에는 공무원에게 고의 또는 중대한 과실이 있는 경우에 그 공무원에게 구상할 수 있다고 규정하고 있다. 헌법 제29조 제1항 단서에서 "공무원 자신의 책임은 면제되지 아니 한다"라고 규정하고 있는데, 국가배상법은 공무원의 경과실로 인한 손해발생에 대해서는 면책하고 있다.

헌법 제29조의 국가배상청구권은 청구권적 기본권의 하나로 다루어진다. 헌법 제29조가 직접효력규정인지, 아니면 방침규정인지에 대해 논란이 있었다. 그러나 국가배상법이 제정되어 있으므로 이러한 논의는 큰 실익이 없다. 국가배상법 제2조에는 군인·군무원·경찰공무원 등이 전투·훈련 등 직무 집행과 관련하여 전사·순직하거나 공상을 입은 경우에 재해보상금·유족연금 등의 보상을 받을 수 있는 규정을 두고 있다. 헌법 제29조에도 이에 관한 규정을 두고 있다. 이 규정의 위헌성이 제기되었으나, 판례는 현재 이를 합헌으로 보고 있다.[1)] 그 밖에 국가배상법 제5조에서 영조물의 설치·관리상의 하자로 인한 국가배상을 규정하고 있다. 헌법 제29조에는 이에 관한 규정이 없다.

3. 손실보상 및 기타 유사제도와의 구분

국가배상은 개인주의적 사상을 기초로 하지만, 손실보상은 사유재산의 절대성을 전제로 공평부담을 실현한다는 점에서 단체주의사상을 배경으로 한다. 국가배상은 공무원의 위법한 직무행위로 사인에게 발생한 손해에 대한 손해전보제도이지만, 손실보상은 적법한 재산권 침해로 인한 손실에 대한 손해전보제도이다. 국가배상과 손실보상은 모두 국가책임제도에 속한다. 근래에는 국가배상과 손실보상의 간극을 메우기 위한 새로운 유형의 국가책임이론이 등장하였다. 현대사회의 불확실성으로 인해 공법상 손해배상의 영역에서도 엄격한 요건을 탈피하여 무과실책임을 인정하거나 위험책임을 도입하는 사례가 늘고 있다. 독일·일본 등의 국가에서는 손실보상을 확대하기 위한 이론으로 수용유사적 침해이론이나 수용적 침해이론 등이 등장하였다.

Ⅱ 공무원의 직무상 불법행위로 인한 손해배상

1. 배상책임의 성립요건

(1) 공무원

국가배상이 인정되기 위해서는 공무원의 행위이어야 한다. 그러나 여기서 말하는 공무원은 국가공무원법이나 지방공무원법상의 공무원에 제

1) 헌재 2001. 2. 22. 2000헌바38; 대법원 1996. 12. 20. 선고 96다42178 판결.

한되지 아니 한다. 국가배상법의 공무원은 넓게 해석된다. 2009년 개정으로 국가배상법에는 공무원 외에 '공무를 위탁받은 사인'을 별도로 규정하고 있다. 이는 '공무수탁사인'을 의미한다고 해석된다. 그러나 국가배상법상 공무원 개념에는 '행정보조인'이나 일반 '사인(私人)'도 포함될 수 있다. 독일에서는 행정보조인이나 단순한 사인에 대해서는 (수정된) 도구이론을 근거로 직무책임을 인정하고 있다.

판례에서는 공무원 개념에 관한 체계적이고 통일적인 기준을 정하지 아니하고 개별적 상황에 따라 국가배상을 인정하고 있다. 예컨대 대법원은 소집중인 향토예비군, 미군부대 카투사, 시(市)청소차운전수 및 통장을 공무원으로 보고 있다. 그러나 의용소방대원이나 시영버스운전사는 여기서 제외하고 있다. 의용소방대원은 일종의 행정보조인에 해당한다. 대법원은 강서구 '교통할아버지' 봉사원을 공무수탁사인으로 보고 국가배상청구를 인정하였다. 그러나 위탁의 근거가 없어 공무수탁사인으로 볼 수 있을지는 의문이다. 판례에서는 국가배상법상의 공무원은 특정될 필요가 없다고 본다. 시위대에 대한 전투경찰의 최루탄 발사로 사망한 사건에서 국가배상을 인정하였다.[2)]

(2) 직무행위

국가배상법상의 직무행위에는 '권력작용'과 '관리작용'이 포함된다고 보는 견해가 지배적이다(광의설). 이러한 직무행위에는 행정행위뿐만 사실행위나 부작위도 포함된다. 그 밖에 사법작용(재판), 입법작용(법률, 법률하위규범) 등에 대한 국가배상도 논의되고 있다.

1) 부작위로 인한 국가배상

부작위로 인한 국가배상이 인정되는 경우는 첫째, 법령에서 작위의무

---

2) 대법원 1995. 11. 10. 선고 95다23897 판결.

를 규정하고 있는 경우에 이를 이행하지 않으면 부작위로 인한 국가배상이 문제된다. 둘째, 행정에 재량이 인정되어 있지만 국민의 생명·신체 등에 중대한 위험이 발생하였거나 발생할 우려가 있어 재량이 감축되는 경우에도 국가배상이 인정될 수 있다. 범죄신고나 화재신고 등의 사건에서 부작위로 인한 국가배상이 문제 된다. 이러한 경우에 행정개입청구권의 법리가 적용될 수 있다. 그러나 국내 판례에서는 이러한 점이 충분히 고려되지 않고 있다. 다만, 판례 중에는 법령에 작위의무가 명확히 규정되지 않더라도 "침해된 국민의 법익이나 손해가 심각하고 절박한 경우"에 부작위로 인한 국가배상을 인정하고 있다.[3)]

한편, 판례는 행정입법의 부작위로 인한 국가배상을 인정하고 있다. 법률이 군법무관 보수의 구체적 내용을 시행령에 위임하였음에도 불구하고 행정부가 정당한 이유 없이 시행령을 제정하지 않은 것이 불법행위에 해당한다고 판시하고 있다.[4)]

2) 사법상 불법

법원의 재판에 대해서도 국가배상이 성립할 수 있는지가 문제된다. 이를 사법상 불법(judikatives Unrecht)이라고 한다. 판결의 기판력을 근거로 부정적으로 해석하는 견해도 있다. 법관의 독립이나 법적 안정성 등을 특징으로 하는 사법의 본질이나 특성에 비추어 국가배상은 제한적으로 인정되고 있다. 특히 영미법국가에서는 전통적으로 사법면책(judicial immunity)을 주장하고 있다. 그러나 법관의 재판에 대해 모두 면책하는 것은 아니다. 독일에서는 범죄행위에 한하여 법관의 재판에 대한 국가책임을 인정하고 있다(독일 민법 제839조 제2항 참조). 대법원은 "해당 법관이 위법 또는 부당한 목적을 가지고 재판하여야 할 것", "법

---

3) 대법원 2001. 4. 24. 선고 2000다57856 판결; 대법원 2005. 6. 10. 선고 2002다53995 판결.

4) 대법원 2007. 11. 29. 선고 2006다3561 판결.

관에게 부여된 권한의 취지에 명백히 어긋나게 이를 행사한 경우", "국가배상 외에 재판에 대하여 불복절차 내지 시정절차가 없는 경우"에 법관의 재판에 대해 국가배상을 인정할 수 있다고 보고 있다. 그러나 법관의 재판에 대해 국가배상을 인정한 사례는 매우 드물다. 다만, 대법원은 헌법재판관이 청구기간을 오인하여 각하결정을 내린 경우 그 청구가 본안판단에서 기각될 수 있다고 하더라도 국가배상을 인정할 수 있다고 판시하였다.[5)]

3) 입법상 불법

직무행위는 규범에 근거한 집행행위가 대부분이다. 그러나 국가배상법상 직무행위에 '입법행위'도 포함되는지가 다투어진다. 즉 위헌적인 법률의 제정으로 사인에게 손해가 발생하는 경우가 그러하다. 이를 입법상 불법(legislatives Unrecht)이라고 부른다. 그러나 형식적 의미의 법률뿐만 아니라 법률하위규범(법규명령·조례)에 의해서도 이러한 손해가 발생할 수도 있다. 양자를 포함하여 '규범상 불법(normatives Unrecht)'으로 부르는 것이 타당하다. 판례는 입법상 불법에 대해 대체로 부정적이다. 국회의원은 국민 전체에 대해 정치적 책임을 지므로 국가배상법 제2조 제1항의 위법한 직무행위에 해당하기 어렵다고 본다.

> "우리 헌법이 채택하고 있는 의회민주주의하에서 국회는 다원적 의견이나 각가지 이익을 반영시킨 토론과정을 거쳐 다수결의 원리에 따라 통일적인 국가의사를 형성하는 역할을 담당하는 국가기관으로서 그 과정에 참여한 국회의원은 입법에 관하여 원칙적으로 국민 전체에 대한 관계에서 정치적 책임을 질 뿐 국민 개개인의 권리에 대응하여 법적 의무를 지는 것은 아니므로, 국회의원의 입법행위는 그 입법 내용이 헌법의 문언에 명백히 위반됨에도 불구하고 국회가 굳이 당해

---

5) 대법원 2003. 7. 11. 선고 99다24218 판결.

> 입법을 한 것과 같은 특수한 경우가 아닌 한 국가배상법 제2조 제1항 소정의 위법행위에 해당된다고 볼 수 없다." (대법원 1997. 6. 13. 선고 96다561115 판결)

이처럼 대법원은 대의민주제에 기초한 입법행위에 대해서는 어떠한 구속도 인정할 수 없다고 보고 있다. 그러나 위헌인 법률에 대해서는 헌법재판소가 위헌법률심사권을 통해 통제할 수 있으며, 위법한 명령·규칙 등도 부수적 규범통제의 대상이다. 입법상 불법에 대해서도 이론적으로 국가배상이 인정될 수 있다. 국회의원도 국회의 구성원이자 공무원이며, 직무수행에 있어서 헌법상의 성문·불문 원칙을 준수해야 한다. 입법행위도 국가배상법 제2조의 직무행위에 포함된다고 보는 것이 지배적이다. 국회의원의 책임을 어떻게 물을 것인지가 관건이다. 독일 연방통상법원은 도시계획조례인 도시건설계획의 위법에 대해 국가배상을 인정한 바 있다(BGH, JZ 1989, 1122/1124).

하급심판례 중 입법상의 불법에 대한 국가배상을 인정한 사례로 소개되는 것이 있다. 서울민사지방법원은 국가보위입법회의법 부칙 제4조에 근거하여 면직당한 국회사무처 및 국회도서관 직원의 국가배상청구를 인정하였다(서울민사지법 1992. 8. 28. 선고 91가합84035 판결). 그러나 이 사건에서는 국가보호입법회의법 부칙 제4항에 의하여 원고의 권리가 직접 침해된 것이 아니라 헌법재판소에 의해 위헌판결을 받은 이 법률의 부칙조항에 근거한 면직처분으로 취로가 거부당해 원고의 권익 침해가 발생한 것이다.

(3) 직무행위의 위법성

국가배상법상 직무행위에 해당하는지는 객관적으로 판단된다. 즉 공무원의 주관적 의사가 아니라 객관적으로 직무행위로서의 외관을 갖추고 있는지 여부에 따라 판단해야 한다.[6] 이러한 직무행위의 위법을 어떻게 판단할 것인지가 문제다. 국가배상법 제2조에는 "법령을 위반하여"라고 규정하고 있다. 성문법뿐만 아니라 불문법, 그리고 행정법의 일반원칙을 위반한 것도 여기에 해당한다. 통상의 행정규칙(훈령, 예규 등)은 원칙적으로 이러한 법령에 포함되지 아니한다. 다만, 법령보충적 행정규칙이 여기에 속하는지에 대해서는 견해가 대립할 수 있다.

국가배상법의 위법과 행정소송법의 위법이 동일한지도 다투어지고 있다. 이와 관련하여 국가배상법의 위법을 어떻게 판단할 것인지에 대해 학설이 대립하고 있다. 즉 행위불법설, 결과불법설 및 상대적 위법성설이 주장되고 있다. 행위불법설이 판례의 주류적 입장이었으나, 근래에는 상대적 위법성설에 따른 판례가 자주 등장하고 있다.

결과불법설은 가해행위의 결과인 손해의 불법을 국가배상의 위법으로 보는 견해이다. 행위불법설은 행위 자체의 법령 위반을 기준으로 판단하는 것이다. 행위불법설에는 법령위반만을 의미하는 것으로 좁게 해석하는 견해(협의의 행위불법설)와 법령뿐만 아니라 신의칙이나 인권존중 등의 조리 등을 망라하여 넓게 이해하는 견해(광의의 행위불법설)가 있다. 또한 상대적 위법성설은 행위 자체의 위법뿐만 아니라, 피침해이익의 성격과 가해의 정도 및 가해행위의 태양 등을 고려하는 견해이다. 상대적 위법성설은 위법과 책임을 구별하지 않고 통합적으로 고찰한다는 점에서 타당하지 않다. 이 견해는 일본의 위법성일원설(違法性一元說) 또는 위법성상대설(違法性相對說)의 영향을 받은 것이다. 행위불법의 개념을 인권이나 정의, 신의칙 등의 위반을 포함하여 넓게 이해하는 것은 타당하지 않다. 법령과 행정법의 일반원칙을 위반한 것에 제한하는 것이 타당하다. 이러한 해석에 의하면, 국가배상의 위법과 행정소송의 위법을 달리 해석할 이유가 없다. 국내 학설은 국가배상의 위법 개념을

---

6) 대법원 1996. 5. 31. 선고 94다15271 판결.

행정소송의 위법 개념보다 넓다고 보고 있다.

(4) 책임

헌법 제29조 제1항에는 공무원의 주관적 책임요소를 규정하고 있지 않다. 그러나 국가배상법 제2조 제1항은 공무원의 고의 또는 과실을 배상책임의 요건으로 규정하고 있다. 주관적 책임요소의 입증책임은 원고에게 있다. 그러나 공무원의 고의 또는 과실을 입증하는 것은 쉽지 않다. 피해자의 권리구제를 확대하기 위해 과실의 객관화, 일응추정(prima facie)의 법리 등이 논의되고 있다.

민사상 손해배상은 위법과 책임을 엄격히 구분하고 있다. 국가배상법 제2조도 양자를 구분하고 있으며, 판례의 기본입장도 그러하다. 그러나 근년의 판례 중에는 양자의 구분을 명확히 하지 않는 경우도 있다. 특히 대법원은 대통령의 긴급조치 제9호의 발령부터 적용·집행에 이르는 일련의 국가작용이 전체적으로 보아 공무원이 직무를 집행하면서 객관적 주의의무를 소홀히 하여 그 직무행위가 객관적 정당성을 상실한 것으로서 위법하다고 판시하고 있다. 이 판결에서는 위법과 책임의 구별이 모호하다.

> "긴급조치 제9호의 발령부터 적용·집행에 이르는 일련의 국가작용은, 전체적으로 보아 공무원이 직무를 집행하면서 객관적 주의의무를 소홀히 하여 그 직무행위가 객관적 정당성을 상실한 것으로서 위법하다고 평가되고, 긴급조치 제9호의 적용·집행으로 강제수사를 받거나 유죄판결을 선고받고 복역함으로써 개별 국민이 입은 손해에 대해서는 국가배상책임이 인정될 수 있다." (대법원 2022. 8. 30. 선고 2018다212610 전원합의체 판결)

(5) 타인에 대한 손해발생

배상청구를 위해서는 공무원의 직무행위로 인해 타인에게 손해가 발생하여야 한다. 이러한 손해는 재산적 손해든 정신적 손해든, 또는 적극적 손해든 소극적 손해(기대이익)든 불문한다. 타인에는 가해공무원과 그 위법한 직무행위에 가담한 자 이외의 모든 사람이 포함된다. 공무원의 직무상 불법행위와 타인의 손해 사이에는 상당한 인과관계가 있어야 한다.[7)]

2. 손해배상의 범위

손해배상의 범위와 관련하여, 헌법 제29조 제1항은 '정당한 배상'이라고 규정할 뿐 자세한 규정은 법률에 맡기고 있다. 국가배상법 제3조는 배상기준을 상세히 규정하고 있다.

타인이 사망한 경우, 피해자의 상속인에게 '유족배상'과 대통령령으로 정하는 '장례비'를 배상한다(국가배상법 제3조 제1항 참조). 타인의 신체에 해를 입혀 그로 인하여 사망하게 한 경우도 여기에 속한다. 유족배상금은 사망 당시의 월급액이나 월실수입액 또는 평균임금에 장래의 취업가능기간을 곱한 금액으로 한다.

타인의 신체에 상해를 입힌 경우에는 피해자에게 요양비, 휴업배상금, 장해배상금을 지급한다(동조 제2항). 그리고 타인의 물건을 멸실·훼손한 경우, 수리비와 수리로 인한 수입손실액(휴업배상)을 배상한다(동조 제3항).

이러한 배상기준을 배상액의 상한규정으로 보는 견해도 있지만, 단순한 기준규정으로 이해하여 구체적 사안에 따라 배상액을 증감할 수 있는 것으로 보고 있다.[8)]

---

7) 대법원 2001. 10. 23. 선고 99다36280 판결.

3. 배상책임

(1) 배상책임자

배상책임자는 국가 또는 공공단체이다(헌법 제29조 제1항). 다만, 국가배상법 제2조는 이와 달리 국가 또는 지방자치단체만을 규정하고 있다. 지방자치단체 외의 공공단체의 손해배상책임에 대해 국가배상법을 적용할 수 있는지가 문제된다. 이와 관련하여 민법 규정을 유추적용할 수 있다는 규정도 있지만, 국가배상법을 유추적용하는 것이 타당하다.

국가 또는 지방자치단체가 배상책임을 지는 경우 공무원의 선임·감독을 맡은 자와 공무원의 봉급·급여 등의 비용을 부담하는 자가 다를 경우 그 비용을 부담하는 자도 배상책임을 진다(국가배상법 제6조 제1항). 외부관계에서 손해를 입은 자는 양자에 대해 배상을 청구할 수 있고, 양자 중 손해를 배상한 자는 내부관계에서 그 손해를 배상할 책임이 있는 자(공무원의 선임·감독자)에게 구상할 수 있다.

(2) 배상책임의 본질

배상책임의 본질에 관하여 학설이 대립하고 있다. 국가무책임설을 제외하고, 대체로 대위책임설, 자기책임설 및 중간설(절충설)이 대립하고 있다. 대위책임설은 공무원의 위법한 직무행위로 인한 손해배상책임을 피해자 보호를 위해 가해공무원을 대신하여 국가가 지는 것으로 이해한다. 자기책임설(국가책임설)은 공무원의 행위로 인한 효과는 국가에 귀속되며, 이로 인한 손해배상도 국가 자신의 행위에 대한 책임이라고 이해한다. 중간설(절충설)은 공무원의 고의·중과실로 인한 국가배상책임에 대해서는 국가의 대위책임으로 보지만, 경과실로 인한 손해에 대해서는 국가의 자기책임으로 보고 있다. 그 밖에 공무원의 직무행위로 인한 손

---

8) 대법원 1970. 1. 29. 선고 69다1203 판결.

해배상책임을 국가의 자기책임으로 보면서, 고의·중과실의 경우에는 공무원 자신의 책임이지만 해당 행위가 직무행위로서의 외형을 갖추고 있으면 피해자의 권리구제를 위해 국가가 책임을 진다고 해석한다. 이러한 견해는 고의·중과실로 인한 손해와 경과실로 인한 손해를 구분하고 있지만, 고의·중과실에 대해서도 국가의 자기책임을 인정한다는 점에서 결과적으로 자기책임설에 가깝다.

한편, 대법원은 중간설(절충설)의 입장이다. 즉 대법원은 전원합의체 판결에서 공무원의 고의·중과실로 손해가 발생한 경우에는 원칙적으로 공무원 개인의 책임이지만 국민의 권익구제를 위해 국가 등이 공무원 개인과 중첩적으로 책임을 진다고 본다. 다만, 경과실로 타인에게 손해가 발생한 경우에는 국가의 행위로 인한 자기책임으로 보고 있다.

> "국가배상법 제2조 제1항 본문 및 제2항의 입법 취지는 공무원의 직무상 위법행위로 타인에게 손해를 끼친 경우에는 변제자력이 충분한 국가 등에게 선임감독상 과실 여부에 불구하고 손해배상책임을 부담시켜 국민의 재산권을 보장하되, 공무원이 직무를 수행함에 있어 경과실로 타인에게 손해를 입힌 경우에는 그 직무수행상 통상 예기할 수 있는 흠이 있는 것에 불과하므로, 이러한 공무원의 행위는 여전히 국가 등의 기관의 행위로 보아 그로 인하여 발생한 손해에 대한 배상책임도 전적으로 국가 등에만 귀속시키고 공무원 개인에게는 그로 인한 책임을 부담시키지 아니하여 공무원의 공무집행의 안정성을 확보하고, 반면에 공무원의 위법행위가 고의·중과실에 기한 경우에는 비록 그 행위가 그의 직무와 관련된 것이라고 하더라도 그와 같은 행위는 그 본질에 있어서 기관행위로서의 품격을 상실하여 국가 등에게 그 책임을 귀속시킬 수 없으므로 공무원 개인에게 불법행위로 인한 손해배상책임을 부담시키되, 다만 이러한 경우에도 그 행위의 외관을 객관적으로 관찰하여 공무원의 직무집행으로 보여질 때에는 피해자인 국민을 두텁게 보호하기 위하여 국가 등이 공무원 개인과 중첩적으로

> 배상책임을 부담하되 국가 등이 배상책임을 지는 경우에는 공무원 개인에게 구상할 수 있도록 함으로써 궁극적으로 그 책임이 공무원 개인에게 귀속되도록 하려는 것이라고 봄이 합당하다." (대법원 1996. 2. 15. 선고 95다38677 전원합의체 판결)

이상의 논의에서 중간설(절충설)은 이론적으로 정치하지만, 가해공무원에 대한 구상권 행사는 행정조직 내부의 문제이다. 직무책임으로 이해하는 대위책임설은 독일의 입법례에서 유래하고 있다. 대위책임설은 사상적으로 국가무책임설에 기초하고 있어 법치국가원리와 조화되기 어려운 점이 있다. 헌법 및 국가배상법의 구조가 다른 독일의 입법례를 그대로 따를 이유는 없다. 신자기책임설은 고의·중과실의 경우에 기관책임으로서의 품격을 상실하여 원칙적으로 국가책임을 인정할 수 없지만 피해자를 두텁게 보호하기 위해 국가 등이 책임을 진다고 주장한다. 이러한 주장은 기관행위로 보는 자기책임설과 차이가 있다. 그러나 신자기책임설의 논증은 지나치게 자의적이고 국가무책임설에 근거하고 있다. 따라서 국가배상의 본질은 각국의 역사적 상황과 배경 등에 따라 차이가 있지만, 헌법 제29조 및 국가배상법 제2조는 자기책임설에 입각하고 있다고 보아야 한다. 다만, 국가배상법 제2조 제2항은 내부관계에서 구상할 수 있는 것을 공무원의 고의 또는 중과실에 제한하고 있을 뿐이다.

4. 공무원의 배상책임과 구상권 행사

(1) 문제의 소재

공무원에 대해 배상책임을 물을 수 있는지, 그리고 책임이 있는 가해공무원에 대해 구상권을 행사할 수 있는지가 다투어지고 있다. 학설은 공무원에 대해 배상책임을 물을 수 있는지의 문제를 배상책임의 본질과 연결해서 논의하고 있다. 헌법 제29조 제1항 제2문은 "공무원 자신의 책임은 면제되지 아니한다"라고 규정하고 있다. 그러나 국가배상법 제2조 제2항은 고의 또는 중과실로 인한 손해에 대해서만 가해공무원에 대해 구상할 수 있다고 규정하고 있으며, 경과실로 인한 손해에 대해서는 가해공무원의 면책을 인정하고 있는 것이다.

(2) 공무원에 대한 구상권 행사

구상권 행사의 문제는 행정주체 내부의 문제다. 이를 배상책임의 본질과 연결해서 이해할 필연적 이유는 없다. 대위책임설에 의하면, 가해공무원을 대신하여 책임을 진 행정주체는 배상책임이 있는 해당 공무원에게 구상할 수 있다고 본다. 그러나 자기책임설의 입장에서도 공무원이 근무관계에서 지는 의무를 위반하여 국가에 대해 재산상 손해를 발생시키면, 그 손해에 대해 내부적으로 가해공무원에 대해 책임을 물을 수 있다고 본다. 이처럼 공무원의 책임을 묻는 것은 배상책임의 제재적 기능 또는 위법행위 억제기능과 관련이 있다.

(3) 공무원의 직접적 배상책임 여부 – 청구권경합의 문제

국가·지방자치단체 등 행정주체뿐만 아니라 가해공무원에 대해서도 선택적으로 손해배상을 청구할 수 있는지가 문제다. 이와 관련하여 견해가 대립하고 있다. 즉 국가·지방자치단체 등 행정주체 또는 가해공무원에 대해 선택적으로 배상을 청구할 수 있다고 보는 견해와 이를 부정하는 견해가 그러하다. 대법원은 고의·중과실의 경우와 경과실을 구분하여 접근하고 있다. 고의·중과실의 경우에 대해서는 선택적 청구를 긍정하면서도 경과실에 대해서는 선택적 청구를 부정하고 있다. 대법원 전원합의체 판결은 경과실로 인한 손해에 대해 가해공무원에 대한 손해배상청구를 부정하고 있다. 그러나 피해자는 외부에서 가해공무원의 경과실 여부를 판단하기가 쉽지 않다. 피해자의 권리구제를 충실히 보장하기 위해 선택적 청구를 긍정하는 것이 타당하다. 경과실 또는 중과실이 있는지가 재판을 통해 판단되면, 국가·지방자치단체 등 행정주체가 가해공무원에 대한 구상권 행사를 결정하면 된다. 가해공무원에 대한 손해배상을 청구할 수 있다고 하더라도 자기책임설의 입장에서는 행정주체가 직접 배상책임을 적극적으로 지고, 가해공무원에 고의 또는 중과실이 있는 경우에만 구상권 행사를 고려하면 된다.

(4) 배상청구권의 소멸시효

국가배상청구권의 소멸시효는 3년이다. 즉 피해자나 그 법정대리인이 손해 및 가해자를 안 날로부터 3년간 국가배상청구권을 행사하지 아니하면 시효로 인하여 소멸한다(국가배상법 제8조, 민법 제766조 제1항). 배상심의회에 손해배상지급을 신청하면 시효중단사유인 '청구'에 해당한다. 공무원의 직무상 불법행위로 인한 손해배상청구권 중 생명·신체의 침해로 인한 것은 양도하거나 압류할 수 없다(국가배상법 제4조).

Ⅲ 영조물의 설치·관리상의 하자로 인한 손해배상

1. 의의 및 특징

국가배상법 제5조는 도로·하천 등 영조물의 설치·관리상의 하자로 인한 손해배상을 규정하고 있다. 이 조항은 무과실책임에 기초하고 있다. 민법 제758조는 공작물 등의 점유로 인한 하자에 대한 배상책임에 상응하는 것이다. 즉 "공작물의 설치 또는 보존의 하자로 인하여 타인에게 손해를 가한 때에는 공작물의 점유자가 손해를 배상할 책임이 있다"라고 규정하고 있다. 민법 제758조의 공작물은 인공적 작업으로 제작된 물건을 의미한다. 국가배상법 제5조의 '영조물' 개념은 민법 제758조 제1항의 '공작물' 개념보다 넓다. 또한 민법 제758조 제1항 단서에는 점유자의 면책규정을 두고 있다. 즉 점유자가 손해의 방지에 필요한 주의를 해태하지 아니한 때에는 그 소유자가 손해를 배상할 책임이 있다고 규정하고 있다.

2. 배상책임의 성립요건

국가배상법 제5조에 따라 배상책임이 성립하기 위해서는 다음과 같은 요건이 충족되어야 한다.

(1) 영조물

영조물의 하자로 인해 손해가 발생하여야 한다. 강학상의 영조물(Anstalt)은 "인적·물적 시설의 결합체"를 의미한다. 대학, 병원, 도서관, 양로원, 방송시설, 금융시설 등과 같이 영조물의 종류는 다양하다. 그러나 국가배상법 제5조 제1항의 영조물은 강학상 '공물'을 의미한다. 국가배상법 제5조 제1항에서도 "도로·하천, 그 밖의 공공의 영조물"이라고 규정하고 있는데, 도로나 하천 등의 공물이 영조물 개념의 구체적 사례이다. 이러한 공물은 인공공물이나 자연공물을 망라하며, 동산(총기, 항공기 등)도 포함된다. 판례에서도 국가배상의 원인이 되었던 영조물에 공항, 군용비행장, 건널목경보기, 하천 및 신호등 등이 포함된다고 보고 있다.

(2) 설치·관리상의 하자

영조물의 설치 또는 관리에 하자가 있어야 한다. 설치 또는 관리상의 하자가 무엇을 의미하는지에 대해 견해가 대립한다. 이에 대해 주관설은 이를 영조물에 대한 관리자의 '안전확보의무위반' 또는 '사고방지의

무위반'으로 이해한다. 이에 반해 객관설은 "영조물이 통상적으로 갖추어야 할 객관적 안전성의 결여"로 이해한다. 이 견해가 다수설이다. 절충설은 영조물 자체의 객관적 하자뿐만 아니라 관리자의 안전의무위반이라는 주관적 요소를 결합하여 이해하고 있다. 그 밖에 국가배상법 제5조를 안전의무위반으로 발생한 손해에 대한 행정주체의 위법·무과실 책임으로 이해하는 견해도 있다.

판례의 주류는 객관설의 입장이다.[9] 영조물 설치의 하자란 공공의 목적에 공용된 영조물이 그 용도에 따라 통상 갖추어야 할 안전성을 갖추지 못한 상태라고 보고 있다.

> "국가배상법 제5조 제1항 소정의 '설치상의 하자'라 함은 공공의 목석에 공여된 영조물이 그 용도에 따라 통상 갖추어야 할 안전성을 갖추지 못한 상태에 있음을 말한다." (대법원 1998. 10. 23. 선고 98다17381 판결)

그러나 일부 판례에서는 객관적 안전성 외에 방호조치의무나 손해발생의 예견가능성·회피가능성 등 주관적 요소를 고려하고 있다. 이를 '주관설'로 소개하기도 한다. 그러나 이러한 판례도 객관설의 입장을 견지하면서, 위에서 언급한 주관적 요소를 고려하여 그 책임을 제한하고 있는 것이다.

> "국가배상법 제5조 제1항 소정의 영조물의 설치 또는 관리의 하자라 함은 영조물이 그 용도에 따라 통상 갖추어야 할 안전성을 갖추지 못한 상태에 있음을 말하는 것으로서, 영조물이 완전무결한 상태에 있지 아니하고 그 기능상 어떠한 결함이 있다는 것만으로 영조물의 설치 또는 관리에 하자가 있다고 할 수 없는 것이고, 위와 같은 안전

9) 대법원 1967. 2. 21. 선고 66다1723 판결; 대법원 1997. 5. 16. 선고 96다54102 판결; 대법원 1998. 10. 23. 선고 98다17381 판결 등

> 성의 구비 여부를 판단함에 있어서는 당해 영조물의 용도, 그 설치장소의 현황 및 이용 상황 등 제반 사정을 종합적으로 고려하여 설치관리자가 그 영조물의 위험성에 비례하여 사회통념상 일반적으로 요구되는 정도의 방호조치의무를 다하였는지 여부를 그 기준으로 삼아야 할 것이며, 객관적으로 보아 시간적·장소적으로 영조물의 기능상 결함으로 인한 손해발생의 예견가능성과 회피가능성이 없는 경우 즉 그 영조물의 결함이 영조물의 설치관리자의 관리행위가 미칠 수 없는 상황 아래에 있는 경우에는 영조물의 설치관리상의 하자를 인정할 수 없다." (대법원 2000. 2. 25. 선고 99다54004 판결)

생각건대 영조물의 객관적 안전성만을 고려하면 그 배상책임의 범위가 지나치게 확대될 수 있다. 따라서 원칙적으로 영조물의 객관적 안전성을 기초로 하면서, 해당 영조물의 용도, 그 설치장소의 여건 및 이용 상황 등을 고려하여 방호조치의무를 다하였는지 또는 손해발생의 회피가능성이 있었는지 등을 고려하여 배상책임을 제한할 필요가 있다. 이러한 문제는 후술하는 면책사유에서 검토하기로 한다.

(3) 면책사유

영조물의 설치·관리상의 하자로 인한 손해는 공무원의 직무행위로 인한 손해와 동일하다. 국가배상법 제5조에는 국가배상법 제2조와 달리 면책조항이 없다. 그러나 영조물의 설치·관리상의 하자로 인한 손해가 발생한 경우에도 '불가항력'을 이유로 면책을 주장할 수 있는지가 문제 된다. 판례에서는 이러한 불가항력을 이유로 면책을 인정한 사례가 있다.

대법원은 100년 발생빈도의 강우량을 기준으로 책정된 계획홍수의 수위를 초과하여 600년 또는 1,000년 발생빈도의 강우량에 의한 하천 범람을 예측가능성 및 회피가능성이 없는 불가항력이라고 보아 국가의 배상책임을 부인하였다.[10] 그러나 대법원은 불가항력의 사유를 제한적으로 판단하고 있다. 국도변 산비탈 부분이 약 308.5㎜의 집중호우에 견디지 못하고 붕괴되어 차량 통향을 방해하고 또 교통사고를 유발한 것에 대해 도로의 설치·관리상의 하자를 인정하였다.[11] 또한 고속도로에서 폭설로 차량 운전자 등이 고립된 사건에서도 그 관리상의 하자를 인정하고 있다.[12] 다만, 이 사건은 민법 제758조에 근거하여 면책가능성을 부인하였다.

그 밖에 예산부족을 면책사유로 보아야 하는지가 문제 된다. 하천이나 호소 등 자연공물뿐만 아니라 댐이나 고속도로 등에는 관리에 막대한 예산이 소요된다. 예산부족으로 이러한 공물의 관리가 제대로 이루어지기 힘든 상황에서 손해가 발생한 경우 그 책임을 물을 수 없다는 주장도 제기될 수 있다. 그러나 대법원은 예산부족을 면책사유로 고려하지 않는다.[13] 그 하자는 객관적 견지에서 본 안전성의 문제이며, 재정사정이 안전성을 결정지을 수 있는 절대적 요건은 아니라고 보고 있다.

3. 배상책임과 배상범위

국가배상법 제5조의 배상책임자는 국가 또는 지방자치단체이다. 영조물의 설치·관리를 맡은 자와 그 관리비용을 부담하는 자가 다른 경우 비용부담자도 배상책임자가 된다(국가배상법 제6조 제1항). 예컨대 지방자치단체가 도로나 하천을 운영·관리하고 국가가 비용을 부담하는 경우 그 비용부담자인 국가도 배상책임의 주체가 될 수 있다. 피해자는 영조물의 설치·관리자와 그 비용부담자에 대해 선택적으로 배상을 청구할 수 있다. 다만, 손해를 배상한 자는 그 내부관계에서 그 손해를 배상할

10) 대법원 2003. 10. 23. 선고 2001다48057 판결.
11) 대법원 1993. 6. 8. 선고 93다11678 판결.
12) 대법원 2008. 3. 13. 선고 2007다29287, 29294 판결.
13) 대법원 1967. 2. 21. 선고 66다1723 판결.

책임이 있는 자에게 구상할 수 있다(국가배상법 제6조 제2항). 예컨대 교통신호기의 오작동으로 교통사고가 발생한 경우, 그 설치·관리의 비용을 부담하는 관할 지방자치단체가 먼저 배상하고 그 시설의 관리자가 소속된 국가나 공공단체에 대해 구상하는 경우가 그러하다. 그러나 판례는 시설의 관리자(경찰서장)가 소속한 국가가 아니라 그 권한을 위임한 지방자치단체의 장이 소속된 지방자치단체라고 보고 있다.[14)]

또한 손해를 배상한 자는 손해의 원인에 대하여 책임을 질 자가 따로 있으면 그 자에게 구상할 수도 있다(동법 제5조 제2항). 예컨대 도급공사의 수급인, 도로를 파손한 자, 사고를 유발하는 공사를 한 자 등이 그러하다.

그 밖에 배상의 범위는 영조물의 설치·관리상의 하자와 상당인과관계에 있는 모든 손해이다. 배상기준에 관한 국가배상법 제3조의 규정이 준용된다(국가배상법 제5조 제1항 제2문).

4. 배상의 청구절차

국가배상법은 임의적 결정전치제도를 채택하고 있다. 따라서 배상심의회에 배상신청을 하지 않고 손해배상의 소를 제기할 수 있다. 배상심의회는 국가배상의 신청사건을 심의·결정하는 합의제행정기관이다. 배상심의회에는 상급심의회인 본부심의회와 특별심의회, 하급심의회인 지구심의회가 있다. 본부심의회는 법무부에, 특별심의회는 국방부에 둔다. 본부심의회와 특별심의회는 지구심의회로부터 송부받은 사건, 재심신청사건, 그 밖에 법령에 따라 그 소관에 속하는 사항을 심의·처리한다(국가배상법 제11조). 또한 배상금의 개산액이 대통령령으로 정하는 가액인 5천만원 이상인 사건 등을 심의·처리한다(동법 제13조 제6항 참조).

배상금의 지급을 받고자 하는 자는 그 주소지·소재지 또는 배상원인

14) 대법원 2001. 9. 25. 선고 2001다41866 판결.

발생지를 관할하는 지구심의회에 대하여 배상신청을 하여야 한다(동법 제12조 제1항). 지구심의회가 배상신청을 받은 때에는 지체 없이 증인심문·감정·검증 등 증거조사를 한 후 그 심의를 거쳐 4주일 이내에 배상금 지급 여부를 결정하여야 한다(동법 제13조 제1항). 배상결정을 받은 신청인은 지체 없이 그 결정에 대한 동의서를 첨부하여 국가 또는 지방자치단체에 배상금지급을 신청하여야 한다(동법 제15조 제1항). 신청인은 지구심의회의 기각 또는 각하 결정에 대해 재심을 신청할 수 있다. 결정정본이 송달된 날로부터 2주일 이내에 그 지구심의회를 거쳐 본부심의회 또는 특별심의회에 재심을 신청하여야 한다(동법 제15조의2 제1항).

제12장

손실보상

I 손실보상의 기초

1. 손실보상의 의의 및 특징

손실보상은 적법한 재산권 침해에 대한 손해전보제도의 하나이다. 종전에는 특별한 희생에 대해 전체적인 공평부담의 견지에서 손실보상이 인정된다고 보았다(특별희생설). 대법원도 대체로 그러한 입장을 오랫동안 유지하고 있다.[1] 그러나 이러한 판례의 입장은 여전히 모호하고, 손실보상을 인정하기 위한 요건으로 충분하지 않다.

헌법 제23조 제3항은 "공공필요에 의한 재산권의 수용·사용 또는 제한"으로 발생한 재산상의 손실에 대해 정당한 보상을 지급하여야 한다고 규정하고 있다. 헌법재판소는 이를 근거로 "공공필요에 의한 공권력적·강제적 박탈 내지 제한"에 대해 정당한 보상이 지급되어야 한다고 보고 있다.[2] 사용제한은 공용제한의 일종이다. 따라서 정당한 보상의 대상은 '공용수용' 또는 '공용제한'이다. 손실보상이 인정되기 위한 요건은 공용수용 또는 공용제한을 규명하는 것에서 출발하여야 한다.

1) 대법원 2014. 5. 29. 선고 2013두12478 판결.
2) 헌재 1998. 3. 26. 93헌바12, 판례집 10－1, 227, 243.

한편, 헌법 제23조 제3항에는 손실보상과 관련하여, '정당한 보상'을 규정하고 있다. 그러나 '정당한 보상'이 무엇인지에 대해 견해가 대립하고 있다. 이러한 학설에는 완전보상설, 상당보상설 및 절충설 등이 있다. 완전보상설이 다수설이다. 헌법재판소도 완전보상설에 따르고 있다.[3] 독일 기본법은 공익과 관계자의 이익을 형량하여 손실보상을 결정하도록 규정하고 있다(동법 제14조 제3항 제3문).

헌법에는 손실보상의 기준과 범위, 그리고 절차 등이 구체적으로 규정되어 있지 않다. 공익사업을 위한 토지 등의 취득 및 보상에 관한 법률(이하 '토지보상법'이라 한다)에는 현금보상, 선불, 일시불 및 개별불을 원칙으로 규정하고 있다(동법 제61조부터 제65조까지). 국가배상과 손실보상으로 보전하기 어려운 영역도 존재한다. 각국에서는 국가배상과 손실보상의 간극을 메우기 위한 새로운 이론이 등장하고 있다. 이와 관련하여 독일에서는 수용유사적 침해이론 및 수용적 침해이론, 미국에서는 규제적 수용(regulatory takings) 이론 등이 그러하다. 이에 대해서는 후술하기로 한다.

2. 논의의 출발점으로서 존속보장

손실보상이 인정되기 위해서는 공공필요를 위한 재산권의 공권적 침해로 인하여 사인에게 재산상 손실이 발생하여야 한다. 지금까지 대부분의 문헌에서는 손실보상의 요건을 중심으로 기술하였다. 그러나 헌법상 재산권은 고전적인 기본권일 뿐만 아니라, 중요한 기본권 중의 하나이다. 그런 점에서 '존속보장'이 중요하다. 존속보장의 본질은 "방어하라, 그리고 청산하라"라는 법언에 투영되어 있다. 이에 반해 '가치보장'의 의미는 "수인하라, 그리고 청산하라"라는 표현에서 그대로 드러난다.

3) 헌재 1990. 6. 25. 89헌마107; 헌재 1991. 2. 11. 90헌바17 등.

이러한 존속보장이 어려울 경우 가치보장으로 전환되는 것이다. 헌법상 재산권을 보호하기 위해서는 존속보장이 중요하다. 이를 위해 공용수용의 요건을 명확히 확정하여야 한다.

3. 공용수용 개념의 공식화

공용수용의 개념을 공식화하는 것이 중요하다. 종전에는 손실보상의 요건으로 '특별한 희생'을 제시하는 견해가 지배적이었으나, 오늘날에는 이러한 기준의 모호성이 비판되고 있다. 특별한 희생이 무엇을 의미하는지에 대해 독일에서도 다양한 학설이 소개되었다. 즉 형식적 기준설(개별행위설) 외에 수인가능성설, 중대성설, 사적 효용설 및 목적위배설 등 실질적 기준설이 주장되었다. 국내에서는 이러한 견해를 절충하고 있지만, 지배적인 학설은 없는 상황이다. 판례도 "특별한 희생"에 관한 구체적 기준을 제시하지 못하고 있다. 이러한 특별희생설은 독일의 '경계이론'에 기초하고 있다.

오늘날 독일에서는 연방헌법재판소의 자갈채취결정 이후 '분리이론'을 따르고 있다. 즉 수용 개념을 공식화하고, 이에 따라 공용수용의 요건을 확립하고 있다. 이러한 공용수용의 요건에 해당하는 경우에 손실보상을 인정하는 것이다. 이러한 수용에 해당하지 않을 경우, 재산권의 사회적 기속에 해당하게 된다. 이 경우에는 원칙적으로 손실보상을 할 필요가 없다. 다만, 예외적으로 가혹한 상황이 발생할 경우, 특히 이러한 재산권의 제한이 비례의 원칙 또는 평등원칙을 위반할 경우, 입법자가 보상규정을 마련할 수 있다. 이를 독일에서는 '조정적 보상부 내용한계'라고 부르고 있다.

공용수용의 개념을 확립하고, 그 요건을 명확히 제시하는 것이 필요하다. 이 경우에도 재산권 침해가 공용수용의 요건에 해당하는지는 여전히 해석의 문제로 남는다. 개별 법률에는 공용수용의 개념과 요건을 명확히 규정하고 있지 않다. 헌법 제23조 제3항에 기초하여 공용수용의 개념을 확립하여야 한다. 공용수용의 개념은 "공적 과제를 수행하기 위해 의도된 고권적 법률행위에 의해 헌법상 재산권을 전면적으로 또는 부분적으로 박탈하는 행위"라고 정의될 수 있다. 이하에서는 이러한 공용수용의 개념을 기초로 하여 공용수용의 요건을 검토하도록 한다.

Ⅱ 공용수용의 요건과 한계

1. 공용수용의 요건

(1) 의도된 고권적 법률행위에 의할 것

공용수용이 성립하기 위해서는 의도된 고권적 법률행위에 의해 재산권이 침해되어야 한다. 고권적(高權的) 법률행위란 법적으로 구속력 있는 조치나 처분 등을 의미하며, 사실행위는 제외된다. 종전에는 사실행위에 의한 재산권 침해도 손실보상의 대상으로 파악하였다. 그러나 오늘날에는 사실행위에 의한 재산권 침해는 고권적 침해행위가 아니며, 이는 재산권의 내용한계에 해당할 뿐이다. 재산권의 내용한계란 법률에 의해 재산권의 내용과 한계를 정하는 것을 말한다. 헌법 제23조 제1항 제2문은 "그 내용과 한계는 법률로 정한다"라고 규정하고 있다. 입법자가 재산권의 내용을 법률로 정하면, 그 한계도 함께 정해진다. 이 조항은 재산권의 내용한계에 관한 근거 규정이다.

공용수용의 종류에는 법형식에 따라 형식적 의미의 법률에 의한 '입법수용(立法收用)'과 법률에 근거한 행정행위나 그 밖의 법률하위규범(법규명령·조례 등)에 의한 '행정수용(行政收用)'이 있다. 우리나라에서 공용수용은 토지수용위원회에 의한 수용재결의 형식으로 실현된다. 즉 행정수용의 형식이 대부분이다. 입법수용은 드물다. 그 법형식도 중요하지만, 입법수용은 재난상황과 같이 대체로 수용절차를 거치기 어려운 긴급한 상황에서 공익을 위해 재산권을 박탈해야 하는 경우에 인정된다.

(2) 재산권의 전면적·부분적 박탈일 것

재산권에 대한 전면적 또는 부분적 박탈에 해당하여야 한다. 공용수용의 대상은 헌법상 '재산권'이다. 여기서 말하는 재산권이란 "재산적 가치 있는 모든 사법상·공법상의 권리"를 말한다.[4] 단순한 기대이익나 반사적 이익은 제외된다. 무체재산권 또는 지식재산권도 원칙적으로 헌법 제23조의 재산권 개념에 포함된다. 공용수용의 대상은 토지소유권이 주된 것이지만, 광업권·어업권 등도 그 대상이 된다. 영업권도 재산권의 보호범위에 속하는지가 다투어진다. 이와 관련하여 "설립·운영되는 영업에 대한 권리"가 재산권에 속하는지가 문제된다. 영업의 '존속'에 관한 문제는 헌법상 재산권 보장과 관련된 것이지만, 영업의 '활동'은 직업행사의 자유와 관련이 있다고 보는 것이 타당하다.[5]

공용수용은 재산권에 대한 전면적 또는 부분적 박탈을 성립요건으로 한다. 여기서 '박탈'이란 특정한 권리주체의 재산을 다른 권리주체에게 이전하는 것을 의미한다. 부분적인 박탈이란 재산권의 일부에 대한 박탈을 의미하지만, 부동산의 일부로서 법적으로 독립성이 인정될 수 있어야 한다.

(3) 공적 과제의 수행을 목적으로 할 것

공용수용이 성립하기 위해서는 공적 과제의 수행을 목적으로 하여야 한다. 공용수용은 사익을 위한 것이 아니라 공익의 실현을 위해 인정되

4) 헌재 1992. 6. 26. 90헌바26.
5) Jarass/Pieroth, GG, Art. 14 Rn. 10.

는 것이다. 헌법 제23조 제3항은 '공공필요'에 의한 수용을 규정하고 있다. 여기서 말하는 '공공필요'의 개념이 헌법 제37조 제2항의 '공공복리', 헌법 제23조 제2항의 '공공복리' 등과 동일한 개념인지가 문제된다. 사유재산권을 박탈하는 공용수용의 요건으로서 '공공필요'의 개념은 좁게 해석되어야 한다.

헌법재판소는 구 지역균형개발 및 지방중소기업 육성에 관한 법률 제16조 제1항 제4호 등 위헌소원 사건에서, 헌법 제23조 제3항의 공공필요성 개념을 엄격히 해석하면서, 이를 '공익성'과 '필요성'일 결합된 것으로 보고 있다.[6] 그러나 필요성은 비례의 원칙과 관련된 것이며, 공용수용의 한계에서 논할 문제이다. 공익성과 비례성은 밀접한 관계에 있지만, 양자는 서로 구별되어야 한다.

생각건대 헌법 제23조 제3항의 공공필요성은 고유한 개념이며, 단순한 공익이나 공공복리의 개념보다는 엄격히 해석되어야 한다. 따라서 이 개념은 '특별히 중요한 공익적 필요성'을 의미한다고 보아야 한다.

2. 공용수용의 한계

공용수용은 그 요건을 충족하더라도 일정한 한계를 준수하여야 한다. 첫째, 행정의 법률적합성의 원칙에 따라 재산권을 침해하는 행위는 법률에 근거하여야 한다(적법성). 공용수용은 직접 법률에 의하거나(입법수용), 또는 법률에 근거하여 법률하위규범이나 행정행위에 의하여야 한다. 법률의 근거 없는 공용수용은 위법하다. 둘째, 공용수용은 침해되는 사익에 비해 우월한 공익성이 확보되어야 한다(공익성). 수용을 통해 달성하고자 하는 공익은 침해되는 사유재산권(사익)보다 훨씬 우월하거나 중요해야 한다. 이러한 공익성은 후술하는 비례성에서 구체화된다. 셋

---

6) 헌재 2014. 10. 30. 2011헌바172 등, 판례집 26-2상, 639.

째, 공용수용도 비례의 원칙을 준수하여야 한다(비례성). 수용행위는 공익 목적의 실현을 위해 적합하고 필요한 수단이어야 하며, 그 목적과 수단 사이에 상당한 비례관계에 있어야 한다. 공용수용이 최소침해의 수단에 해당하는지, 또는 상당성의 원칙에 위배되지 않는지가 관건이다.

토지소유자나 관계인은 이러한 한계를 위반한 수용재결의 위법성을 다투는 행정소송을 제기할 수 있다. 예컨대 토지소유자나 관계인은 비례의 원칙을 위반하였음을 이유로 해당 수용재결에 대한 취소를 구하는 소를 행정법원에 제기할 수 있다. 대법원은 사업인정 후의 공용수용이 공익성을 상실하거나 비례성을 위반한 것이라고 판단하였다.

> "공용수용은 헌법상의 재산권 보장의 요청상 불가피한 최소한에 그쳐야 한다는 헌법 제23조의 근본취지에 비추어 볼 때, 사업시행자가 사업인정을 받은 후 그 사업이 공용수용을 할 만한 공익성을 상실하거나 사업인정에 관련된 자들의 이익이 현저히 비례의 원칙에 어긋나게 된 경우 또는 사업시행자가 해당 공익사업을 수행할 의사나 능력을 상실하였음에도 여전히 그 사업인정에 기하여 수용권을 행사하는 것은 수용권의 공익 목적에 반하는 수용권의 남용에 해당하여 허용되지 않는다." (대법원 2011. 1. 27. 선고 2009두1051 판결)

3. 보상부 공용수용과 무보상부 재산권의 내용한계의 구별

(1) 문제의 소재

보상부 공용수용과 무보상부 재산권의 내용한계는 구별되어야 한다. 재산권의 내용한계 또는 재산권의 사회적 기속에 해당할 경우에는 보상이 필요하지 않다. 재산권침해가 공용수용의 요건에 해당되면, 정당한 보상이 수반되어야 한다. 재산권 침해를 규정한 법률에 이러한 보상이 규정되지 아니하면, 위헌의 문제가 발생할 수 있다(소위 '불가분조항'의 문제).

(2) 구체적 사례

보상부 공용수용과 무보상부 재산권의 내용한계의 구별과 관련된 몇 가지 사례를 검토하기로 한다.

사례 1

양자의 구별이 문제가 된 대표적 사례는 구 도시계획법 제21조의 위헌 여부에 대한 헌법소원 사건이다(소위 '그린벨트' 사건). 이 사건에서는 개발제한구역의 지정에 의한 재산권 침해가 공용수용에 해당하는지가 쟁점이었다. 헌법재판소는 개발제한구역을 지정하여 건축물의 건축 등을 제한하는 해당 조항을 토지재산권에 대한 권리와 의무를 일반적·추상적으로 확정하는 재산권의 내용한계로 보고 있다. 그러나 이러한 개발제한구역의 지정으로 종래의 목적으로 사용할 수 없거나 더 이상 법적으로 허용된 토지이용의 방법이 없어 실질적으로 토지의 사용 또는 수익의 길이 없는 경우에는 수인해야 하는 사회적 제약의 한계를 넘는 것이라고 보고 있다.

> "도시계획법 제21조에 규정된 개발제한구역제도 그 자체는 원칙적으로 합헌적인 규정이다. 다만 개발제한구역의 지정으로 말미암아 일부 토지소유자에게 사회적 제약의 범위를 넘는 가혹한 부담이 발생하는 예외적인 경우에 대하여 보상규정을 두지 않은 것에 위헌성이 있는 것이고, 보상의 구체적 기준과 방법은 헌법재판소가 결정할 성질의 것이 아니라 광범위한 입법형성권을 가진 입법자가 입법정책적으로 정할 사항이다. 따라서 입법자가 보상입법을 마련함으로써 위헌적인 상태를 제거할 때까지 위 조항을 형식적으로 존속케 하기 위하여 헌법불합치결정을 하는 것인바, 입법자는 되도록 빠른 시일내에 보상입법을 하여 위헌적 상태를 제거할 의무가 있고, 행정청은 보상입법이 마련되기 전에는 새로 개발제한구역을 지정하여서는 아니 된다.

> 토지소유자는 보상입법을 기다려 그에 따른 권리행사를 할 수 있을 뿐, 개발제한구역의 지정이나 그에 따른 토지재산권의 제한 그 자체의 효력을 다투거나 위 조항에 위반하여 행한 자신들의 행위의 정당성을 주장할 수는 없다." (헌재 1998. 12. 24. 89헌마214 등)

위 헌법재판소의 판례는 독일의 '분리이론'을 차용한 것이다. 특히 조정적 보상부 내용한계에 관한 내용이 반영되어 있다.[7] 그러나 이 판례는 위헌결정이 아니라 헌법불합치결정이라는 점에 유의할 필요가 있다. 그 보상의 수준과 범위 등은 전적으로 입법자의 판단에 맡겨져 있다. 이 사건에서 개발제한구역의 지정은 도시의 무질서한 확산을 방지하기 위한 토지이용제한이며, 이는 재산권의 '박탈'행위에 해당하지 아니한다. 헌법재판소는 이러한 공용수용의 요건을 자세히 검토하고 있지 않았지만, 개발제한구역의 지정을 재산권의 내용한계로 판단한 것은 타당하다. 즉 도시계획법 제21조의 규정이 "헌법 제23조 제1항 및 제2항에 따라 토지재산권에 관한 권리와 의무를 일반·추상적으로 확정하는 규정으로서 재산권을 형성하는 규정인 동시에 공익적 요청에 따른 재산권의 사회적 제약을 구체화하는 규정"이라고 이해하고 있다. 이러한 표현에 대해 다양한 해석이 가능하지만, 선의로 해석하자면 해당 법률 규정이 기본적으로 재산권의 내용한계에 기초하고 있음을 의미하는 것이다.

---

7) 조정적 보상부 내용한계(ausgleichspflichtige Inhalts– und Schrankenbestimmung)는 보상부 공용수용에 해당하지 않아 원칙적으로 재산권의 내용한계로 보아야 하는 경우에도 중대하고 감내할 수 없는 과도한 재산권 침해를 재정적 조정을 통해 해결하기 위한 것이다. 조정적 보상부 내용한계는 독일 연방헌법재판소의 납본의무 결정에서 유래되었다. 조정적 보상(Ausgleichsentschädigung)은 실비보상을 원칙으로 하며, 입법자가 정할 때에만 인정된다. 그런 점에서 조정적 보상은 수용보상, 즉 공용수용에 대한 손실보상(Entschädigung)과 구별된다. 이에 대한 상세는 졸저, 한국행정법론(제3판), 436면 이하 참조.

사례 2

헌법재판소는 택지소유상한에 관한 법률 제2조 제1호 나목 등에 대한 위헌소원에서 공용수용과 재산권의 내용한계를 구별하는 일응의 기준을 제시하고 있다. 즉 헌법 제23조 제1항 및 제2항에 근거한 재산권의 내용한계는 "입법자가 장래에 있어서 추상적이고 일반적인 형식으로 재산권의 내용을 형성하고 확정하는 것"을 의미한다고 이해한다. 이에 반해 헌법 제23조 제3항에 따른 공용수용과 공용제한은 "국가가 구체적인 공적 과제를 수행하기 위하여 이미 형성된 구체적인 재산적 권리를 전면적 또는 부분적으로 박탈하거나 제한하는 것"을 의미한다고 본다.

> "헌법 제23조에 의하여 재산권을 제한하는 형태에는, 제1항 및 제2항에 근거하여 재산권의 내용과 한계를 정하는 것과, 제3항에 따른 수용·사용 또는 제한을 하는 것의 두 가지 형태가 있다. 전자는 '입법자가 장래에 있어서 추상적이고 일반적인 형식으로 재산권의 내용을 형성하고 확정하는 것'을 의미하고, 후자는 '국가가 구체적인 공적 과제를 수행하기 위하여 이미 형성된 구체적인 재산적 권리를 전면적 또는 부분적으로 박탈하거나 제한하는 것'을 의미한다." (헌재 1999. 4. 29. 94헌바37 등)

그러나 이러한 구별기준을 입법수용과 재산권의 내용한계의 구별에 그대로 적용하기에는 어려움이 있다. 양자는 법형식에 유사한 점이 있기 때문이다. 다만, 입법수용은 재난과 같은 긴급한 상황에서 정상적인 수용절차를 거치기 어려운 경우에 인정된다는 점에서 재산권의 내용한계와 구별될 수 있다. 헌법재판소는 구 도시계획법 제83조 제2항 전단의 규정에 의한 무상귀속에 대해 입법수용이 아니라 재산권의 내용한계로 파악하였다.[8]

8) 헌재 2003. 8. 21. 2000헌가11 등, 판례집 15-2상, 186.

(3) 검토

위 헌법재판소의 결정에도 불구하고 보상부 공용수용과 무보상부 재산권의 내용한계를 구분하는 것은 현실적으로 쉽지 않다. 그러나 공용수용의 요건에 해당하지 아니하면, 이러한 재산권의 침해나 제한은 원칙적으로 재산권의 내용한계에 해당한다. 그런 점에서 전술한 바와 같이 공용수용의 요건에 관한 해석은 중요하다. 개별적 사건에서 이러한 공용수용의 요건을 충족하는지를 검토하는 작업이 선행되어야 하고, 이러한 요건에 해당하지 않을 경우에는 재산권의 내용한계로 보아야 한다. 이러한 방식이 분리이론의 요체이며, 존속보장을 실현할 수 있는 방안이기도 하다.

4. 보상부 공용제한의 해석 문제

헌법 제23조 제3항에는 다른 입법례와 달리 수용 외에 '사용'과 '제한'을 규정하고 있다. 그러나 공용사용은 사용제한이며, 이는 공용제한의 일종으로 이해된다. 이러한 공용제한에 대해서도 정당한 보상을 하여야 한다. 그러나 여기서 말하는 '공용제한'이 무엇인지가 문제지만, 이에 대해 학설도 충분한 논의가 없고, 판례는 아무런 언급을 하고 있지 않다. 헌법 제23조 제3항의 공용제한에는 보상이 필요하다. 이 경우 재산권의 내용제한과 보상부 공용제한의 구별도 어려운 쟁점이 되고 있다. 공용제한의 개념을 어떻게 해석할 것인지가 문제이다. 이와 관련하여 공용제한(공용사용 포함)을 넓게 이해하는 견해도 있지만, 이러한 해석은 재산권의 내용한계와의 구별을 어렵게 만든다. 공용제한은 재산권의 '박탈'을 개념적 표지로 하는 공용수용과도 구별되어야 한다. 따라서 공용제한을 부분적 박탈로 이해하는 견해도 타당하지 않다.

생각건대 공용제한은 공용수용에 준하여 판단되어야 한다. 헌법 제

23조 제3항의 핵심적 요소는 공용수용이다. 공용제한에 해당하는 구체적 사례를 찾기는 쉽지 않지만, 예컨대 잔여지 감가보상이 여기에 해당한다. 즉 "사업시행자는 동일한 소유자에게 속하는 일단의 토지의 일부가 취득되거나 사용됨으로 인하여 잔여지의 가격이 감소하거나 …… 때에는 국토교통부령으로 정하는 바에 따라 그 손실이나 공사의 비용을 보상하여야 한다"라고 규정하고 있다(토지보상법 제73조 제1항). 이러한 잔여지의 가치감소는 공용수용의 요건에 해당하는 것은 아니지만, 그 수용에 의해 직접 잔여지의 가격이 감소한 것이다. 이는 공용수용에 준하는 재산권 침해라고 이해될 수 있다. 그러나 헌법상 '공용제한'에 관한 규정은 보기 드문 입법례이며, 공용수용의 해석에 의해 탄력적으로 조절될 수 있다. 따라서 향후의 헌법개정을 통해 이 부분(공공필요를 위한 사용·제한)을 삭제하는 것이 바람직하다. 필요한 경우에는 법률에 의해 이러한 사용·제한에 대한 보상 규정을 마련하면 충분하다. 이는 '조정적 보상'으로 해석될 수 있음은 물론이다.

5. 사인을 위한 공용수용

(1) 의의 및 허용성

공용수용의 수익자는 행정주체(국가)가 일반적이지만, 사기업도 사업시행자로서 공용수용의 주체가 될 수 있다. 오늘날 사인(사기업)에 의한 공용수용은 허용된다고 보는 것이 일반적이다. 미국, 독일 등에서도 이러한 사인에 의한 공용수용을 인정하고 있다. 그러나 사인(사기업)은 이윤을 추구하는 것을 본질로 하므로 공익만을 위해 공용수용을 하는 것은 아니다. 사인에 의한 공용수용의 딜레마는 바로 여기에 있다. 그런 이유에서 독일에서는 '사인을 위한 공용수용'의 문제가 다루어지고 있다.

(2) 판례의 전개

헌법재판소는 산업단지 및 개발에 관한 법률 제11조 제1항 등 위헌소원 사건에서 민간기업의 산업단지 개발사업에 필요한 토지 등을 수용할 수 있도록 한 규정이 합헌이라고 결정하였다.[9] 또한 헌법재판소는 국토의 계획 및 이용에 관한 법률 제2조 제6호 등 위헌소원 등 사건에서, 회원제 골프장의 건설을 위한 도시계획시설사업도 '공공필요성'의 요건을 결여하거나 과잉금지의 원칙을 위반하여 재산권을 침해한 것은 아니라고 보았다.[10] 그러나 이 사건에서 같은 조 제6호의 라.목 중 "체육시설" 부분이 포괄위임금지의 원칙에 위반된다고 결정하였다. 이후 공공필요성의 요건을 엄격히 판단한 것은 지역균형개발 및 지방중소기업 육성에 관한 법률 제16조 제1항 제4호 등 위헌소원사건이다. 이 사건에서 고급골프장사업과 같이 공익성이 낮은 사업에 대해 시행자인 민간사업자에게 수용권한을 부여한 것은 헌법 제23조 제3항에 위반된다고 결정하였다.[11] 다만, 위헌결정으로 인한 법적 공백과 혼란을 방지하기 위해 헌법불합치 결정을 내리고 있다. 그러나 이 사건은 공공필요성의 개념을 엄격히 심사한 것은 긍정적이지만, 불가분의 고유한 개념을 '공익성'과 '필요성'이 포함된 개념으로 이해한 것은 문제가 있다. 공공필요의 개념은 그 자체로 고유한 개념이다.

> "헌법 제23조 제3항에서 규정하고 있는 '공공필요'는 "국민의 재산권을 그 의사에 반하여 강제적으로라도 취득해야 할 공익적 필요성"으로서, '공공필요'의 개념은 '공익성'과 '필요성'이라는 요소로 구성되어 있는바, '공익성'의 정도를 판단함에 있어서는 공용수용을 허용하

9) 헌재 2009. 9. 24. 2007헌바114.
10) 헌재 2011. 6. 30. 2008헌바166 등.
11) 헌재 2014. 10. 30. 2011헌바129.

> 고 있는 개별법의 입법목적, 사업내용, 사업이 입법목적에 이바지 하는 정도는 물론, 특히 그 사업이 대중을 상대로 하는 영업인 경우에는 그 사업 시설에 대한 대중의 이용・접근가능성도 아울러 고려하여야 한다. 그리고 '필요성'이 인정되기 위해서는 공용수용을 통하여 달성하려는 공익과 그로 인하여 재산권을 침해당하는 사인의 이익 사이의 형량에서 사인의 재산권침해를 정당화할 정도의 공익의 우월성이 인정되어야 하며, 사업시행자가 사인인 경우에는 그 사업 시행으로 획득할 수 있는 공익이 현저히 해태되지 않도록 보장하는 제도적 규율도 갖추어져 있어야 한다. 그런데 이 사건에서 문제된 지구개발사업의 하나인 '관광휴양지 조성사업' 중에는 고급골프장, 고급리조트 등(이하 '고급골프장 등'이라 한다)의 사업과 같이 입법목적에 대한 기여도가 낮을 뿐만 아니라, 대중의 이용・접근가능성이 작아 공익성이 낮은 사업도 있다. 또한 고급골프장 등 사업은 그 특성상 사업 운영 과정에서 발생하는 지방세수 확보와 지역경제 활성화는 부수적인 공익일 뿐이고, 이 정도의 공익이 그 사업으로 인하여 강제수용 당하는 주민들의 기본권침해를 정당화할 정도로 우월하다고 볼 수는 없다. 따라서 이 사건 법률조항은 공익적 필요성이 인정되기 어려운 민간개발자의 지구개발사업을 위해서까지 공공수용이 허용될 수 있는 가능성을 열어두고 있어 헌법 제23조 제3항에 위반된다. (헌재 2014. 10. 30. 2011헌바172 등)

(3) 외국의 입법례

미국에서는 낙후된 도시의 재개발을 위해 비영리 민간기업의 공용수용이 허용되는지가 문제였는데, 연방대법원은 Kelo v. City of New London 사건에서 5대4로 합헌 결정을 내렸다.[12] 이 판결에서 소수의견은 헌법상 '공적 사용'의 개념이 무의미하게 될 수 있다는 점을 지적하

---

12) 545 U.S. 469 (2005).

였다. 이와 달리 독일의 연방헌법재판소는 유사한 사건에서 위헌결정을 내렸다. 즉 Boxberg 결정에서 독일 연방건설법전(Baugesetzbuch)의 관련 규정이 해당 수용의 법적 근거가 될 수 없다고 판단하였다.[13]

(4) 사견

사인을 위한 공용수용에서는 일반적인 공용수용에 비해 '공공필요'의 개념을 더 엄격하게 해석해야 한다. 일반적인 공용수용에서는 공공필요를 '특별히 중대한 공익적 필요성'으로 이해하고 있다. 그러나 사인을 위한 공용수용에 있어서는 '충분히 중대하고도 특별한 공익'으로 해석되어야 한다. 지역경제의 개발이라는 미명하에 관광시설이나 회원제골프장 등을 건설하기 위한 공용수용은 허용되어서는 아니 된다. 이러한 수용은 그 공공필요성이 낮고, 또 이러한 개발은 대체로 난개발이나 환경훼손으로 이어질 수 있기 때문이다.

Ⅲ 손실보상의 구체적 내용

1. 손실보상의 의의 및 근거

행정상 손실보상은 종전에 적법한 공권력 행사에 의한 재산상의 특별한 희생에 대해 사유재산권의 보장과 공평부담의 견지에서 행하는 조절적인 손해전보제도로 이해되었다. 헌법 제23조 제3항은 '정당한 보상'을 규정하고 있다. 이에 대해 상당보상설과 완전보상설이 대립하고 있지만, 후설이 다수설이다. 참고로 제헌헌법(1948년)에서는 "상당한 보상"을 규정하고 있었다. 헌법 제23조 제3항에서는 "보상은 법률로써 하되"라고 규정하고 있는데, 이는 '보상법률주의'를 규정한 것이다. 헌법

13) BVerfGE 74, 264/287 ff.

제23조 제3항에는 보상의 기준과 범위 등에 관하여 아무런 규정을 두고 있지 않다. 이에 대해서는 법률로 규정하는 것이 원칙이다. 공익사업을 위한 토지 등의 취득 및 보상에 관한 법률 제61조 이하에서는 보상에 관한 상세한 규정을 두고 있다. 그 밖에 하천법, 도로법 등의 개별법에도 보상규정을 별도로 두고 있다.

손실보상청구권의 법적 성질에 대해 사권설로 보는 것이 종전의 통설이었지만, 근래에는 공권설이 유력하다. 손실보상청구권을 민사소송으로 본 사례도 있다.[14] 그러나 실제 대부분의 보상금소송은 행정소송으로 실현된다. 수용재결에 대한 항고소송을 제기하는 것이 대부분이고, 보상금증감청구소송은 공법상 당사자소송으로 제기된다. 손실보상은 국가의 공권력에 의해 사유재산권이 박탈되어 발생하는 것이다. 대법원은 하천구역 편입토지에 대한 손실보상청구권의 법적 성질을 공법상의 권리라고 판단한 사례도 있다.[15]

2. 손실보상과 불가분조항

(1) 불가분조항의 의의 및 기능

공용수용에 해당하는 재산권침해에 대해 손실보상의 규정이 흠결된 경우, 공용수용의 효력이 문제 된다. 독일에서는 불가분조항(Junktimklausel)이 논의된다. 이를 "부대조항" 또는 "결합(결부)조항" 등으로 표현하기도 한다. 즉 공용수용의 수권법률에 침해규정과 더불어 보상규정을 두어야 하며, 이러한 보상규정이 흠결되면 해당 법률은 위헌·무효가 된다. 이러한 불가분조항은 국민의 권리보호뿐만 아니라 입법부에 대한 경고적 기능도 가진다. 그런 점에서 이러한 불가분조항은 헌법 제23조 제3항의 해석에도 적용되어야 한다. 헌법 제23조 제3항의 공용제한(사

---

14) 대법원 1992. 10. 9. 선고 92다25533 판결; 대법원 2000. 5. 26. 선고 99다37382 판결.
15) 대법원 2006. 5. 18. 선고 2004다6207 전원합의체 판결.

용 포함)을 이유로 부정하는 견해도 있지만, 이는 공용제한의 해석에 달려 있다.

(2) 보상규정의 흠결과 권리구제

1) 학설의 대립

공용수용에 대한 보상규정이 흠결된 경우 그 권리구제에 대해 견해가 대립하고 있다. 이와 관련하여 위헌무효설, 직접적용설, 유추적용설 등이 주장된다. 위헌무효설은 보상규정을 두지 아니한 재산권침해의 수권 법률이 위헌·무효이며, 이에 근거한 수용처분(수용재결)도 위법하다고 보고 있다. 또한 헌법 제23조 및 헌법 11조(평등원칙)를 유추적용하여 보상을 인정해야 한다고 보거나, 개별 법령의 보상규정을 유추적용해야 한다는 견해도 있다(유추적용설). 위법한 재산권침해를 하였으나 귀책사유가 없는 경우에 수용유사적 침해이론을 적용할 수 있다는 주장도 이러한 유추적용설에 해당한다. 그리고 개별 법령에 보상규정이 없더라도 헌법 제23조 제3항을 근거로 직접적용설을 주장하는 견해도 있다. 그 밖에 입법부작위에 대한 헌법소원을 통해 해결할 수 있다는 주장도 있다.[16]

2) 비판적 검토

헌법 제23조 제3항은 보상법률주의를 채택하고 있으며, 헌법에는 보상의 기준이나 범위 등에 관한 규정이 없다. 그런 점에서 직접적용설은 현실성이 없어 부당하다. 또한 개별 법령(시행규칙)을 근거로 유추적용을 한 사례도 있지만, 자의적인 해석·적용이 발생할 수 있다. 수용유사적 침해이론은 후술하는 바와 같이 독일에서도 그 법적 근거를 상실하고 있으며, 프로이센일반국법 제74조 및 제75조의 희생보상사상으로 복

16) 상세는 졸저, 한국행정법론(제3판), 442면 이하 참조.

귀하였다. 우리나라에서 이러한 이론을 도입할 경우 그 법적 근거를 어디에서 도출할 수 있을지도 문제다. 입법부작위에 대한 헌법소원이 인용되는 경우는 매우 드물며, 그런 점에서 그 실효성이 낮다.

3) 소결

결론적으로 '위헌무효설'이 타당하다. 따라서 재산권에 대한 침해규정을 두면서 보상규정을 두지 않는 것은 불가분조항을 위반한 것으로 해당 법률은 위헌·무효로 보는 것이 타당하다. 이후 법률의 개정을 통해 보상규정을 마련하는 것이 정도(正道)이다.

3. 손실보상의 기준 및 범위

(1) 손실보상의 기준

헌법 제23조는 손실보상에 대해 정당한 보상을 규정하고 있다. 이러한 정당한 보상이 완전보상이라고 보는 견해가 다수설인데, 이는 미국의 수정헌법 제5조에 규정된 '정당한 보상'의 영향을 받은 것이다. 그러나 보상의 실제적인 범위나 내용은 각국의 사정에 따라 차이가 있다.

정당한 보상이란 무엇인가? 이에 대해서도 다양한 견해가 제시되고 있지만, 대체로 '객관적 시장가치'를 기준으로 정당한 보상을 판단하고 있다. 학설에 따라 이러한 객관적 시장가치 외에 부대적 손실을 포함시키거나 재산권 침해에 의해 직접적이고 필연적으로 발생한 손실의 전부를 포함해야 한다는 견해도 있다. 그러나 후술하는 바와 같이 생활보상과 특수한 보상도 이러한 헌법 제23조의 정당한 보상에 포함되는지와 관련하여, 학설이 대립하고 있다.

실제로는 '공시지가'를 기준으로 보상액을 산정하고 있다. 협의에 의한 경우에 보상의 산정기준은 협의 성립 당시의 가격이며, 재결에 의한 경우에는 수용 또는 사용의 재결 당시를 산정시기로 하여 해당 토지의 거래가격을 기준으로 한다(토지보상법 제67조 제1항). 보상액의 산정에서 공익사업의 시행으로 발생하는 개발이익을 배제한 토지가격으로 하기 위하여 부동산가격공시에 관한 법률에 따른 '공시지가'를 기준으로 하고 있다. 이러한 개발이익의 배제에 대해 위헌이 주장되지만, 헌법재판소는 개발이익을 배제하는 것이 정당보상의 원리에 위반되지 아니한다고 보고 있다.[17)]

(2) 손실보상의 대상 및 범위

손실보상제도는 역사적으로 대인적 보상에서 대물적 보상으로, 그리고 대물적 보상에서 생활보상으로 발전하여 왔다. 최근에는 공익사업의 실시나 완성 후 사업지 외의 사업손실보상도 함께 논의되고 있다.

1) 재산권 보상

재산권보상은 재산적 손실에 대한 보상이다. 토지보상이 주된 내용이지만, 토지 외의 재산에 대한 보상을 그 내용으로 한다. 예컨대 토지 이외에 지상물건, 농업, 토지에 관한 소유권 외의 권리, 영업, 잔여지 등에 관한 손실보상 등이 그러하다.

2) 생활보상

생활보상의 개념은 다의적이고, 학자에 따라 다양하게 파악되고 있다. 생활보상의 핵심은 피수용자의 생활안정을 도모하고, 종전의 생활을 유지·확보하는 것을 목적으로 한다. 좁은 의미의 생활보상에는 이농비·이어비 등의 생활비보상, 주거이전비보상 등이 포함된다. 넓은 의미의 생활보상에는 이러한 보상 외에 소수잔존자보상, 영업상 손실의 보상, 생활재건조치(이주대책) 등을 포함하는 개념으로 이해한다. 후자가 다수설이다. 본서에서는 생활보상의 개념을 넓은 의미로 이해하고, 협

---

17) 헌재 1990. 6. 25. 89헌마107.

의의 생활보상 외에 생활재건조치 등을 포함하기로 한다.

생활보상의 헌법적 근거에 대해 학설이 대립하고 있다. 즉 공용수용과 정당한 보상을 규정한 헌법 제23조 제3항에서 찾는 견해, 사회적 기본권을 규정한 헌법 제34조에서 찾는 견해, 그리고 헌법 제23조와 헌법 제34조를 결합한 견해(통일설) 등이 있다. 이와 관련하여 헌법재판소는 생활보상의 헌법적 근거를 헌법 제23조 이외에 헌법 제34조를 근거로 판단한 경우도 있다.[18] 대법원 판례의 입장은 확고하지 않다. 그러나 생활보상에 사회보장적 성격이 있다는 점을 인정하고 있다.[19] 생각건대 생활보상은 헌법 제23조 제3항에 귀속시키기 어렵고, 생활보상의 내용은 사회보장적 차원에서 종전 생활의 유지·확보를 목적으로 한다는 점에서 헌법 제34조에 근거한 것으로 이해하는 것이 타당하다.

3) 사업손실보상

사업손실보상이란 공익사업의 실시 또는 완성 후의 시설이 사업지 밖에 미치는 손실에 대한 보상을 말한다. 이를 '간접손실보상'이라고도 부른다. 사업손실에는 물리적·기술적 손실(소음·진동에 의한 피해)과 경제적·사회적 손실(댐건설로 인한 이전이나 영업손실 등)이 포함된다. 잔여지의 매수청구 및 잔여지수용청구 등도 이러한 사업손실보상에 포함된다. 토지보상법 시행규칙에는 공익사업의 시행으로 인하여 교통이 두절되거나 경작이 불가능하게 된 경우의 대지·건축물·농지에 대한 간접보상(제59조), 사업시행지구에 편입되고 남은 잔여가옥에 대한 소수잔존자 보상(제61조) 등을 규정하고 있다.

---

18) 헌재 1993. 7. 29. 92헌마30.

19) 대법원 2003. 7. 25. 선고 2001다57778 판결; 대법원 2006. 4. 27. 선고 2006두2435 판결.

(3) 손실보상의 종류와 방법

손실보상의 기준, 방법과 내용은 법률에 구체적으로 규정되어 있다. 손실보상의 종류에는 현금보상, 토지보상, 채권보상, 현물보상 및 매수보상이 있다.

손실보상은 현금보상을 원칙으로 한다. 금전의 지급방법은 사업시행 이전에 지급하는 선급, 개인별로 지급하는 개별급, 일시에 전액을 지급하는 전액급으로 하고 있다. 현금 대신 토지로 보상할 수 있는데, 이를 '토지보상' 또는 '대토(代土)보상'이라고 부른다. 일정한 경우 채권(債券) 보상을 할 수도 있다. 즉 토지소유자나 관계인이 원하는 경우, 사업인정을 받은 사업의 경우에 대통령령으로 정하는 부재(不在)부동산소유자의 토지에 대한 보상금이 대통령령으로 정하는 일정 금액을 초과하는 경우에 그 초과하는 금액에 대하여 보상하는 경우 채권으로 보상할 수 있다(토지보상법 제63조 제7항). 토지수용의 경우에 주택이나 환지의 제공 등 수용 또는 사용할 물건에 갈음한 물건을 보상으로 제공할 수 있다. 이를 '현물보상'이라고 한다. 그 밖에 토지 등을 종전의 이용목적에 따라 사용하기가 어려운 경우 상대방에게 그 토지 등의 매수를 청구하는 '매수보상'도 있다.

4. 손실보상에 대한 불복과 권리구제

(1) 협의취득에 대한 권리구제

사업인정을 받은 사업시행자는 토지조서 및 물건조서의 작성, 보상계획의 공고·통지 및 열람, 보상액의 산정과 토지소유자 및 관계인과의 협의 절차를 거친다(토지보상법 제26조 제1항). 이러한 협의는 토지수용위원회의 재결 이전에 이루어진다. 협의가 성립되면, 해당 토지소유자 및 관계인의 동의를 얻어 관할 토지수용위원회에 협의성립의 확인을 신청할 수 있다(동법 제29조 제1항). 이 경우 '확인'은 토지보상법에 따른 재결로 간주한다(동조 제4항). 이러한 협의취득에 대해 다툴 경우 그 소송형식이 문제된다. 판례는 공용수용의 절차에서 사업인정을 받은 사업시행자와 소유권자 사이의 협의취득을 '사법상 계약'으로 보고 있다.[20] 이에 대해 다툴 경우 민사소송의 형식으로 다투어야 한다. 그러나 이러한 협의취득은 수용권이 부여되는 사업인정 이후에 사업시행자가 공무수탁사인의 지위에서 행하는 것이므로 공법적 성질을 가진다. 이를 '공법상 계약'으로 보는 것이 타당하다.

(2) 토지수용위원회의 재결에 대한 권리구제

1) 항고소송을 제기하는 경우

수용 여부와 손실보상액을 결정하는 토지수용위원회의 재결이나 결정이 있을 경우, 이에 대해서는 항고소송을 제기할 수 있다. 지방토지수용위원회나 중앙토지수용위원회의 수용재결에 불복할 경우, 중앙토지수용위원회에 이의를 신청할 수 있다(토지보상법 제83조 제1항 및 제2항). 중앙토지수용위원회의 이의재결이 있은 후 이에 불복하려는 토지소유자는 수용재결을 대상으로 하고, 이를 재결한 지방토지수용위원회나 중앙토지수용위원회를 피고로 하여 취소소송이나 무효확인소송을 제기할 수 있다.

종전에는 지방토지수용위원회 또는 중앙토지수용위원회의 수용재결을 항고소송의 대상으로 할 것인지, 아니면 중앙토지수용위원회의 이의재결을 대상으로 항고소송을 제기할 것인지에 대해 다투어졌다. 행정소송법은 원처분주의를 채택하고 있으며, 이에 따라 지방토지수용위원회 또는 중앙토지수용위원회의 수용재결을 대상으로 항고소송을 제기하는

---

20) 대법원 2012. 2. 23. 선고 2010다91206 판결.

것이 타당하다. 판례의 입장도 그러하다.[21] 그러나 중앙토지수용위원회의 이의재결 그 자체에 고유한 위법이 있는 경우, 이에 대해서는 예외적 재결주의에 따라 그 이의재결에 대해 취소소송 또는 무효확인소송을 제기할 수 있음은 물론이다.

2) 공법상 당사자소송을 제기하는 경우

수용재결의 취소가 아니라 단순히 보상금의 증액 또는 감액을 다투는 소를 제기할 수 있는지가 문제다. 중앙토지수용위원회는 수용재결을 취소하지 않고 손실보상액의 증액 또는 감액 결정을 하는 경우도 있다. 토지보상법 제85조 제2항은 이처럼 보상금액을 다투는 소를 제기할 수 있는 규정을 두고 있다. 즉 토지소유자 또는 관계인은 사업시행자를 피고로 하여 보상금의 증액을 구하는 소를 제기할 수 있고, 사업시행자도 토지소유자 또는 관계인을 피고로 하여 보상금의 감액을 구하는 소를 제기할 수 있다. 이러한 소송을 '보상금증감청구소송'이라고 부른다. 이러한 소송의 형식이 무엇인지가 문제인데, 학설은 대체로 공법상 당사자소송이라고 보고 있다. 특히 이러한 소송은 형식적 당사자소송에 해당한다. 종전에는 토지수용위원회를 피고에 포함하였으나, 지금은 삭제되었다.

Ⅳ 수용유사적 침해와 수용적 침해

1. 수용유사적 침해

(1) 수용유사적 침해의 의의 및 변천

수용유사적 침해란 대체로 "고권적 처분을 통해 재산권에 직접적으

21) 대법원 2010. 1. 28. 선고 2008두1504 판결.

로 영향을 미치는 위법한 침해"를 말한다. 수용유사적 침해이론은 위법한 재산권침해로 특별한 희생을 입은 자에 대해서도 손실보상을 인정하기 위해 독일 연방통상법원(BGH)이 발전시킨 이론이다. 위법·유책한 재산상 피해에 대해서는 손해배상이 가능하지만, 위법·무책한 재산권침해에 대해서는 손해배상을 청구할 수 없기 때문이다. 독일에서는 수용유사적 침해이론의 법적 근거를 공용수용 및 손실보상을 규정한 독일 기본법 제14조 제3항에서 찾았다. 그러나 독일 연방헌법재판소의 자갈채취결정 이후 그 법적 근거를 더 이상 독일 기본법 제14조 제3항에서 찾을 수 없게 되었다.

(2) 수용유사적 침해의 성립요건

수용유사적 침해이론이 성립하기 위해서는 다음과 같은 요건이 충족되어야 한다. 먼저 수용유사적 침해이론의 보호대상은 '재산권'이다. 여기서 말하는 재산권은 "재산적 가치 있는 모든 법적 지위"이다. 둘째, 고권적 조치로 재산권이 침해되어야 한다. 고권적 조치에는 법률행위뿐만 아니라 사실행위도 포함된다. 예컨대 무질서하게 계획되거나 시행된 도로건설작업으로 인한 영업상의 손실, 굴착공사로 인한 소음이나 진동 등이 그러하다. 셋째, 이러한 고권적 조치가 재산권침해에 영향을 미쳐야 한다. 마지막으로 침해행위가 위법하여야 한다.

(3) 손실보상

수용유사적 침해의 요건이 충족되면, 당사자는 보상청구권을 행사할 수 있다. 보상의 종류와 범위는 수용보상의 일반원칙에 따라 결정된다. 이러한 보상은 정당보상이 아니라 법치국가적으로 요청되는 조정적 보상을 의미한다.

(4) 판례의 입장

수용유사적 침해이론의 도입 여부에 대해 학설은 대립하고 있다. 1980년 6월 말경 문화방송(MBC) 소유의 방송사 주식을 강압적으로 국가에 증여한 것이 수용유사적 침해에 해당하는지가 문제되었다. 원심은 이러한 행위가 수용유사적 침해에 해당한다고 보아 손실보상을 인정하였다.[22] 그러나 상고심인 대법원은 이를 부인하였다.[23] 대법원은 수용유사적 침해이론을 언급하고 있으나, 이 이론을 판례에 명확히 도입하였다고 보기는 어렵다. 아직 이를 따르는 후속 판례도 없다. 그 밖에 다른 법령에 규정된 보상조항을 유추적용한 사례를 두고 수용유사적 침해이론이 적용된 것이라고 단정하는 것은 옳지 않다. 수용유사적 침해이론의 도입에 대해서는 보다 면밀한 검토가 필요하다.

2. 수용적 침해

(1) 수용적 침해의 의의

수용적 침해란 "비전형적이고 예견하지 못한 부수적 효과"로 인한 재산권침해를 말한다. 예컨대 장기간 도로공사로 인한 인근상점이나 주유소 등의 매상고 감소 등이 그러하다.

(2) 수용적 침해의 요건

수용적 침해가 인정되기 위해서는 첫째, 재산권에 대한 직접적인 침해가 있어야 한다. 둘째, 그 침해가 이러한 행위의 비전형적이고 부수적인 결과이어야 한다. 마지막으로 이러한 침해가 특별한 희생에 해당하여야 한다. 이러한 요건을 충족하면, 보상을 청구할 수 있다. 보상규

---

22) 서울고등법원 1992. 12. 24. 선고 92나20073 판결.
23) 대법원 1993. 10. 26. 선고 93다6409 판결.

정과 그 실현은 수용유사적 침해과 같다.

(3) 수용적 침해의 도입 여부

수용적 침해의 도입 여부에 대해서도 학설이 대립하고 있다. 수용적 침해이론을 적극적으로 지지하는 견해도 있지만, 수용적 침해의 근거를 찾기가 쉽지 않다는 문제가 지적된다. 물론 헌법 제23조 제3항을 유추적용할 수 있다는 주장도 있다. 그러나 독일에서는 수용적 침해이론의 법적 근거를 더 이상 독일 기본법 제14조 제3항에서 찾을 수 없다고 보고 있고, 프로이센일반국법에 근거한 희생보상사상으로 복귀하였다. 우리나라에는 이러한 사상적 근거가 없다. 독일에서는 조정적 보상을 통해 이러한 수용적 침해에 관한 보상문제를 대체하고 있다.

판례에서 수용적 침해이론을 명확히 적용한 사례는 없고, 관련 규정을 유추적용한 사례만 있다. 대법원은 산업기지개발사업의 시행에 따라 김양식이 불가능하게 되어 수산업협동조합이 상실하게 된 김위탁판매수수료의 손실보상에 대해 구 공공용지의 취득 및 손실보상에 관한 특례법 시행규칙 제23조의5 및 제23조의6의 각 규정을 유추적용할 수 있다고 판시하였다.[24] 그러나 이러한 판례에서 수용적 침해를 전혀 언급하고 있지 않아 이러한 이론이 적용되었다고도 보기 어렵다. 보상규정의 흠결이 있는 경우 보상을 확대하기 위해 관련 규정을 유추적용한 것뿐이다. 국가배상과 손실보상의 간극은 '조정적 보상'의 문제로 접근하여야 하고, 이 문제는 입법적으로 해결하는 것이 바람직하다.

---

24) 대법원 1995. 7. 14. 선고 94다38038 판결.

제13장

기타 공법상 권리구제수단

I 위험책임

1. 위험책임의 의의

위험책임이란 위험상황을 초래한 자가 발생시킨 손해에 대해 무과실의 책임을 묻는 것을 말한다. 또한 현대사회의 불확실성으로 인해 '리스크'가 중요한 의미를 가진다. 현대행정의 복잡다양성과 기술성·전문성 등으로 인해 이러한 위험과 리스크로 발생한 손해를 입증하기가 쉽지 않다. 위험책임론은 이러한 피해에 대해 무과실의 책임을 묻는 것이다. 위험책임은 환경법이나 기술안전법의 영역에서 주로 인정된다. 그 대표적 사례로는 환경오염피해 배상책임 및 구제에 관한 법률 제6조에서 환경오염피해에 대한 사업자책임이 있다. 즉 "시설의 설치·운영과 관련하여 환경오염피해가 발생한 때에는 해당 시설의 사업자가 그 피해를 배상하여야 한다"라고 규정하고 있다. 독일에서는 원자력법 제25조의 원자력핵분열시설에 대한 책임, 독일 민법 제8조의 동물소유자의 책임 등을 위험책임의 사례로 소개하고 있다. 또한 독일 도로교통법 제7조에도 차량운영을 통해 사람의 신체나 건강을 해하거나 재산상 손해가 발생한 경우 이에 대한 책임을 규정하고 있는데, 위험책임의 사례로 볼 수 있다.

2. 위험책임의 요건

위험책임에 관한 일반적 성립요건을 정하는 것은 쉬운 일이 아니다. 이와 관련하여 위험책임의 성립요건으로 "고양된 위험" 또는 "특별한 위험상태" 등이 언급된다(E. Forsthoff). 그러나 '특별한 위험상태'를 판단하는 것은 쉽지 않다. 그 판단은 각 사물이나 행위의 위험상황을 고려할 필요가 있으며, 위험의 정도나 행태는 개별법에서 자세히 규율하는 것이 바람직하다.

3. 검 토

위험책임에 관한 근거가 충분하지 않아 이를 적용하는 것에 어려움이 적지 않다. 독일에서도 수용보상 및 희생보상청구권 등을 확대하고 있고, 민법의 일부조항이나 환경법 등에 제한하여 위험책임을 인정하고 있다. 그런 점에서 위험책임을 확대하는 것은 옳지 않고, 안전법이나 환경법 등 제한된 영역에서는 인정될 필요가 있다.

Ⅱ 희생보상청구권

1. 의의 및 연혁

희생보상청구권이란 행정기관의 고권적 작용으로 인해 발생한 비(非)재산적 권리의 손실에 대한 보상을 의미한다. 희생보상청구권은 독일의 입법례에서 유래하고 있다. 희생보상청구권의 법적 근거에 대해 독일에서도 논란은 있지만, 독일 연방통상법원은 그 근거를 프로이센일반국법 제74조 및 제75조에서 찾고 있다.

희생보상청구권의 허용 여부에 대해서는 견해가 대립하고 있다. 명문의 규정이 없다고 부정하는 견해도 있지만, 평등원칙, 법치국가원리, 사회국가원리 등을 근거로 긍정하는 견해도 있다. 국내 실정법에도 비재산적 손실에 대한 보상규정이 늘고 있다. 즉 감염병의 예방 및 관리에 관한 법률 제71조에는 예방접종에 따른 질병·사망 등의 피해에 대해 국가보상을 규정하고 있다. 즉 "국가는 제24조 및 제25조에 따라 예방접종을 받은 사람 또는 제40조 제2항에 따라 생산된 예방·치료 의약품을 투여 받은 사람이 그 예방접종 또는 예방 · 치료 의약품으로 인하여 질병에 걸리거나 장애인이 되거나 사망하였을 때에는 대통령령으로 정하는 기준과 절차에 따라 다음 각 호의 구분에 따른 보상을 하여야 한다"라고 규정하고 있다(동조 제1항). 한편, 경찰관직무집행법 제11조도 재산상의 손실뿐만 아니라 생명·신체의 손실에 대한 보상청구권을 규정하고 있다. 이러한 손해전보는 사회보장적 성격의 보상제도라고 볼 수 있다.

생각건대 인간의 생명권과 신체불훼손권 등을 포함한 인간의 존엄권(헌법 제1조), 국가의 안전 보호 책무를 규정한 헌법 제34조 제6항 및 헌법 제37조, 법치국가원리에 근거하여 희생보상청구권의 헌법적 근거를 도출할 수 있다. 그러나 희생보상청구권을 구체적으로 실현하는 것은 별개의 문제다.

2. 적용범위와 성립요건

희생보상청구권은 생명, 건강, 자유 등 비재산적 권리를 대상으로 하고 있다. 지식재산권은 재산권의 보호범위에 속한다. 희생보상청구권은 애초에 적법한 침해에 한정되었으나, 점차 위법한 침해에 대해서도 인정되고 있다.

희생보상청구권의 성립요건으로 다음과 같은 사항이 소개된다. 첫째,

희생보상청구권은 의도된 침해행위일 필요는 없지만, 적어도 '고권적 침해행위'에 의한 경우에 인정된다. 둘째, 희생보상청구권은 '비재산적' 권리에 대한 침해에 해당하여야 한다. 생명, 건강, 신체의 불가침성 등이 여기에 속한다. 마지막으로 특별한 희생이 있어야 한다. 이해관계를 가진 타인과 비교하여 불평등하게 침해를 받는 경우, 수인할 수 없는 특별한 침해가 발생한 경우 등이 이러한 특별한 희생에 해당한다고 본다.

3. 검 토

비재산적 권리에 대한 침해에 대해 손실보상을 하지만, 이러한 손실은 대체로 치료비·요양비·일실이익(逸失利益) 등과 같은 금전적 피해로 귀착된다. 희생보상청구권을 주장할 경우 그 보상의 기준과 범위, 보상의 방법 등이 문제된다. 이에 관한 아무런 규정이 없는 경우 희생보상청구권을 주장하기가 쉽지 않다. 이에 대해서는 결국 실정법에 구체적인 규정이 마련되어야 희생보상청구권을 실현할 수 있다.

Ⅲ 공법상 결과제거청구권

1. 의의 및 근거

공법상 결과제거청구권은 고권적 침해행위를 통해 피해를 입은 개인이 침해이전의 상태로 복구할 것을 요구하는 것이다. 즉 공법상 결과제거청구권은 손해배상청구권이나 손실보상청구권과 같은 금전적 손해전보제도가 아니라, 원상회복청구권에 해당한다. 공법상 결과제거청구권도 독일의 입법례에서 유래하였다. 초기에는 위법한 집행행위를 행정행위에 제한하였으나 점차 사실행위까지 확대되었다. 예컨대 지방자치단체가 사유지에 하수정화장치를 위법하게 설치하는 경우에 공법상 결과

제거청구권이 고려된다.

공법상 결과제거청구권의 법적 근거에 대해 물권적 청구권에서 찾는 견해가 있다. 공법상 결과제거청구권은 다른 손해배상청구권이나 원상회복청구권과 같이 실체법상의 청구권이지만, 이에 관한 명문의 규정이 없다. 그 근거에 대해 독일에서도 다양한 견해가 있다. 다만, 결과제거청구권이 기본권의 방어청구권이나 보상청구권과 관련이 있다고 보는 유력한 견해도 있다(Maurer).

2. 요건 및 한계

공법상 결과제거청구권은 고권적 작용을 통해 재산권과 같은 주관적 권리가 침해되어야 하며, 이러한 침해가 위법한 상태를 형성하여 그 상태가 지속되는 것을 요건으로 한다. 그 성립요건은 다음과 같다. 첫째, 고권적 침해가 있어야 한다. 고권적 침해에는 행정행위뿐만 아니라 사실행위도 포함된다. 사법적 성질을 가지는 침해행위에 대해서는 결과제거청구권이 인정되지 아니한다. 둘째, 고권적 작용으로 주관적 공권이 침해되어야 한다. 주관적 공권은 개별 법률에서 도출되는 것이 원칙이지만, 기본권에서 도출되는 경우도 있다. 셋째, 이러한 침해 상태는 위법한 행정작용을 통해 발생되어야 하며, 또 사후적으로도 지속되어야 한다. 위법한 행정작용에 부작위는 제외된다.

공법상 결과제거청구권은 그 복구가 현실적으로 가능할 때에만 허용되며, 지나친 복구비용이 소요되어서는 아니 된다.

3. 실현방식(소송형식)

독일에서는 결과제거청구권을 일반이행의 소를 통해 실현하고 있다. 취소된 행정행위의 집행 제거가 문제될 때 이러한 소송이 고려된다. 우리나라에서는 행정소송법에 이러한 규정이 없어, 소송실무에서는 민사소송으로 이를 다투고 있다.

Ⅳ 공법상 부당이득반환청구권

1. 의의 및 법적 성질

부당이득이란 법률상의 원인 없이 타인의 노무나 재산으로부터 부당하게 이익을 얻는 것을 말한다. 이 제도는 본래 사법에서 유래된 제도이다. 부당이득은 민법 제741조에 규정되어 있다. 공법에서도 부당이득반환청구권이 인정될 수 있다. 세금을 잘못 납부하거나 초과하여 이를 납부한 경우에 공법상 부당이득반환청구권이 문제된다. 이 경우 조세과오납환급청구소송을 제기할 수 있다.

부당이득반환청구권의 법적 성질에 대해서도 사권설이 지배적이었으나, 근래에는 공권설이 유력하게 대두되고 있다. 종전에는 대부분 민사소송의 형식으로 제기되었다. 그러나 판례 중에는 국가에 대한 납세의무자의 부가가치세 환급세액청구소송에 이러한 청구를 공법상 당사자소송으로 다투어야 한다고 본 경우도 있다.[1)]

2. 선결문제

부당이득반환청구는 민사소송으로 제기되는 것이 대부분이다. 행정행위(행정처분)로 인해 부당이득반환의 문제가 발생하여 민사소송을 제기한 경우, 수소법원(민사법원)은 그 행정처분이 당연무효가 아닌 한, 선결문제인 행정행위의 효력을 심사할 수 없다. 즉 해당 행정행위가 무효이거나 취소되지 않는 한, 그 행정행위의 효력은 지속된다. 행정행위의

---

1) 대법원 2013. 3. 21. 선고 2011다95564 전원합의체 판결.

효력은 제3의 국기기관(법원 포함)에 대해서도 미친다(구성요건적 효력). 또한 행정행위가 유효하게 존재하는 이상, 법률상 원인 없이 부당이득을 얻은 것이 되지 않는다. 예컨대 과세처분이 당연무효가 아닌 한, 민사법원은 과세처분의 무효를 원인으로 하는 부당이득반환청구를 인정할 수 없고, 또 민사법원은 그 과세처분의 효력 여부를 심사할 수도 없다. 행정행위 이외의 행정작용(예컨대 권원 없는 도로의 점유나 사용)에 의해 부당이득이 발생한 경우, 법령에 특별한 규정이 없으면, 부당이득반환청구를 할 수 있다.

3. 관련청구의 병합

해당 행정처분에 대한 취소소송에 부당이득반환청구를 병합할 수 있다(행정소송법 제10조 제2항 및 제38조). 위 사례에서 과세처분의 무효 또는 취소를 다투는 소를 행정법원에 제기한 후, 민사법원에 계속되어 있는 부당이득반환청구를 항고소송에 병합할 수 있다. 판례는 보험료부과처분의 취소를 구하는 소송에서 해당 처분의 취소를 선결문제로 하는 부당이득반환청구가 행정법원에 병합된 경우, 부당이득반환청구가 인용되기 위해서는 그 소송절차에서 판결에 의해 해당 처분이 취소되면 충분하고 그 처분의 취소가 확정되어야 하는 것은 아니라고 판시하였다.[2]

V 공법상의 사무관리로 인한 비용상환청구권

1. 의의 및 연혁

사무관리란 "법률상의 의무 없이 타인을 위하여 그의 사무를 처리하는 것을 말한다(민법 제734조 제1항 참조). 민법상 사무관리가 공법관계

2) 대법원 2009. 4. 9. 선고 2008두23153 판결.

에서도 인정되는지가 다투어졌다. 발터 옐리네크(W. Jellinek)는 공법분야에서 사무관리를 인정하는 것은 어렵다고 보았다. 그러나 오늘날에는 국가에 대한 공법상의 사무관리도 인정될 수 있다고 보고 있다. 예컨대 건축주가 긴급한 경우에 지방자치단체나 기타 공공단체를 위해 옹벽이나 일정한 시설을 설치하는 경우가 그러하다.

2. 유 형

공법상의 사무관리는 '주체'를 기준으로 분류될 수 있다.

첫째, 행정주체가 사인을 위해 사무를 처리하는 경우이다. 예컨대 장기간 외유 중인 K의 가옥이 폭우로 붕괴될 수 있고, 또 이로 인해 인근 가옥에 2차 피해를 발생시킬 수 있는 경우, 인근주민의 신고를 받은 관할 지방자치단체가 위험방지를 위한 시설을 설치하거나 이에 대한 수리를 할 수 있다. 이 경우 해당 지방자치단체는 K에 대해 비용상환을 청구할 수 있다.

둘째, 행정주체가 다른 행정주체를 위해 사무를 처리하는 경우이다. 예컨대 지방자치단체가 긴급재난(대형산불)으로 피해복구를 스스로 할 수 없는 경우에 국가 또는 다른 지방자치단체가 그 피해복구업무를 처리하거나 피해시설을 임시로 설치하여 관리하는 경우가 그러하다. 행정응원의 방식으로 지원할 수도 있지만, 이에 관한 공법상의 사무관리도 허용될 수 있다.

셋째, 사인이 행정주체를 위해 사무를 처리하는 경우이다. 건축주가 긴급한 상황에서 행정주체를 위해 일정한 시설물을 설치하는 경우가 여기에 해당한다. 해양오염사고와 관련하여 소위 허베이 스피리트 호 사건에서 A 주식회사가 해양경찰의 직접적인 지휘를 받아 방제작업을 보조한 경우도 공법상의 사무관리에 해당한다고 볼 수 있다. A 주식회사는 사무관리를 이유로 민법 제739조에 따라 국가에 방제비용을 청구하였고, 대법원은 이를 인정하였다.

> "사무관리가 성립하기 위하여는 우선 사무가 타인의 사무이고 타인을 위하여 사무를 처리하는 의사, 즉 관리의 사실상 이익을 타인에게 귀속시키려는 의사가 있어야 하며, 나아가 사무의 처리가 본인에게 불리하거나 본인의 의사에 반한다는 것이 명백하지 아니할 것을 요한다. 다만 타인의 사무가 국가의 사무인 경우, 원칙적으로 사인이 법령상 근거 없이 국가의 사무를 수행할 수 없다는 점을 고려하면, 사인이 처리한 국가의 사무가 사인이 국가를 대신하여 처리할 수 있는 성질의 것으로서, 사무 처리의 긴급성 등 국가의 사무에 대한 사인의 개입이 정당화되는 경우에 한하여 사무관리가 성립하고, 사인은 그 범위 내에서 국가에 대하여 국가의 사무를 처리하면서 지출된 필요비 내지 유익비의 상환을 청구할 수 있다." (대법원 2014. 12. 11. 선고 2012다15602 판결)

3. 비용상환청구권

공법상 사무관리가 인정될 경우, 관리자는 그 사무의 주체에 대해 비용상환을 청구할 수 있다. 그러나 관리자가 사무관리를 함에 있어서 허용되지 않는 방식으로 관리하거나 관리의 소홀로 인하여 그 사무주체에 중대한 손해를 발생시킨 경우, 그 사무주체는 관리자에게 손해배상을 청구할 수 있다.

판례색인

헌재 1986. 9. 4. 88헌마22 ………… 106
헌재 1990. 6. 25. 89헌마107 ………… 236, 253
헌재 1990. 9. 3. 90헌마13 ………… 12
헌재 1990. 10. 15. 89헌마178 ………… 70
헌재 1991. 2. 11. 90헌바17 등 ………… 236
헌재 1992. 6. 26. 90헌바26 ………… 239
헌재 1992. 12. 24. 92헌마78 ………… 89
헌재 1993. 7. 29. 92헌마30 ………… 254
헌재 1994. 2. 24. 92헌마283 ………… 7
헌재 1994. 6. 30. 92헌바23 ………… 54
헌재 1996. 2. 29. 93헌마186 ………… 5
헌재 1996. 2. 29. 94헌마213 ………… 68
헌재 1998. 3. 26. 93헌바12 ………… 235
헌재 1998. 7. 16. 96헌마246 ………… 71
헌재 1998. 12. 24. 89헌마214 등 ………… 243
헌재 1999. 4. 29. 94헌바37 등 ………… 244
헌재 1999. 5. 27. 98헌바70 ………… 14
헌재 2001. 2. 22. 2000헌바38 ………… 216
헌재 2003. 6. 26. 2002헌마337 ………… 96
헌재 2003. 8. 21. 2000헌가11 등 ………… 244
헌재 2004. 4. 29. 2003헌마814 ………… 5
헌재 2004. 7. 15. 2002헌바47 ………… 67
헌재 2005. 5. 26. 99헌마513 등 ………… 101
헌재 2005. 7. 21. 2003헌마282 등 ………… 101
헌재 2006. 11. 30. 2005헌마855 ………… 17
헌재 2009. 7. 30. 2008헌가10 ………… 122
헌재 2009. 9. 24. 2007헌바114 ………… 247
헌재 2010. 9. 30. 2010헌가52 등 ………… 122
헌재 2011. 6. 30. 2008헌바166 등 ………… 247

헌재 2014. 10. 30. 2011헌바129 ········· 247
헌재 2014. 10. 30. 2011헌바172 등 ········· 240, 248
헌재 2022. 2. 24. 2020헌가12 ········· 210

대법원 1954. 8. 19. 선고 4286행상31 판결 ········· 132
대법원 1967. 2. 21. 선고 66다1723 판결 ········· 230, 232
대법원 1970. 1. 29. 선고 69다1203 판결 ········· 224
대법원 1972. 4. 28. 선고 72다337 판결 ········· 50
대법원 1973. 7. 10. 선고 70다1439 판결 ········· 192
대법원 1975. 5. 13. 선고 73누96·97 판결 ········· 20
대법원 1978. 5. 23. 선고 78도813 판결 ········· 5
대법원 1979. 12. 7. 선고 79초70 판결 ········· 5
대법원 1979. 12. 28. 선고 79누218 판결 ········· 126
대법원 1980. 10. 27. 선고 80누395 판결 ········· 95
대법원 1982. 3. 9. 선고 80누105 판결 ········· 168
대법원 1982. 5. 11. 선고 80누104 판결 ········· 209
대법원 1985. 11. 26. 선고 85누382 판결 ········· 37
대법원 1986. 1. 28. 선고 85도2489 판결 ········· 51
대법원 1986. 6. 24. 선고 85누321 판결 ········· 201
대법원 1986. 7. 22. 선고 86누203 판결 ········· 37
대법원 1987. 2. 10. 선고 86누91 판결 ········· 208
대법원 1987. 3. 24. 선고 85누817 판결 ········· 210
대법원 1987. 9. 22. 선고 87누383 판결 ········· 117
대법원 1988. 6. 14. 선고 87누873 판결 ········· 37
대법원 1989. 7. 25. 선고 88누11926 판결 ········· 204
대법원 1989. 9. 12. 선고 88누9206 판결 ········· 38
대법원 1989. 9. 12. 선고 89누671 판결 ········· 30
대법원 1990. 9. 25. 선고 89누4758 판결 ········· 203
대법원 1991. 2. 12. 선고 90누5825 판결 ········· 21
대법원 1991. 11. 8. 선고 91누70 판결 ········· 204
대법원 1992. 1. 21. 선고 91누1264 판결 ········· 170
대법원 1992. 3. 10. 선고 91누6030 판결 ········· 202
대법원 1992. 4. 24. 선고 92다4763 판결 ········· 7

대법원 1992. 4. 29. 선고 92두7 판결 ···· 196
대법원 1992. 6. 9. 선고 92누565 판결 ···· 129
대법원 1992. 10. 9. 선고 92다25533 판결 ···· 250
대법원 1992. 12. 24. 선고 92누3335 판결 ···· 166
대법원 1993. 6. 8. 선고 93다11678 판결 ···· 232
대법원 1993. 6. 29. 선고 91누2342 판결 ···· 59
대법원 1993. 10. 26. 선고 93누6331 판결 ···· 95
대법원 1993. 10. 26. 선고 93다6409 판결 ···· 259
대법원 1993. 12. 21. 선고 93누21255 판결 ···· 181
대법원 1994. 1. 25. 선고 93누8542 판결 ···· 59
대법원 1994. 4. 26. 자 93부32 결정 ···· 71
대법원 1995. 1. 20. 선고 94누6529 판결 ···· 33
대법원 1995. 3. 30. 선고 94두57 판결 ···· 197
대법원 1995. 5. 12. 선고 94누5281 판결 ···· 15
대법원 1995. 6. 7. 선고 95두22 판결 ···· 196
대법원 1995. 6. 21. 자 95두26 결정 ···· 197
대법원 1995. 7. 11. 선고 94누4615 전원합의체 판결 ···· 55
대법원 1995. 7. 14. 선고 94다38038 판결 ···· 260
대법원 1995. 9. 26. 선고 94누14544 판결 ···· 179
대법원 1995. 11. 10. 선고 95누8461 판결 ···· 202
대법원 1995. 11. 10. 선고 95다23897 판결 ···· 217
대법원 1996. 2. 9. 선고 95누12507 판결 ···· 58
대법원 1996. 2. 15. 선고 95다38677 전원합의체 판결 ···· 226
대법원 1996. 4. 26. 선고 95누5820 판결 ···· 210
대법원 1996. 5. 31. 선고 94다15271 판결 ···· 221
대법원 1996. 9. 20. 선고 95누8003 판결 ···· 69
대법원 1996. 11. 29. 선고 96누8567 판결 ···· 79
대법원 1996. 12. 20. 선고 96다42178 판결 ···· 216
대법원 1997. 3. 11. 선고 96다49650 판결 ···· 13
대법원 1997. 4. 27. 선고 98무57 판결 ···· 196
대법원 1997. 5. 16. 선고 96다54102 판결 ···· 230
대법원 1997. 6. 13. 선고 96다561115 판결 ···· 220
대법원 1998. 7. 24. 선고 96다42789 판결 ···· 101

대법원 1998. 10. 23. 선고 98다17381 판결 ······ 230
대법원 1998. 12. 22. 선고 98다51305 판결 ······ 41
대법원 1999. 8. 20. 선고 99다20179 판결 ······ 50
대법원 2000. 2. 25. 선고 99다54004 판결 ······ 231
대법원 2000. 2. 25. 선고 99두11455 판결 ······ 184
대법원 2000. 5. 26. 선고 99다37382 판결 ······ 250
대법원 2000. 10. 27. 선고 99두561 판결 ······ 191
대법원 2001. 4. 24. 선고 2000다57856 판결 ······ 218
대법원 2001. 9. 25. 선고 2001다41866 판결 ······ 233
대법원 2001. 9. 28. 선고 2000두8684 판결 ······ 203
대법원 2001. 10. 23. 선고 99다36280 판결 ······ 223
대법원 2002. 5. 17. 선고 2000두8912 판결 ······ 57
대법원 2002. 7. 9. 선고 2001두10684 판결 ······ 96
대법원 2002. 7. 26. 선고 2001두3532 판결 ······ 169
대법원 2002. 8. 23. 선고 2001두5651 판결 ······ 67, 68
대법원 2003. 3. 14. 선고 2000두6114 판결 ······ 110
대법원 2003. 4. 22. 선고 2002두9391 판결 ······ 111
대법원 2003. 7. 11. 선고 99다24218 판결 ······ 219
대법원 2003. 7. 25. 선고 2001다57778 판결 ······ 254
대법원 2003. 10. 23. 선고 2001다48057 판결 ······ 232
대법원 2003. 10. 23. 선고 2003두8005 판결 ······ 18
대법원 2003. 12. 11. 선고 2001두8827 판결 ······ 204
대법원 2003. 12. 26. 선고 2003두1875 판결 ······ 181
대법원 2004. 3. 18. 선고 2001두8254 전원합의체 판결 ······ 109
대법원 2004. 3. 26. 선고 2003도7878 판결 ······ 5
대법원 2004. 4. 22. 선고 2003두9015 전원합의체 판결 ······ 169
대법원 2004. 5. 17. 자 2004무6 결정 ······ 196
대법원 2004. 7. 22. 선고 2004다19715 판결 ······ 62
대법원 2005. 2. 17. 선고 2003두14765 판결 ······ 87
대법원 2005. 6. 10. 선고 2002다53995 판결 ······ 218
대법원 2005. 7. 8. 선고 2005두487 판결 ······ 87, 169
대법원 2005. 12. 9. 선고 2003두7705 판결 ······ 207
대법원 2005. 12. 23. 선고 2005두3554 판결 ······ 188

대법원 2006. 4. 27. 선고 2006두2435 판결 ······ 254
대법원 2006. 5. 18. 선고 2004다6207 전원합의체 판결 ······ 166, 250
대법원 2006. 5. 25. 선고 2003두11988 판결 ······ 170
대법원 2006. 5. 25. 선고 2006두3049 판결 ······ 108
대법원 2006. 6. 9. 선고 2004두46 판결 ······ 11
대법원 2006. 6. 22. 선고 2003두1684 전원합의체 판결 ······ 181
대법원 2006. 6. 30. 선고 2005두364 판결 ······ 204
대법원 2006. 9. 8. 선고 2003두5426 판결 ······ 80
대법원 2006. 10. 13. 선고 2005두10446 판결 ······ 204
대법원 2007. 11. 29. 선고 2006다3561 판결 ······ 218
대법원 2007. 11. 30. 자 2006무14 결정 ······ 198
대법원 2007. 7. 26. 선고 2005두15748 판결 ······ 39
대법원 2007. 9. 20. 선고 2005두6935 판결 ······ 27, 179
대법원 2008. 2. 1. 선고 2007두20997 판결 ······ 187
대법원 2008. 3. 13. 선고 2007다29287, 29294 판결 ······ 232
대법원 2008. 3. 20. 선고 2007두6342 전원합의체 판결 ······ 183
대법원 2008. 3. 27. 선고 2007두23811 판결 ······ 37
대법원 2008. 4. 17. 선고 2005두16185 전원합의체 판결 ······ 166
대법원 2008. 5. 29. 선고 2007다8129 판결 ······ 167
대법원 2008. 8. 21. 선고 2007두13845 판결 ······ 58
대법원 2008. 10. 23. 선고 2007두1798 판결 ······ 110
대법원 2009. 1. 30. 선고 2007두13487 판결 ······ 182
대법원 2009. 2. 12. 선고 2008두11716 판결 ······ 54
대법원 2009. 3. 26. 선고 2007다88828, 88835 판결 ······ 12
대법원 2009. 4. 9. 선고 2008두23153 판결 ······ 191, 267
대법원 2009. 7. 23. 선고 2008두10560 판결 ······ 188
대법원 2009. 9. 24. 선고 2008다60568 판결 ······ 38
대법원 2009. 9. 24. 선고 2009두2825 판결 ······ 54
대법원 2009. 12. 24. 선고 2009두7967 판결 ······ 12
대법원 2010. 1. 28. 선고 2008두1504 판결 ······ 172, 257
대법원 2010. 2. 25. 선고 2007두9877 판결 ······ 110
대법원 2010. 5. 27. 선고 2008두22655 판결 ······ 169
대법원 2010. 6. 10. 선고 2010두2913 판결 ······ 108

대법원 2010. 11. 18. 선고 2008두167 전원합의체 판결 ······ 94, 170
대법원 2010. 12. 16. 선고 2010도5986 판결 ······ 5
대법원 2010. 12. 23. 선고 2008두13392 판결 ······ 107
대법원 2010. 12. 23. 선고 2010두14800 판결 ······ 108
대법원 2010. 12. 26. 선고 2010도5986 전원합의체 판결 ······ 65
대법원 2011. 1. 27. 선고 2009두1051 판결 ······ 241
대법원 2011. 3. 10. 선고 2009두23617 판결 ······ 99, 169
대법원 2011. 4. 21. 자 2010무111 전원합의체 결정 ······ 168
대법원 2011. 6. 30. 선고 2010두23859 판결 ······ 84
대법원 2011. 11. 24. 선고 2009두19021 판결 ······ 109
대법원 2012. 1. 12. 선고 2010두5806 판결 ······ 82
대법원 2012. 2. 16. 선고 2010두10907 전원합의체 판결 ······ 118
대법원 2012. 2. 23. 선고 2010다91206 판결 ······ 256
대법원 2013. 3. 21. 선고 2011다95564 전원합의체 판결 ······ 266
대법원 2013. 7. 25. 선고 2011두1214 판결 ······ 179
대법원 2014. 2. 27. 선고 2012두22980 판결 ······ 84
대법원 2014. 5. 29. 선고 2013두12478 판결 ······ 235
대법원 2014. 10. 15. 선고 2012두5756 판결 ······ 90
대법원 2014. 12. 11. 선고 2012다15602 판결 ······ 269
대법원 2015. 8. 27. 선고 2015두41449 판결 ······ 84
대법원 2016. 3. 24. 선고 2015두48235 판결 ······ 207
대법원 2017. 9. 21. 선고 2017도7321 판결 ······ 51, 52
대법원 2018. 7. 12. 선고 2017두48734 판결 ······ 63
대법원 2018. 8. 30. 선고 2016두60591 판결 ······ 23
대법원 2020. 9. 3. 선고 2020두34346 판결 ······ 82
대법원 2022. 6. 30. 선고 2021다310088, 310095 판결 ······ 167
대법원 2022. 8. 30. 선고 2018다212610 전원합의체 판결 ······ 222
대법원 2022. 11. 26. 선고 2001두1192 판결 ······ 81

서울고등법원 1992. 12. 24. 선고 92나20073 판결 ······ 259
서울고등법원 2008. 11. 7. 선고 2008누15147 판결 ······ 192
서울행정법원 2008. 8. 20. 선고 2008구합5889 판결 ······ 169
수원지방법원 2017. 4. 26. 선고 2016노9006 판결 ······ 51

사항색인

ㄱ

가(假)행정행위 34
가구제 195
가명정보 103
가산금 125
가치보장 236
간접강제 153
개인정보자기결정권 100
경계이론 237
계획변경신청권 82
계획변경청구권 81
계획보장청구권 81
계획재량 78
고시 170
고지제도 154
공공단체 17
공공필요 240
공권력 행사 132
공무수탁사인 17
공법상 결과제거청구권 264
공법상 부당이득반환청구권 266
공법상 재단(공재단) 17
공법상의 경고 87
공법상의 사무관리 268
공시지가 169
공청회 92
공표 126
과징금 124
관련청구의 병합 190
관련청구의 이송 189
관허사업의 제한 127
교원소청심사위원회 157
구성요건적 효력 49
구체적 규범통제 70
권한의 대리 28
권한의 위임 29
규범구체화행정규칙 73
규범상 불법 219
규제적 수용 236
규칙 66, 76
기관소송 167
기속력 151, 197, 206
기판력 209

ㄴ

내부위임 29

ㄷ

당사자소송 165
대리 38
대심(對審)주의 146

ㅁ

면제 37
명령적 행정행위 35
무하자재량행사청구권 20
민간위탁 29
민주적 정당성 25
민중소송 167

ㅂ

법규 8
법규명령 64
법규범 8
법령보충적 행정규칙 74
법률대위명령 65
법률우위의 원칙 13
법률유보의 원칙 14
법률종속명령 65
법원(法源) 8
법치행정의 원리 13
보상금증감청구소송 7
보상부 공용제한 245
본질사항유보설(본질성설) 14
부관(附款) 42
부담 43, 170
부당결부금지의 원칙 13
부분허가 34
부수적 규범통제 70
부작위 132
분리이론 243
불가변력 48
불가분조항 250
불가쟁력 48
불고불리(不告不理)의 원칙 146
불문경고 169
불이익변경금지의 원칙 146
비공개대상 108
비공식적 행정작용 87
비례의 원칙 10

ㅅ

사법상 불법 218
사실행위 85
사인을 위한 공용수용 246
사정재결 149
사정판결(事情判決) 205
상소 211
선결문제 50
소송비용 213
소송참가 186
소의 변경 193
소청 155
수용유사적 침해 257
수용적 침해 259
수정(변경)재결 172
신고 93
신뢰보호의 원칙 10

ㅇ

약가고시 170
영조물법인 17
예비결정 34

예외적 승인 36
원고적격 178
위탁 29
위험책임 261
의견제출 92
의제적 행정행위 62
이유제시 93
이의재결 172
이행강제금 114
인가 38
인허가의제 61
일반이행의 소 86
일반처분 33
입법상 불법 219
입법수용(立法收用) 238
입증책임(증명책임) 202

ㅈ

자치규칙 76
잠정적(임시적) 행정행위 34
재결 148, 170
재결의 형성력 153
재량의 하자 41
재량준칙 12, 73
재량행위 40
재산권 239
재산권의 내용한계 241
재심 212
재위임 30, 68
재항고 211
적정재량결정소송 21
정보제공 34
제소기간 187
조세심판원 160
조직권력 24
존속력 47
존속보장 236
주관적 공권 19
주장책임 201
지방자치단체 17
직권심리주의 146
직무행위 217
직무행위의 위법성 220
직접강제 115
직접처분 152
집행부정지의 원칙 143
집행정지 143, 195

ㅊ

처분사유 203
처분사유의 추가·변경 203
청구인적격 133
청문 91
취소 55

ㅌ

통제허가 36
통치행위 5
특별권력관계 22
특별한 희생 237
특별행정심판 128
특허 38

ㅍ

판단여지론 42
평등원칙 11
피고경정 185

ㅎ

하명 35
하자승계 57
항고 211
행정 3
행정개입청구권 22
행정규칙 73
행정기관 26
행정대집행 113
행정벌 121
행정상 강제징수 116
행정상 입법예고 94
행정상 즉시강제 118
행정수용(行政收用) 238
행정심판위원회 137
행정예고 95
행정의 자기구속 12
행정입법 64
행정입법부작위 71
행정자동결정 88
행정재량 40
행정조사 96
행정조직 24
행정주체 17
행정지도 95
행정질서벌 123
행정청의 권한 27
행정행위의 무효 54
행정행위의 철회 60
행정행위의 취소 55
행정행위의 하자 54
행정형벌 122
허가 36
허가의제 62
헌법대위명령 65
협의의 소익 180
형량명령 78
형량하자론 79
형성력 209
형성적 행정행위 37
형식적 당사자소송 7
확인적 행정행위 38
희생보상청구권 262

저자 약력

고려대학교 법과대학 및 동 대학원 졸업
독일 베를린 훔볼트(Humboldt) 대학교(법학박사)

헌법재판소 헌법연구위원, 헌법연구원
대법원 재판연구관
국회입법지원위원
법제처 법제자문관
법제처 행정법제혁신 자문위원회 위원
서울시 제1정보공개심의회 위원(위원장)
중앙행정심판위원회 비상임위원
미국 버클리 로스쿨(UC Berkeley School of Law) 방문학자
독일 고등교육진흥원(DAAD) 장학생

한국공법학회 부회장, 한국행정법학회 부회장, 한국지방자치법학회 부회장 등
사법시험, 5급공채(행정고시), 입법고시, 공인노무사 및 감정평가사 자격시험, 7·9급 공무원 시험 등 출제위원

현 숙명여자대학교 법과대학 교수

■ **저역서**
한국행정법론, 제3판, 법문사(2023)
환경법강의, 법문사(2023)
헌법재판과 행정소송(행정법연구 4), 법문사(2022)
행정법의 특수문제(행정법연구 3), 법문사(2018) (2018년 세종도서 학술부문 우수도서)
현대행정의 작용형식(행정법연구 2), 법문사(2016) (2017년 대한민국학술원 우수학술도서)
행정구제의 기본원리(행정법연구 1), 법문사(2013) (2014년 대한민국학술원 우수학술도서); 제1전정판(2015)
유타 림바흐, 독일연방헌법재판소, 고려대학교출판부(2007) (역서) 등

■ **주요논문**
"한국 행정법학의 형성과 전개: 한말 개화기부터 광복 직후까지의 행정법학을 중심으로", 저스티스 통권 제172호(2019. 6)
"収用の要件としての公益性判断と収用条項の改憲課題—韓国の公用収用制度の問題点と改善方策を中心に—", 行政法研究 第48号(2023. 1) 등 다수

■ **수상경력**
제24회 한국법학원 법학논문상(2020), 헌법재판소 헌법논총 제2회 우수논문상(2017), 한국공법학회 신진학술상(2007) 등

행정법입문

2024년 5월 20일 초판 인쇄
2024년 5월 30일 초판 1쇄 발행

저 자 정 남 철
발행인 배 효 선

발행처 도서출판 法 文 社

주 소 10881 경기도 파주시 회동길 37-29
등 록 1957년 12월 12일/제2-76호(윤)
전 화 (031)955-6500~6 FAX (031)955-6525
E-mail (영업) bms@bobmunsa.co.kr
(편집) edit66@bobmunsa.co.kr
홈페이지 http://www.bobmunsa.co.kr

조 판 법 문 사 전 산 실

정가 25,000원 ISBN 978-89-18-91518-0